인간 사마천

司馬遷
by HAYASHIDA Shinnosuke

인간 사마천

하야시다 신노스케 지음

심경호 옮김

차례

한국어판에 부쳐

한국에서 졸저 『사마천』이 번역 출간된다고 한다. 즐거운 일이다. 내 책이 국내에서 읽히는 것은 지극히 당연한 일이겠지만, 외국에까지 전해져 독자를 지닐 수 있다는 행운은 덤덤하게 느낄 일이 아니다.

이 행복을 내게 가져다준 분은 고려대학교에서 한문학을 가르치고 있는 심경호 선생이다. 심 선생은 이전에 일본의 교토京都 대학에 유학하여 중국 고전문학에 대한 연찬研鑽을 축적하였다고 들었다. 내가 받은 편지로 보더라도 그의 일본어는 훌륭했다. 이것이 심 선생의 번역을 전적으로 신뢰하여 번역본 간행과 관련한 일체를 부탁드린 이유이다.

지금 나는 한국의 독자들에게 졸저가 소개되는 것을 영광으로 생각한다. 그와 동시에 중국의 고전인 사마천의 『사기』가 한국에서 더욱더 많이 읽히게 되기를 진심으로 바라는 바이다.

1997년 6월 29일
하야시다 신노스케

사마천의 매력

사마천司馬遷은 언제, 어떻게 죽었을까. 지금 그것을 알 수 있는 단서는 없다. 『사기史記』의 완성이 쉰여섯 살 때였다는 것은 알 수 있으나, 그것을 마지막으로 그의 소식은 끊겼다.

아마도 장대한 사극이라고 할 『사기』 백삼십 편의 역사 기록을 다 쓰고 난 뒤 기진맥진하여, 그로부터 얼마 안되는 시기에 죽었으리라.

지금부터 대략 이천 년 전에 살았던 이 위대한 중국 역사가의 죽음에 대하여 다만 한 가지 확실하게 말할 수 있는 것이 있다. 그의 죽음이 환관의 죽음이었다고 하는 사실이다. 그는 흉칙스런 환관의 육체적 특징을 뚜렷이 남기고 송장이 되었다.

어째서 사마천은 환관이 되었는가.

한漢 무제武帝의 천한天漢 2년(기원전 99년) 가을. 사마천의 젊은 시절 친구인 이릉李陵은 기도위騎都尉로서 고작 보병 오천을 이끌고 흉노의 적지 깊숙이 진공하였으나, 곧 흉노 기마 군단 주력군의 포위 공격을 받아 퇴로가 끊겼다. 이릉은 죽을 힘을 다해 싸웠으나 중과부적衆寡不敵. 칼도 부러지고 화살도 다하여 마침내 흉노에게 사로잡히고 말았다.

이 패전 소식을 들은 무제는 노하였다. 주위의 문신들은 무제에게 아첨하려고 모두 이릉의 잘못을 책망하였다.

진작부터 이릉에게 국사國士의 풍모가 있다고 여겨왔던 사마천은 무제의 면전에서 겁도 없이 이릉을 변호하였다. 이것이 무제의 역린逆鱗을 샀다. 즉각 황제 무고誣告의 죄목으로 문초를 받은 사마천은 감옥에 갇혔고 이윽고 사형 선고를 받았다.

이때 죽음을 면할 방법은 조정에 오십만 전을 바치든가, 환관의 몸으로 떨어지든가, 두 가지 길밖에 없었다. 기껏해야 봉급 육백 석의 사관史官에 지나지 않는 사마천에게 오십만 전의 돈이 있을 리 없었다. 친구나 지인 가운데 어느 누구 그에게 원조의 손길을 보내 줄 사람도 없었다. '사면초가四面楚歌'란 이것이었다. 고립무원의 사마천은 남근을 절제당하는 끔찍한 형벌을 받고 사형을 면하였다. 이때부터 사마천은 세간에서 가장 천대받는 환관이 되었던 것이다.

기구한 운명이다. 남자이되 살아 있는 송장이 되어, 사마천은 생지옥을 겪은 것이다.

환관으로 전락하면서까지 살아남는 길을 택한 것은 그 스스로의 의지에 의한 것이었다. 그는 죽는 것을 고결하다고 생각하지 않았다. 애당초 이릉을 변호한 것은 그 의로움에 감분感奮한 때문이었다. "죄는 내게 없다. 이것을 죄라 말할 수 있으랴"라는 생각이 있었다. 마음에 안 맞는다고 벌레처럼 사람 목숨을 태연히 짓밟아버리는 권력자에 대한 분노가 격하게 치밀었다. 이대로 법에 승복하여도 아홉 마리 소에서 털 하나九牛一毛가 없어졌다고밖에 생각하지 않는 것이 세간의 인심이었다. 이런 여러 가지 생각보다, 사마천이 수치를 참으면서 살아남으려 한 가장 큰 이유는『사기』를 아직 완성하지 못하였다는 데 있었다.『사기』즉『태사공서太史公書』를 집필하라는 것은 부친이 임종 때 그에게 당부한 유언이었다. 이 존엄한 부친의 유명을 완수하지 않고서『사기』의 편술을 중단한 채 죽을 수는 도저히 없었다.

　『사기』에서 사마천은 수많은 금언명구를 내뱉았지만, 그 가운데 "죽는다는 것은 어려운 일이 아니다. 죽음에 처하는 것이 어렵다非死者難也, 處死者難"라는 말이 있다. 죽음에 처하여 살아가는 편이 죽는 것보다도 훨씬 어려운 일이라는 정도의 의미인데, 이것이야말로 사마천이 아니고서는 실감나지 않을 명언이었다. 그것은 살아남는 길을 선택한 뒤로 가슴 깊이 새겨둔 그의 철학이었다.

　사마천은 살아남았다. 한 번은 죽은 목숨이다. 무어라 하여도 죽음에 처하여 살고 있다는 증명을 하지 않으면 안된다. 그 증명이『사기』의 저술이다. 증명은 이것말고 달리 없었다. 그는 그 완성을 목표로 한 순간도 손을 놓지 않았다. 만일 이것을 완성시켜 후세에 전할 수 있다면, 굴욕으로 얼룩진 더러운 이름을 어느 때인가 만회할 수 있을지 모른다고 하는 지울 수 없는 생각을 하면서, 사마천은 『사기』의 저술을 서둘렀다.『사기』는 마침내 완성되었다. 이미 이릉 사건이 발생한 지 팔 년의 세월이 경과해 있었다.

　이렇게 하여 사마천이 써낸『사기』는 중국의 가장 오랜 시대부터 한 왕조에 이르는 장대한 역사를 기록한 것이었다. 그것은 공자가 『춘추春秋』를 저술한 뒤로 오랫동안 어느 누구도 손대지 못하였던 전인미답의 대사업이었다.

『사기』는 사마천의 모든 것이었다. 그는 『사기』에 모든 것을 의탁하고, 그 기구한 생애를 마감하였다. 현세에서 보상받을 수 없는 닫힌 가슴속의 생각을 이 역사 기록에 쏟아부었다. 문자 그대로 『사기』는 심혈을 기울인 책이었다.

그럼에도 불구하고 사마천은 『사기』를 생전에 공표하기를 단호히 거부하였다. 물론 그에게는 『사기』가 어느 때인가 세상에 환히 드러나서 미래에 기사회생起死回生할 것을 기대하는 뜨거운 생각이 있었으나, 생전에 이것을 공표할 마음은 조금도 없었다.

그것은 『사기』의 역사 기록이 사마천과 깊이 관련되어 있던 한 무제의 치세에까지 미치고 있어서, 그로 인한 필화筆禍가 그와 가족에게 닥치지 않을까 염려하였기 때문이었다.

명明나라 만력萬曆 무렵에 사조제謝肇淛라는 사람이 쓴 『오잡조五雜組』라는 책에 다음과 같은 말이 적혀 있다. "『사기』는 두 번 다시 이루어질 수 있는 책이 아니다. 왜냐하면 『사기』는 사가私家에 전하고 명산名山에 비장하고자 했던 역사서이지, 관官에서 만든 서적으로서 공표될 성격의 것이 아니었기 때문이다. 그러므로 사마천은 마음대로 자료를 취사선택하였고 어느 누구의 간섭도 허용하지 않았다. 같은 시대의 공손홍公孫弘과 장탕張湯, 나아가 한 무제의 행장에 이르기까지 그 선악을 솔직하게 기록하여, 조금도 꺼리는 바가 없었다. 이런 역사서는 지금 사람이 만들 수 없을 뿐만 아니라, 어느 누구도 만들려 하지 않을 것이다."

정말 『사기』는 그런 역사 기록이었다. 『사기』는 중국에서 공식 역사서로 인정되어 정사正史라고 불리는 이십사사二十四史의 필두에 놓여 있으나, 그것이 나머지 스물세 편의 역사서와 다른 점은 황제의 명을 받들어 씌어진 것이 아니라 사마천 스스로가 구상하고 쓰지 않으면 안된다고 생각하여 써낸 사가판私家版 역사 기록이었다는 사실이다. 사마천이 어느 누구의 힘도 두려워하거나 꺼리는 일 없이 자유자재로 사필史筆을 뻗어서, 한 무제를 비롯한 동시대의 인물을 소재로 삼아 현대사와 씨름할 수 있었던 것은 그 때문이었다.

『사기』 가운데 「효무본기孝武本紀」라는 한 무제의 연대기가 남아 있기는 하지만, 이것은 후세의 보필補筆이라고 한다. 사마천은 당시 살아 있던 한 무제의 연대기를 정면으로 서술하지는 않는다. 그러나 『사기』의 「봉선서封禪書」와 「흉노열전匈奴列傳」을 읽고, 나아가 동시대의 인간 군상을 도마 위에 올린 열전들의 기사를 읽어보면, 『사기』는 현대사의 중심에 있던 한 무제의 행장의 선악, 그 실체와 허상 모두를 다양한 각도에서 저절로 투시할 수 있도록 구성되어 있다. 만일 『사기』가 사마천의 생전에 한 무제의 눈에 띄었다면 그 즉시 금서가 되었을 것이고, 사마천은 다시 사지가 여덟 조각으로 찢기는 형벌에 처해졌을 뿐 아니라, 틀림없이 그 화가 일족에게까지 미쳤을 것이다.

옛날 춘추春秋 시대의 제齊나라에 최저崔杼라는 가신이 있었는데, 그는 반역을 저질러 주군인 장공莊公을 죽였다. 제나라의 태사太史, 즉 역사관은 즉시 '최저, 장공을 시해하다' 라고 기록하였다. 최저는 노하여 태사를 죽였다. 그러자 태사의 아우가 또 같은 내용을 기록하였다. 최저는 그 아우도 죽였다. 그런데 그 밑에 아우가 또 있어서, 그도 같은 기록을 남겼다. 서슬 퍼런 최저라 하여도 세 사람까지 죽일 수는 없어서, 그 기록은 역사에 남았다. 이것이 중국의 역사 기록자의 운명이었으며, 위대한 의지였다. 현대사에 도전하여 목숨이 붙어 있는 한 기록을 계속하였던 사마천에게도 역사 기록자로서의 이 위대한 의지가 있었다. 사마천은 어용 학자이기를 거부하였다. 이른바 '곡학아세曲學阿世'의 무리를 증오하였다. 『사기』는 정말로 목숨을 건 역사 기록이었다.

사가판으로서 기록된 『사기』가 후대에 이십사사의 필두로 거론되기에 이른 것은, 그 역사 기록의 대상이 중국의 전설 시대부터 춘추 전국기를 끼고 한 무제 시대에까지 이르는 유일한 역사서이기 때문이기도 하지만, '기전체紀傳體'라는 형식에서, 기술의 정확도에서, 투철한 역사관에서, 기복이 풍부한 묘사의 흥미로움에서 다른 역사서의 추종을 불허하는 발군의 솜씨를 보였기 때문이기도 하다.

사람들 입에 회자된 '홍문鴻門의 연宴'은 「항우본기項羽本紀」의 한 장면에 지나지 않지만, 마치 가부키歌舞伎 무대에서 배우가 명장면을 보여주는 것과 같은, 탄성을 자아내게 만드는 묘사력은 보통 수완이 아니다. 초한楚漢 전쟁의 막이 갓 오른 초장이거늘, 이미 천하의 추세를 점칠 수 있을 만큼 긴박한 국면이 전개되고 있다. 거기에 등장하는 영웅 호걸들이 저마다 개성을 지니고 있고 그 개성들이 천하의 대사를 걸고 갈등의 불꽃을 터뜨리는 까닭에 절로 손에 땀을 쥐게 한다.

『사기』는 역시 보통의 역사서가 아니다. 보통의 역사서는 처음부터 끝까지 역사 사실을 무미건조하게 연대기적으로 서술하여 피가 통하지 않는 단조로운 것이 대부분이다. 사마천은 정확한 사실 기록을 근저에 깔고, 거기서부터 역사적 국면의 진실성을 복원하는 풍부한 상상력을 체득하고 있었다. 그것은 아마도 역사가인 사마천의 관심이 역사 사실의 표층에 머물러 있지 않고, 끊임없이 그 사실의 안쪽에 존재하는 인간의 행동과 심리를 향하고 있었기 때문이리라. 더구나 사마천은 살아 있으면서 지옥과 대면하였던 절망인이다. 되풀이하여 말하지만 사마천은 한 번 죽었던 사내다. 죽어서 신

과 무릎을 맞대었고 오직 『사기』를 쓰기 위해서만 수치를 참고 살아
남은 절망인이었다. 그 절망인이 역사를 쓰고 인간을 쓰는 일에 매
달린 것이다. 피가 통하지 않을 리가 없었다.

『사기』는 곧잘 플루타르크의 『영웅전』에 비교되고는 한다. 하지
만 『사기』의 극적인 전기 묘사는 『영웅전』의 그것을 뛰어넘는 힘이
있으며, 『사기』의 등장 인물은 『영웅전』의 그것을 능가하는 다채로
움이 있다. 그 원동력을 이룬 것은 역사의 형성에 간여한 인간을 대
상으로 삼아 그 개인사를 서술한 『사기』 열전 칠십 편에 있다. 역사
를 입체적으로 파악하여 생동감 있게 구성한 열전 부분에는 사마천
의 역사가로서의 독창성이 유감없이 발휘되어 있다.

열전 칠십 편의 처음을 장식하는 것은, 이상理想을 좇아 죽은 정
신의 귀족이라고 할 수 있는 백이伯夷·숙제叔齊의 「백이열전伯夷列
傳」이다. 그 마지막에 오는 것은 돈벌이에 열심이었던 상인 군상을
묘사한 「화식열전貨殖列傳」이다. 그 사이에 제자백가諸子百家의 전기,
혀끝 세 치로 천하를 움직인 책략가의 전기, 지혜와 용기를 겸비한
재상의 전기, 흉노 정벌에서 활약한 장군의 전기, 나아가서는 저명
한 학자들의 「유림열전儒林列傳」, 의리에 죽은 테러리스트의 「자객열
전刺客列傳」, 청렴을 자부한 관리들의 「순리열전循吏列傳」, 민중을 괴
롭힌 관리들의 「혹리열전酷吏列傳」, 천자마저 농락한 점술가들의 「일
자열전日者列傳」 등이 서술되어 있다.

이렇게 그 일부를 들어보는 것만으로도 『사기』는 『영웅전』이 정
치가·군인만의 전기를 대상으로 삼은 것과 현저한 차이가 있음을
알 수 있다. 풍부하고 다채로운 인간 군상이 역사 무대에 등장하여
『사기』의 역사극을 움직이고 있다. 그 근저에는 역사를 움직인 개성
을 존중하는 사마천의 역사 인식이 있으며, 그의 인간 중심주의 역

사관이 있다.

사마천이 살았던 한 무제 시대는 그가 가장 혐오한 '도필刀筆의 관리', 즉 보신에 급급한 문신 관료들이 활약한 시대다. 국가 권력의 비대화는 개성이 결여된 관료 통제의 획일화를 가속화하였다. 냉혹하게 계산된 관료 기구가 정치·경제를 움직이고, 피가 통하지 않는 법률 제도를 만들었다. 적극적인 영토 확장 정책은 민중의 생활을 곤궁케 하였고, 기개 있는 비판적 개성을 말살하는 상황을 그 대가로 요구하였다. 사마천 본인이 그 좋은 예였다.

지난날 춘추 시대부터 전국기에 걸친 대동란기의 사회 정세는 개인에게 개성적 발상과 행동력을 충분히 발휘할 것을 요구하였고, 실제로 그 다채로운 개성이 시대를 움직였다. 그 시기는 역사 속에서 개성이 차지하는 지위가 상승하던 때였다. 사마천은, 역사가로서 당연하기는 하지만, 이 동란기에서 많은 것을 배웠다. 거기서부터 개인사의 집성인 열전이 구상되었다. 다양한 개성이 뒤얽혀 사건을 일으키고 역사를 움직여간다고 생각하는 관점에서 구상된 열전편 그 자체가 동시대에 대한 사마천의 위대한 비판이었다.

이렇게 보면 『사기』는 사마천이 후세에 기사회생을 기대한 집념의 책인 동시에, 국가 권력의 금기에 저촉되는 역사 비판의 기록이었다. 그 때문에 『사기』는 그의 생전에 공표되는 일 없이 몰래 딸에게 맡겨졌다. 사마천의 딸은 대사농大司農의 지위에 있던 양창楊敞에게 시집갔다. 『사기』가 세상에 공표된 것은 딸의 아들, 사마천에게는 외손자에 해당하는 양운楊惲의 시대였다.

『사기』는 처음에는 『태사공서』라는 제목이 붙어 있었다. 그것이 『사기』라고 불리게 된 것은 삼국 시대의 일이다. 육조六朝 시대 송宋나라 배인裴駰의 『사기집해史記集解』, 당唐나라 때 사마정司馬貞 의 『사

기색은史記索隱』, 장수절張守節의 『사기정의史記正義』 등의 주석서가
등장하여, 『사기』는 중국 고전으로서 확실한 지위를 굳히게 된다.

  일본에 『사기』의 주석서가 수입된 것은 나라奈良 때로, 관평寬平
연간(889~898년)에 후지와라 스케요藤原佐世가 저술한 『일본국현재
서목록日本國見在書目錄』이라는 중국 책 목록 속에 『사기집해』와 『사
기색은』이란 책 이름이 나온다. 이후 『사기』는 수많은 중국 고전 가
운데 『논어』와 함께 일본인에게 가장 친근한 것으로 여겨져왔다.

  이렇게 사마천의 집념의 책인 『사기』는 시대를 넘고 국경을 넘어
불후의 고전으로 전해져, 사마천의 이름을 영원히 청사靑史에 남겨
놓았다.

사마천의 생애

용문에서 자라다
―가계와 유년 시절

　사마천은 역사가임에도 불구하고, 자신의 성장에 관해서는 그다지 정확한 기록을 남기지 않았다. 그 때문에 대략 기원전 1세기의 시기에 살았고, 더구나 오늘날도 여전히 중국 역사의 아버지라고 불리는 사마천의 삶의 족적을 상세히 묘사해내는 작업은 결코 쉬운 일이 아니다. 그가 죽은 뒤 약 백 년이 지난 후한後漢 시대에 처음으로 그의 전기를 썼다고 하는 반고班固의 『한서漢書』 이후에도 그 사정은 그리 달라지지 않았다.

　물론 근대로 들어와 고증학의 성과로 왕국유王國維의 「태사공행년고太史公行年考」, 정학성鄭鶴聲의 『사마천연보』가 저술되어 조금은 전기다운 골격이 만들어지기는 하였다. 그러나 아직 충분하게 살이 붙지는 않았다는 것이, 사마천의 전기에 관한 한 오늘날까지의 숨길 수 없는 실정이다.

　반고가 『한서』에서 「사마천전司馬遷傳」을 구성하였을 때의 기본 자료는 『사기』의 마지막에 「태사공자서太史公自序」라는 제목으로 사마천이 쓴 서문과, 죽음에 직면한 사마천이 굴욕을 참고 살아가지 않으면 안되었던 자신의 '치욕스러운' 마음을 친구에게 극명히 고백한 「임안任安에게 부친 서한」이란 두 글이다. 요컨대 반고의 「사마천전」은 주로 이 두 글에서 인용한 문장으로 이루어져 있는데, 그 외에는 반고가 사마천의 역사 서술 태도와 방법에 대하여 동의나 비판 몇 마디를 표명한 것밖에 없다. 여기서 가장 치명적인 것은 반고가 사마천의 전기를 쓴 시기에 벌써 사마천의 생몰 연대를 알 수 없게 되었다는 점이다.

현시점에서 가장 신뢰할 수 있는 왕국유의 「태사공행년고」에 근거한다면, 사마천이 태어난 해는 전한前漢 경제景帝의 중원中元 5년(기원전 145년)이 된다. 지금은 이 설에 따르기로 한다.

사마천이 태어난 곳은 하양夏陽, 지금의 섬서성陝西省 한성현韓城縣의 교외로, 보통 사마판司馬坂이라 불리는 부근이다. 이 가까이에는 황하의 나루터로 유명한 용문龍門이 있다. 용문 부근은 협곡으로 되어 있어, 황하의 흐름이 급속히 빨라진다. 때문에 물고기가 이 급류를 오르려면 상당한 곤란을 겪었으나, 일단 그곳을 다 오른 고기는 용으로 변했다고 한다. 이것은 『삼진기三秦記』라는 책에 나오는 전설로, 뒷날에 이른바 '등용문' 전설이 생겨난 곳이다. 이 부근의 노인들이 입에서 입으로 전해온 이 신비한 전설을 사마천은 어릴 때부터 자주 들으면서 성장하였을 것이다. 사마천이 뒷날 「태사공자서」에서 자신이 용문 출생이라고 말한 것은, 전설로 널리 알려진 용문 지역이 자신의 고향임을 자랑으로 여기고, 이미 그 지명이 사람들 입에 회자되고 있음을 의식하여 그런 것이리라.

이 나루터 가까이에 용문산이라 불리는 산이 있고, 그 산의 남쪽 구릉이 황하의 북쪽 기슭에 이른 언저리에 그리 넓지 않은 땅이 펼쳐져 있다. 그곳에서 사마천은 유년 시절을 보냈다. 부친 사마담司馬談은 한 무제 초기에 출사하였는데, 그러기까지는 이 하양 지역에서 농사를 짓고 목축을 하였다. 소년 사마천은 부친을 따라 밭을 갈고 소나 양을 치는 목가적인 생활을 보냈다.

사마천의 선조先祖가 동주東周 시대에 주나라를 떠나 진秦나라 영내로 이주한 이래, 이 하양 지역이야말로 사마씨司馬氏가 근거지로 삼아서 춘추 전국의 동란기부터 한나라 때에 이르는 긴 기간을 줄곧 지켜온 조상 전래의 땅이며, 그 일족의 조상들이 대대로 사후의 영혼을 평안히 잠재웠던 선영이 있던 곳이었다.

천문학과 도가 사상을 전문적으로 배울 수 있었던 사마담은 그 지방에서 농사를 짓고 목축을 한 유력한 지주였다. 아들 사마천에게 경학經學의 소양을 길러줄 만한 여유가 있었던 중소 지주층이었다고 보아도 좋다. 사마담의 가슴속에는 "우리 집안은 대대로 주나라 왕실의 사관史官으로서 직무를 맡아왔다"는 가문에 대한 자부심이 늘 자리잡고 있었다. 이 가문에 대한 자부심은 학문과 지식을 체득하려고 한 사마담의 뜻에 그대로 이어졌다. 조상 전래의 토지에서 농업과 목축을 영위하던 시기의 사마담에게는 그것이 마음의 유일한 지주가 되었다. 이 자부심이 없었다면 뒷날 궁정에서 역학曆學·역사 문서학을 맡아보는 태사령太史令에 임명되어 그 전문 직무를 충실히 실행할 수 있는 학문을 축적할 수 없었을 것이다. 나아가 그 자부심을 장남으로 태어난 사마천에게 심어주고 그를 교육시키는 일에 몰두할 수 없었으리라. 덕분에 사마천은 열 살이 되었을 때에 고대 문자로 씌어진 경서를 완전히 암송할 수 있었다.

그렇다면 사마담이 자부하였고 마음의 지주이기도 하였던 사마씨의 가계家系는 어떤 것이었는가. 잠시 「태사공자서」를 따라서 살펴보기로 한다.

사마씨 집안은 대대로 주 왕실에 벼슬하여, 역사 기록과 천문 지리를 담당하는 역사관의 직무를 맡아보았는데, 그 시대에는 사마라는 성을 지니고 있지는 않았다. 주나라 선왕宣王 때에 역사관의 직위와 멀어지고 나서 성을 바꾼 것이 사마라는 성이었다. 원래 사마라 하면 군관의 직명을 가리켰다. 이 점에서 추측한다면 주나라 선왕 때의 조상이 어떤 식으로든 군무에 관계하였고, 그 공적으로 군관의 직명을 그대로 성으로 삼도록 명해졌다고 생각된다. 그 뒤 사마담에 이르기까지 사마씨 가계에서는 역사관의 직무에 임명된 사람이 나오지 않았다.

주나라 혜왕惠王·양왕襄王의 시대는 주나라가 도읍을 동쪽 낙읍洛邑으로 옮겼던 기원전 770년부터 한 세기나 한 세기 반을 경과한 시기로, 하극상의 춘추 시대에 접어들어 주 왕실의 권위는 이미 실추되어 있었다. 그에 박차를 가하기라도 하듯이, 권위를 더욱 손상시키고 왕실에 대한 신뢰를 상실케 하는 반란이 일어났다. 그때까지 주 왕실의 신하였던 사마씨 일족이 차례차례 주나라를 떠나 진晉나라로 옮긴 것은 바로 그 시기였다. 일단 진나라에 들어간 사마씨 일족은 거기서부터 각 제후들이 할거하는 여러 나라로 흩어져서, 어떤 자는 위魏나라로, 어떤 자는 조趙나라로, 어떤 자는 진秦나라로 이주하였다. 그 가운데 진秦의 하양으로 옮긴 사마씨 일족이 사마담·사마천 부자에 연결되는 가계였다.

사마천의 조상 가운데 전국 시대의 역사 무대에서 활약한 저명한 인물로는 사마착司馬錯과 사마기司馬靳가 있다.

사마착은 진秦나라 혜왕을 섬겼는데, 혜왕의 면전에서 당시 책사策士로서 유명하던 장의張儀를 상대로, 촉蜀을 토벌할 것인가 한韓을 토벌할 것인가 하는 논쟁을 벌여, 마침내 촉 토벌의 중요성과 유효성을 혜왕에게 설득시켜 장의를 화나게 만들었던 인물이다. 장의는 진나라의 패업을 빨리 달성하려면 촉을 치기보다 한을 우선 정벌해야 한다고 주장하였다. 이에 대하여 사마착은 국위를 떨치려면 우선은 경제적 기반을 굳혀 국력을 기를 필요가 있는데, 그러기 위해서는 토지가 광대하고 물산이 풍부한 촉 땅을 손안에 넣어야 한다는 입장이었다. 사마착은 장의에게 한 걸음도 양보하지 않고 "지금은 한을 토벌해서 괜히 큰 나라를 자극하는 것보다도 다른 나라들과 아무 이해 관계가 없는 서남의 궁벽한 땅인 촉을 토벌하여 실리를 장악하고 국력을 증강시켜야 한다"는 모책을 진언하였다. 혜왕은 그것을 받아들였다. 사마착은 마침내 정벌 장군에 임명되어 촉을 평정하고 진나라 국력을 이 시기에 비약적으로 발전시켰다. 그는 앞을 내다보는 식견을 지닌 사람이었으니, 군관이라고는 하지만 사마천의 가계에서 정말 자랑할 만한 조상이었다.

전국 시대에 군관의 운명은 혹독하였다. 사마착의 손자뻘인 사마기의 운명도 그러하였다. 사마기는 진秦나라 맹장인 백기白起의 부하로서, 전국 시대의 가장 격렬한 전투였던 장평長平 싸움에서 조趙나라 군대를 격파하고 투항병 수십만을 산 채로 묻었다고 알려져 있다. 뒷날 백기는 소왕昭王한테서 충성을 의심받아 왕이 보낸 사자가 준 칼로 자결하여 목숨을 마쳤다. 이때 백기의 오른팔이던 사마기에게도 죽음이 내려져, 그도 백기의 운명을 좇았다.

사마기의 죽음은 기원전 257년의 일로, 사마천이 태어나기 백수십 년 전의 일이다. 여기서 주의할 것은, 사마기가 백기에게 충성한 인물로서 죽음이 내려질 정도로 위세 있는 무장이기는 하였지만, 사마착처럼 장군으로 활약한 것이 아니라 하급 관리로서의 지위를 감수하였다는 사실이다. 이 무렵부터 사마씨 가계에 쇠퇴의 징후가 비치기 시작하였다고 보아도 좋을 듯하다.

사마기의 손자가 사마창司馬昌이다. 사마창은 진나라의 주철관主
鐵官이 되어 현대식으로 말하면 통상산업부의 광산국장에 해당하는
직위에 있었다. 춘추 전국 시대를 통하여 주로 군관으로 활약하였
던 사마씨는 천하 통일을 완수한 진 제국과 궁합이라도 맞추듯이
문관으로 다시 옷을 바꿔입었다. 이 사마창의 아들이 사마무역司馬
毋澤이다. 이 사람의 대에 와서야 사마씨는 비로소 한漢나라에서 벼
슬길에 오른다. 사마무역은 한시漢市의 장으로 근무하였으니, 이 또
한 행정관이다. 한시란 지명이다. 사마무역의 아들 사마희司馬喜가
사마천의 조부이다. 그는 오대부五大夫의 작위를 얻었다. 이것은 아
홉번째의 작위로, 그리 높지는 않지만 사대부의 존귀한 지위를 의
미하였다. 이로써 사마씨가 전통 있는 가문으로서 일정한 평가와
처우를 한나라 조정으로부터 받게 되었음을 알 수 있다. 하지만 사
마천의 조부가 조정에서 실무를 맡은 기록이 전혀 없는 점으로 보
아, 그는 가문의 품격을 나타내는 작위를 수여받기는 하였으나 조
정에서 벼슬하지 않고 고향 하양 땅에서 불우한 생애를 보낸 모양
이다. 「태사공자서」에서 사마천이 어린 시절 농경과 목축에 종사하
였다고 기록한 것은, 이 조부 대부터 부친 사마담의 태사령 취임에
이르기까지 사마씨 가문의 실정이 어떠하였는지를 암시해준다고
보아도 좋을 듯하다.

  뒷날 임종 때 사마담은 "근세로 들어와 우리 집안은 몰락하였다"
고 아들 사마천에게 말한다. 여기서 근세란 한 왕조로 접어든 뒤의
시기를 가리킨다고 생각되는데, 사마담은 이렇듯 가문의 몰락을 의
식하고 있었다. 사마담이 어떤 경로로 태사령 직에 오르게 되었는
가는 분명치 않으나, 태사령이야말로 사마씨로서는 윗대의 조상이
맡아보았던 영광스런 직책, 요컨대 천직天職이었다. 그러니 이 직위

를 얻은 사마담의 기쁨이 어떠하였나 잠작할 만하다. 그 기쁨과 함께 그는 다시 세상에 나가 가문의 이름을 만회하려는 의욕에 불타고 있었으리라.

이때 사마담의 나이는 알 수 없으나, 한 무제 건원建元 원년(기원전 140년), 사마천이 여섯 살이던 때였다.

태사령이 된 뒤 사마담은 일가를 이끌고 무릉茂陵 땅으로 이주하였다. 그곳은 원래 수도 장안長安에서 서북쪽으로 십여 리 떨어진 곳에 위치한 보잘것없는 시골 마을에 지나지 않았다. 이 무릉이 돌연 세간의 주목을 받게 된 것은, 갓 즉위한 무제가 사후에 자기가 들어갈 능묘를 그 땅에 조성할 것을 선언하였기 때문이다. 건원 3년(기원전 138년)부터 무제는 무릉에다 엄청난 인력과 자재를 투입하고 막대한 비용을 들여서 능묘를 구축하기 시작하였다. 대목수와 석공, 자재 운반인, 게다가 관리 및 상인의 왕래가 빈번해지자, 그때까지 조용했던 시골 마을이 급작스레 활기를 띠게 되었다.

한 무제는 앞날을 내다볼 줄 알았다. 능묘 건설을 선언하였을 때 무제의 구상 속에는, 이 기회를 타서 무릉에 장안의 위성 도시라고 할 신흥 도시를 건설한다는 계획이 들어 있었다. 능묘를 조성하는 것만으로도 막대한 국가 경비가 필요하였다. 거기다 위성 도시를 건설하자면 각 군현에 흩어져 있는 지방 부호의 경제력을 이식시킬 필요가 있었다. 그래서 무제는 소유 재산 삼백만 전 이상의 재력가들을 강제 이주시키라는 포고령을 내렸다. 그렇게 하면 부호들이 지방에 분산되어 있을 때보다도 통제가 효과적이고, 또 그 경제력을 집중적으로 활용할 수 있었다. 무릉이 신흥 위성 도시로서 크게 발전한다면 능묘의 보존과 유지도 자연히 먼 장래까지 보장된다.

일거양득이란 이를 두고 말하는 것이다.

　무제는 강제 이주를 포고하면서, 이주자에게 어느 정도의 우대 조치를 강구하였다. 하지만 지방 부호로서는 우대 조치를 받는다 해도, 오랫동안 거주해왔던 곳에 미련도 있고 그곳을 떠나면서 생기는 여러 불이익도 있었기 때문에, 간단히 응할 수 있는 일이 아니었다.

　『사기』의 「유협열전游俠列傳」에 나오는 곽해郭解라는 협객도 재력가로 분류되어 무릉으로 강제 이주되었다. 곽해는 지금의 하남성河南省 제원현濟原縣 사람으로 부친 대부터 이대째 협객이었다. 낙양에 원수지간인 두 사람이 있어 현자나 호걸이 중재하여도 해결할 수 없는 상태였는데 곽해가 뛰어들자 중재가 이루어졌다고 할 만큼, 협객의 무리에게는 얼굴이 제법 통하였다. 한 무제가 강제 이주책을 입안하였을 때 곽해의 이름도 거론되었다. 사실 곽해의 소유 재산은 이주자 기준액인 삼백만 전에 미치지 못했으나, 그가 너무 저명한 유력자였으므로 역시 이주당하게 된 것이다. 흉노 토벌에서 혁혁한 무훈을 세운 위청衛靑 장군은 진작부터 알고 지낸 곽해를 감싸서, 재산 기준액으로 보아 곽해는 이주 대상자가 못된다고 무제에게 진언하였다. 그러나 "서민인 주제에 장군이 감싸줄 정도의 힘을 지니고 있다면 곽해의 집안은 그만큼 가난하지 않다는 증거다"라는 무제의 말에 따라 곽해의 강제 이주가 결정되었다. 그때 곽해에게 모인 전별금이 일천만 전 이상이었다고 한다.

　곽해가 하남성에서 함곡관函谷關을 넘자, 관중關中의 유력자들이 다투어 곽해에게 교제를 청하였다. 그런데 이때 곽해는 살인 혐의를 받고 있었다. 곽씨 일가를 강제 이주 대상자에 해당된다고 상신하였던 동향의 관리 양계주楊季主의 아들을 곽해의 조카가 죽인 일이 있었고, 이어서 양계주도 누군가에게 살해되었다. 양계주 가족의 고소로 일련의 살인 사건을 알게 된 무제는 때가 때인 만큼 격노하여 곽해를 체포하라는 명령을 내렸다. 곽해는 일단 도망하였으나 뒤에 붙잡혀 일족 모두가 사형당하였다.

이것은 능묘 조성에 얽힌 강제 이주가 야기한 비극의 한 단면이었다. 곽해는 도망할 때 모친과 처자를 하양의 친척에게 맡겼는데, 하양은 다름아닌 사마천의 고향이다. 「유협열전」에서 곽해에 대한 사마천의 평가는 호의적이다. "태사공은 이렇게 생각한다. 내가 본 곽해는 외모 면에서 보통 사람에게 미치지 못하고 말하는 것도 거론할 게 없었다. 그렇지만 훌륭하든 못났든, 면식이 있든 없든, 천하의 사람들은 모두 그의 이름을 흠모하고 있다. 협객을 말하는 사람들은 모두 그를 예로 든다. 속담에 말하듯이 '그 명성을 얼굴로 삼는 자는 어느 세상에서도 썩어 없어지지 않는 법이다.' 아아, 아까운 사람을 잃어버렸다."

여기서 알 수 있듯이, 사마천은 곽해를 직접 만나볼 기회가 있었던 듯하다. 그것이 무릉에서였는지 고향 땅 하양에서였는지는 분명치 않다. 곽해가 관중으로 들어선 이후 체포장이 내릴 때까지는 그리 시간이 없었을 것이다. 그 짧은 시간에 북적거리는 신흥 도시 무릉에서 소년 사마천이 협객 곽해와 접할 기회는 없었으리라 생각된다. 결국 앞의 인용은 곽해가 처자를 숨기려고 하양의 용문을 방문했을 때 사마천이 직접 본 곽해의 인상을 적은 것이리라. 그렇다면 능묘 조성의 선언과 강제 이주의 포고가 나온 건원 3년까지 사마천은 아직 고향 용문에 있었던 것이 된다.

필자 생각으로는, 건원 원년에 태사령으로 출사한 사마담은 강제 이주될 만큼의 사유 재산(삼백만 전)을 소유하지 못했다고 여겨진다. 그 사실은 뒷날 아들 사마천이 사형을 면할 오십만 전조차 조달할 수 없었던 점으로도 미루어 짐작할 수 있다. 사마담이 우대 조치를 기대하여 고향에서 가족을 이끌고 무릉으로 이주한 것은 능묘 조성과 신흥 도시 건설의 포고가 나온 건원 3년보다 이삼 년 뒤인, 도시 체제가 얼마쯤 정비된 무렵이었다고 생각된다. 사마천이 열 살 정도 되었을 시기였으리라.

정신적 스승으로서의 아버지
——사마담과 도가 사상

사마천을 훈도하여 정신적으로 큰 영향을 끼친 인물은 뭐라 해도 그의 부친 사마담이었다.

사마담이 없었다면 사마천도 없었다. 너무나 당연한 말이지만, 이 당연한 말이 이들 부자처럼 딱 들어맞는 예는 그렇게 흔치 않다. 좀더 부연하면, 부친의 훈도와 유언 없이는 역사가 사마천의 성장과 『사기』의 편술을 생각할 수 없다. 바꾸어 말하면 사마천이 역사가로서 자각을 하게 된 과정을 되짚어가면 반드시 부친 사마담이란 존재에 다다르게 된다. 더 나아가 사마천을 역사가로 길러내려고 태내 교육을 실시한 어머니 같은 존재가 사마담이었다.

사마담은 한 무제 즉위 초에 태사령이 되고 난 후 원봉元封 연간(기원전 110년~기원전 105년)에 죽기까지 대략 삼십여 년 간의 재임 기간 동안 직무에 충실하기 위해 분골쇄신의 노력을 쏟았다. 사마씨의 먼 조상이 주 왕조의 사관이었음을 대단히 자랑스러워했던 만큼, 그는 태사령이 되자 사관의 가문이라는 이름을 부흥시키려는 포부를 가슴 가득 품고서 그 직무에 임하였을 것이다.

사마담이 태사령 직을 얻게 된 경위는 알 수 없으나, 한 가지 추측은 할 수 있다. 사마천은 「태사공자서」에서 극히 간략하기는 하지만 부친의 면학과 수업 과정을 추적하여 기록해두었다. 즉 사마담은 당도唐都에게서 천관天官을 배웠고 양하楊何에게서 역학易學을 배웠으며 도론道論은 황자黃子에게서 배웠다고 하였다.

도론이란 도가道家의 사상, 역학은 『역경易經』의 학문이다. 남은 한 가지 천관이야말로 태사령 직과 가장 관계 깊은 학문으로, 별이나 구름을 관찰하여 춘하추동의 자연 현상을 조사하고 일력日曆을 편찬하는 일이 공부의 대상이었다.

관념과 현상, 추상과 구체의 차이는 있지만, 이 세 학문은 '자연'의 탐구라는 한 가지 점에서 서로 긴밀하게 연결되어 있다. 사마담이 천관·역·도론의 수업에 힘쓴 것은 '자연'을 탐구하려면 그것들 가운데 어느 하나도 빠져서는 안되었기 때문이다. 즉 '자연'을 종합적으로 파악하려면 이 세 학문의 유기적인 결합이 필요하다는 인식이 사마담에게 있었다.

도가 사상에서 사마담이 스승으로 모신 황자는 황생黃生이라고도 불리며, 경제景帝 시대의 도가로 저명하였다. 역학의 스승 양하는 당시 역학의 중진으로 자字는 숙원叔元이다. 지금의 산동성山東省에 있는 치천淄川 출신으로, 한 무제 원광元光 원년(기원전 134년)에 중대부中大夫로 초빙되었던 학자다. 양하가 관직에 나가기 전에 이미 사마담은 태사령 자리에 있었으므로, 양하의 추천으로 출사한 것이라고는 생각할 수 없다. 그렇다면 남는 인물은 천문학을 가르친 당도다.

사마천은 『사기』의 「천관서天官書」에서 "한나라의 천문 연구자로는 별에 대해서는 당도, 구름에 대해서는 왕삭王朔, 매년의 점占에 대해서는 위선魏鮮이 있다"고 썼다. 당도는 천문 관측과 연구에서 일인자였다. 당도는 한 무제 건원 초에 칙명을 받아 이십팔 수(별자리)의 거리와 각도를 측정하였다. 그 관측에 제자 사마담이 참가하여 실적을 올렸고 당도의 추천으로 그 해에 태사령 직을 얻었다고 보는 것이 가장 자연스러울 듯하다. 이것이 필자의 추정이다.

사마담의 행적에서 알 수 있는 것은, 그가 죽기 사 년 전인 원정元鼎 4년(기원전 113년)에 대지의 신 후토后土를 제사지내는 전례典禮 의식이 있었을 때 제사관 관서寬舒라는 인물과 상의하여 제주祭主인 한 무제를 위해 여러 가지 준비를 하였다는 사실이다. 그 의식을 살펴보면, 오행설에서 황색이 흙의 색이므로 제사 모시는 이들은 모두 황색 옷을 착용하고, 늪지에 둥근 구릉을 다섯 개나 쌓아올려 제단으로 삼고, 각 제단마다 황소를 희생으로 바치며, 제사가 끝나면 그 소를 묻는다. 사마담과 관서는 이러한 전례의 식순을 정하였다. 얼마 남지 않은 문헌 자료에 근거하여 전례 양식을 정하는 것이 태사령의 일이었다. 더구나 그 전례는 황제가 직접 주최하는 국가적인 사업이었으므로 사마담의 노고는 상당하였다.

세계의 대통일을 지향하는 위대한 황제로서, 무제는 한 왕조 창업 이래로 네 명의 황제가 아무도 해내지 못했던 하늘에 제사드리는 봉선封禪 의식을 신령스런 산이라고 일컫는 산동성 태산泰山에서 거행하는 일에 강한 집념을 보였다. 사마담이 태사령으로서 부여받은 최대의 임무는 이 봉선이라는 큰 의식을 철저히 준비하는 일이었다. 그 점에 대해서는 뒤에 다시 언급하기로 하고, 여기서는 사마담의 사상을 살펴보면서 그것이 사마천에게 어떤 영향을 끼쳤는지 알아보도록 하겠다.

사마담의 사상을 명확하고도 자세하게 보여줄 뿐 아니라 유일하기까지 한 자료는, 「태사공자서」에 기록된 '육가六家의 요지를 논한다' 라는 사마담의 논문이다. 이것은 사마담이 "학자들이 학문의 진의를 분별하지 않고, 잘못된 생각을 그대로 지녀 대단하게 여기는 현실을 개탄하여 여섯 학파의 요지를 논평하였다"는 논문이다. 유가儒家 · 묵가墨家 · 명가名家 · 법가法家 · 도가 · 음양가陰陽家 등 육가를 거론하여 각각의 장점과 단점을 추출하여 사상의 특질을 논하고 있어, 곳곳에서 사마담의 예리한 비평 정신을 엿볼 수 있다. 이 논문은 탁월한 비평가라면 반드시 지니는 뛰어난 평형 감각을 밑바닥에 깔고 있으며, 그러면서도 독자적인 비평 의식이 뚜렷하므로 사마담의 사상을 알고자 할 때 충분한 가치가 있다고 할 수 있다.

이 논문의 요지는 이렇다.

음양가는 4계 · 8괘 · 12지 · 24절기에 대하여 각각 금기 규정이 있다. 사계의 운행에 따라 세상일을 순서짓는 점은 장점이지만, 그것이 지나치게 상세하면 금기가 많아져서 사람을 구속하게 된다는 것이 단점이다.

유가는 『시경』 『서경』 『역경』 『춘추』 『예기』 『악기』 등 육예六藝의 경전을 배워서 실천하지 않으면 안된다. 군주와 신하, 어버이와 자식 사이에 예를 정하고 남편과 아내, 어른과 아이 사이에 차별을 둔 점은 장점이지만, 학문 영역이 지나치게 넓어서 그 하나하나를 궁구하고 실행에 옮기기 어렵다는 단점이 있다.

묵가는 유가와 마찬가지로 요 · 순의 인애를 존중하면서 또 검약에 힘쓰지 않으면 안된다고 주장한다. 근본을 양성하는 일을 중시하고 외면을 꾸미는 일을 삼가는 것은 장점이지만, 지나치게 검약하여 시대의 변화에 적응할 수 없는 것은 결점이다.

법가는 멀고 가까운 관계나 귀하고 천한 신분을 가리지 않고 오로지 법에 비추어 명확히 처리한다. 군신 상하의 직분에 선을 그은 것은 장점이지만, 지나치게 엄격하여 자애로운 마음이 없는 것은 단점이다.

명가는 개념을 세밀하게 분석하여 실재와 대응시키는 것을 중시한다. 명칭의 개념과 사물의 실질과의 관계를 바로잡는 것은 장점이지만, 지나치게 분석하여 진실을 시야에서 놓친다는 데 난점이 있다.

이 다섯 학가에 비하여 도가는 작위作爲를 가하지 않고 정신을 집중하여 모든 것을 대도大道에 합일시켜간다. 자연에 순응한다는 음양가의 주장을 단서로 삼아 유·묵·명·법가의 장점을 살리면서, 시세의 움직임에 대응하고 대상에 따라 변화할 수 있는 자유자재로운 방법에 특징이 있다. 도가의 사상은 간결하면서도 실행하기 쉽다는 것이 장점이다. 다만 언어가 조금 난해하다는 것이 단점일 뿐이다. 허무를 근본으로 삼아, 있는 그대로에 순응하는 자세를 실용의 수단으로 삼는다. 더욱이 기성의 경향성을 지니지 않고, 항상 불변하는 외형을 지니지 않으면서도, 각자 자기의 기능을 다할 수 있다. 사물보다 앞서서 사물을 구속하는 일이 없고, 사물의 뒤를 쫓아서 사물에 휘둘리는 일도 없으므로 만물의 주인이 될 수가 있다.

이렇게 육가의 사상을 분석한 사마담이 가장 탁월하다고 공감한 사상은 말할 것도 없이 도가의 사상이다. 사마담은 다른 다섯 학가의 장점을 종합하여, 무작위無作爲의 자연에 철저해서 자유자재로 변화하고 대응하면서 대도 즉 진리에 무한히 접근해가는, 도가 철학을 사상의 근거로 삼았다. 도리의 한 측면만을 밝혀 자승자박에 빠진 다른 다섯 학가의 사상이 지닌 결점을 통박하여 적확하고도 간결하게 비판한 그의 논리는 정말로 뛰어나다. 사마담이 평형 감각에 근거한 예리한 비평 의식을 지닐 수 있었던 것은, 어떤 것에도 구속되지 않는 자유자재함을 방법으로 삼아, 정신을 집중하고 대상의 진실을 파악하는 도가 사상을 체득하고 있었기 때문이다.

이렇게 본다면 사마담에게 도가 사상을 가르친 황자는 상당한 설득력과 영향력을 갖춘 매력적인 노장 사상가였음에 틀림없다. 황자는 황 선생 정도의 의미이리라. 『사기』의 「유림열전」을 보면, 경제·무제 때의 유학자였던 원고생轅固生의 전기가 나온다. 원고생은 어떤 노장 사상가와, 그것도 하필이면 경제의 면전에서, 혁명의 문제를 둘러싸고 치열한 논쟁을 전개한다. 그 노장 사상가가 황 선생이었다.

청하왕淸河王을 보육하는 선생 원고생은 제齊나라 사람이었다. 『시경』의 전문가로서 경제 때에 박사의 관직에 임명되었다. 그는 경제의 면전에서 황생과 논쟁한 일이 있다. 황생은 말하였다. "은나라 탕왕이나 주나라 무왕은 천명天命을 받은 것이 아니다. 오히려 그 주군을 죽인 것이다." 원고생이 답하였다. "그렇지 않다. 하나라 걸桀이나 은나라 주紂가 포학한 왕이었으므로 천하의 인심은 모두 탕왕과 무왕에게로 돌아가 있었다. 탕왕과 무왕은 그 인심을 배경으로 걸왕과 주왕을 죽였다. 걸왕과 주왕의 백성은 그들을 도우지 않고 탕왕과 무왕에게 귀속하였다. 이것이 천명을 받은 것이 아니고 무엇인가." 황생은 반론을 폈다. "모자는 아무리 닳아도 반드시 머리에 쓰는 법, 신발은 아무리 새 것이라도 반드시 발에 신는 법이다. 그것은 상하의 명분이 처음부터 뚜렷하기 때문이다. 걸왕과 주왕이 정도에서 벗어났다 해도 역시 윗자리의 주군임에 틀림없다. 탕왕과 무왕이 성인이라 해도 역시 신하다. 주군에게 과실이 있을 경우 신하된 자로서 바른 도리를 설명하여 주군의 과실을 바로잡고 천자를 존중하지 못하고, 도리어 주군의 과실을 빌미로 주군을 죽이고 스스로 자리를 대신하여 천자가 되었다. 이것이 군주를 시해한 것이 아니고 무엇인가.” 원고생은 말하였다. “당신 말대로라면 한 고조가 진나라를 대신하여 천자의 지위에 오른 것이 도리가 아니란 말인가.” 이때 경제가 말하였다. “말고기를 먹을 때 그 간까지 먹지 않더라도 고기 맛을 알 수 있는 법이다. 학문을 논하는 자가 탕왕과 무왕의 혁명에 대하여 언급하지 않는다고 해서 그를 어리석은 자라고 말할 수는 없다.” 이렇게 해서 논쟁은 중지되었다.

새 왕조의 창건은 천명을 받은 것인가, 그렇지 않으면 이전 왕조의 군주를 시해하고 천자의 지위를 찬탈한 것인가. 이 문제를 둘러싼 논쟁은 ‘말의 간처럼 독기를 품은’ 위험한 사안이었으므로, 그 뒤로 학자들은 이 문제를 논하여 밝힐 수 없게 되었다고 사마천은 덧붙였다.

원고생이 무제 때에 아첨 잘하는 공손홍公孫弘과 함께 다시 조정에 초빙되었을 때 “공손 군, 그대는 진지하게 공부를 해서 해야 할 말만 하게나. 학문을 왜곡하여 세상에 아첨하지 말게”라고 말하여 이른바 ‘곡학아세曲學阿世’의 학자를 기탄없이 비판하였다는 것은 유명한 이야기이다. 그렇게 자신만만한 원고생도 황 선생과의 논쟁에서는 군신과 장유의 질서를 중시하는 유교의 논리가 거꾸로 꼬리를 잡히고 말았다. 그래서 마침내 한 고조가 진나라를 대신해 천자의 지위에 오른 떨떠름한 문제를 끄집어내어 경제의 안색을 살펴

논쟁을 결말지으려 하였다. 그러나 그 책략은 속셈이 너무 빤히 들여다보여 어딘지 모르게 구차하다. 논쟁의 대상이 된 문제 자체가 꺼림칙한 것이고 더욱이 그 논쟁이 한나라 황제의 면전에서 이루어졌던 만큼, 황생이 탕왕과 무왕의 방벌放伐 혁명을 부정한 태도는 당당한 것이었다.

사마천은 문제가 문제인 만큼 그 뒤로 이를 논하여 밝히려는 자가 없게 되었다고 하였는데, 사마천이 살았던 당시까지는 정말 그 말대로였으리라.

그런데 위진魏晉의 왕조 교체기에 혜강嵆康이라는 사상가가 나와, 유교에서 옛 성왕으로 간주하는 은의 탕왕과 주의 무왕을 부인하고 성인이라 일컫는 주공 단周公旦과 공자를 경시하는 엄청난 견해를 토로하였다. 근대로 들어와서는 루쉰魯迅이 이에 대해 다음과 같이 언급하였다. "탕왕·무왕·주공·공자를 비난하고 경시하는 일은 지금이야 대단한 일이 아니지만, 당시로서는 그 파급이 적지 않았던 것입니다. 탕왕과 무왕은 무력으로 천하를 평정한 사람이고, 주공은 성왕成王을 보위하여 섭정을 한 사람입니다. 공자는 요와 순을 정통이라고 말하였는데, 요와 순은 평화적으로 왕위를 물려받은 사람입니다. 그런데 혜강의 관점에서 보면 모두 좋지 않다는 것입니다. 그렇다면 진나라의 사마씨가 위나라의 제위를 찬탈할 때 어떻게 했어야 좋았을까요. 방법이 없었던 것입니다. 그렇기 때문에 살해하지 않을 수 없었지요."

혜강도 황생도 노장 사상가였다. 황생의 경우는 공자와 주공 단에 대하여 언급하지 않았으나, 탕왕과 무왕을 부인하고 있다는 점에서는 둘 다 똑같다. 유교의 대의명분론에 은폐되어 있는 기만성을 간파하여, 천명을 받았다 한 것을 찬탈이라고 기탄없이 조소한 황생, 그는 혜강의 사상적 선구자였다고 할 수 있겠다.

자신의 스승이었던 황생이 기세등등하던 박사 원고생을 상대로 경제의 면전에서 조금도 양보하지 않고 당당히 논전을 펼쳐 원고생을 궁지에 몰아넣던 모습을, 사마담은 아들 사마천에게 자랑스럽게 들려주었으리라. 그렇기에 사마천은 원고생의 전기에서 황생과의 논쟁을 거론한 것이다. 하지만 문제는 그것으로 그치지 않았다. 은주殷周 혁명기에 천명을 받았다는 논리를 비판한 황생의 사상은 사마담을 통하여 곧바로 『사기』의 「백이열전」에 연결되어 있기 때문이다.

「백이열전」은 『사기』 열전편의 첫머리에 놓여 있어, 종래부터 열전 칠십 편 전체의 서문 역할을 하는 전기로 간주되어왔다. 열전의 집필에 몰두했던 사마천의 기본 정신과 견해가 이 「백이열전」에 제시되어 있는 것이다.

탕왕과 무왕 혁명기의 천명을 받았다는 논리를 비판한 황생의 지론은 백이·숙제의 삶을 찬양하는 사마천의 사상과 그대로 겹친다. 무왕이 은의 주왕을 토벌하려고 제후를 이끌고 출전하자 백이·숙제는 그것을 시역弑逆에 해당되는 행위라고 비판하고 간언하였다. 그러나 간언이 받아들여지지 않자 은나라로부터 천하를 탈취한 주나라의 곡식을 먹는 것을 수치로 여겨 수양산에 숨어들어가 고사리를 캐어 먹다가 마침내 굶어죽었다.

「백이열전」이 황자한테서 사마담에게로, 사마담한테서 다시 사마천에게로 전해진 사상을 배경으로 기술되어, 열전 전체의 서문 형태로 권두에 놓이게 된 사정을 우리는 간과해서는 안될 것이다.

그리고 경제의 면전임에도 불구하고 무력 혁명은 결국 찬탈이자 시역이라고 기탄없이 논한 강직한 황자의 태도는 사마천의 가슴 밑바닥에 뚜렷하게 각인되어 살아 있었음에 틀림없다. 그것은 뒷날 이릉 사건이 일어났을 때, 처자식과 제 몸을 지키느라 급급한 '도필의 관리'들이 예외 없이 이릉의 죄를 성토하는 가운데 홀로 무제의 면전에서 이릉을 변호하는 논리를 펼쳐서 결국 환관 신세가 되고 말았던 사마천의 우뚝한 자율적인 태도와도 통하는 것이었다.

역사 철학을 배우다
—동중서의 공양학

사마천은 「태자공자서」에서 스스로 "나이 열 살에 고문古文을 암송하였다"고 말하였다. 고문이란 진나라 이전의 문자, 즉 전서篆書보다도 한 단계 더 오래된 문자로 씌어진 책을 가리킨다. 예컨대 그러한 책 가운데 하나인 『고문상서古文尚書』를 열 살의 어린 나이에 읽을 수 있었다는 말이므로, 사마천의 재능이 얼마나 조숙하고 비범하였는지 알 수 있겠다.

이 비범하고도 학문을 좋아하는 사마천의 재능을 파악하고, 당시 일급의 대유학자라고 일컬어졌던 동중서董仲舒의 문하에 제자로 들어가게 한 것은, 아마도 부친 사마담이었을 것이다.

동중서는 경제 때에 이미 박사의 관직에 임명되었다. 임관 뒤에도 관사의 뜰을 오르내리는 틈조차 아까워 장막을 드리우고 학문에 열중하였다. 유교에 대한 학식은 깊었고, 당시에 벌써 많은 제자를 거느리고 있었다. 동중서는 고참 제자만 직접 가르쳤고, 가르침의 내용이 고참 제자로부터 순차적으로 신참 제자에게 전해 내려가는 방식이었으므로, 제자 가운데는 한 번도 스승의 얼굴을 본 적이 없는 사람도 있었다. 게다가 행동거지가 늘 예에 합당하고 엄숙하였으므로, 스승으로서 존경을 한 몸에 받았다.

열아홉 살에 즉위한 청년 황제 무제는 도가적 색채가 강하였던 종래의 소극적인 정치를 개혁하여 유교의 가르침에 근거한 적극적인 정치를 실천하려고 하였다. 일찌감치 '어질고 올바르며 직언하고 끝까지 간언諫言하는 선비'를 추천하도록 각 제후에게 조칙을 내린 것도 유교의 학식과 식견을 갖춘 인재를 등용하려는 뜻이었다.

이때 무제의 뜻에 가장 알맞아 등용된 인물이 동중서였다. 그의 명성이 한 단계 더 높아진 것은, 그가 올린 계책을 받아들여 무제가 교육 문화 제도를 실제로 개혁한 뒤였다. 그가 올린 계책은 육예 즉 『시경』『서경』『역경』『예기』『악기』『춘추』를 백성 교육의 과목으로 삼아 유교 정신을 함양하고 그것의 보급에 힘쓸 것을 목표로 하였다. 그 이후 지식을 쌓으려는 자는 우선 필수적으로 육예의 교양을 학습해야 했고, 그에 따라 『시경』『서경』『역경』『춘추』『예기』 (『악기』)의 오경에 대하여 각각 전문 지식을 가르치는 박사의 관직을 두게 되었다. 이것이 이른바 오경 박사五經博士 제도다. 이 제도로 양성된 학생 가운데 유능한 인물을 골라 한 왕조를 짊어질 관리로 활용하였다.

사마담은 도가 사상에 경도하였지만, 사랑하는 아들의 장래를 생각하자 이제부터 젊은이라면 유교를 습득할 필요가 있다는 시대의 추이에 민감하지 않을 수 없었다. 아들 사마천을 당시 최고의 대유학자인 동중서의 강습소에 들어가게 한 것은 그 때문이었다. 그렇게 해서 동중서의 문하생이 된 사마천은 이미 소년기를 벗어나 십칠팔 세의 청년기에 접어들어 있었던 듯하다.

스승 동중서는 오경 가운데 『춘추』를 특히 중시하였다. 그가 닦은 춘추학은 공양씨公羊氏가 전수한 해석학으로, 보통 『춘추공양전』이라고 불렀다. 그것은 『춘추좌씨전春秋左氏傳』과 달리 『춘추』라는 역사서의 해석을 둘러싸고 독특한 사상이 구축되어 있었다. 동중서는 그 사상을 중시하여 강론에 자못 열심이었다.

본디 『춘추』라는 책은 공자의 저술로, 그가 태어난 노나라의 창업기부터 자신의 시대에까지 이르는 대략 242년 간의 역사를 기록한 연대기였다. 공자는 이 기록을 통하여 중대한 역사 비판을 전개하였다고 알려져 있다. 사실 『춘추』를 저술한 공자의 목적이 바로 그 역사 비판에 있었다. 『춘추』가 씌어진 시대는 세상이 아주 혼란스러웠다. 신하가 군주를, 아들이 아버지를 시역하는 풍조가 점차 일상화되었다. 인의효제仁義孝悌의 논리, 사회 질서를 지탱하고 있던 예禮와 악樂의 제도도 이미 실행되지 않았다. 이때가 이른바 춘추 시대로, 주나라의 고대 봉건제 질서가 와해 직전의 위기에 있던 시기였다.

공자는 그러한 역사의 동향을 개탄하였다. 그래서 개개의 사건에 비추어 역사의 실태를 연대기적으로 파악하고, 유교의 윤리 이념에 근거하여 이러저러해야 한다는 엄중한 역사 비판을 전개한 것이다. 『춘추』가 '필주筆誅'의 책이라 불리는 이유도 바로 여기에 있다.

그 뒤 『춘추』에 대하여 독자적인 해석을 가한 좌씨左氏·곡량씨穀梁氏·공양씨公羊氏의 세 학파가 일어나, 각각 특색 있는 해석으로 그 역사관을 전하였다. 동중서가 중시한 공양씨의 춘추학은 그 중에서도 국가 철학의 색채가 대단히 짙었다. 장래 성스러운 천자가 나타나 왕도 정치를 실현하고 중국을 통일하고 국토를 확장해주기를 공자가 절실히 기대하여 저술한 것이 『춘추』라는 주장이 공양파의 학설이었다.

이 공양학에 열중하였던 동중서의 눈앞에 출현한 사람이 무제였다. 무제는 당장 유교 사상을 도입하여 정치를 변혁하려는 의욕에 불타 있었다. 오경 박사가 설치되었고, 유교의 교양은 이때부터 관리가 되려는 이들에게 필수가 되었다. 더욱이 무제는 대외 정책에 적극적이어서, 한 제국의 위엄을 드러내고 일찍이 없던 거대한 세계 제국을 건설하고자 꿈꾸었다. 이런 무제에게 동중서가 공양학의 국가 철학을 강론하여 그 이념에 근거한 왕도 정치의 실현을 기대하였다 해도 전혀 이상한 일이 아니다. 동중서가 보기에는 무제야말로 공자가 『춘추』에서 고대하던 천명에 합당한 성천자聖天子이며 한 왕조야말로 세계의 대통일을 성취할 국가였다.

이때 이미 동중서의 학문은 공양학에서 독자적인 사상을 낳아 발전시키고 있었다. 그것이 곧 천인상관설天人相關說이다. 확실히 동중서는 무제를 왕도 정치를 실현할 성천자로 기대하였으나, 천명을 체현해야 할 천자가 천명에 위배되는 정치를 할 경우에는 하늘이 지상에 괴현상을 일으키고 때로는 재해와 이변을 가져와 천자의 반성을 강력히 촉구하고 경계한다는 천인상관설을 내세움으로써, 절대 권력을 부여받은 천자의 자의성에 대해 천명이라는 제어 장치를 걸어두기를 잊지 않았다. 이리하여 본래 역사서였던 『춘추』를 한나라의 공양학파는 예언적 요소를 갖춘 역사 철학서로 이해하였다.

부친 사마담을 통해서이기는 하지만, 역사에 대하여 강한 관심을 품고 있었던 청년 사마천에게 동중서의 역사 철학은 상당히 매력적이었을 것이다. 스승 동중서가 되풀이해서 강론하는 『춘추』의 대의는 젊은 사마천의 마음을 들끓게 하고 매료시켰으리라.

『사기』의 「천관서」를 읽어본 사람이라면 누구라도 동중서의 천인상관설이 거기에 영향을 끼치고 있음을 눈치챌 것이다.

진나라 시황제 15년에 혜성이 네 번 출현하였다. 그 가운데 긴 것은 팔십 일까지 미쳐, 하늘 가득히 꼬리를 끌었다. 그 뒤 진나라는 마침내 군사를 내어 여섯 왕을 멸망시키고 중국을 평정하였고, 나아가 사방의 이민족을 토벌하였다. 그 때문에 죽은 사람들은 난마亂麻처럼 겹쳐 누웠을 정도였다. 거기에 진섭陳涉 등이 일제히 봉기하여, 삼십 년 간에 걸쳐 서로 짓밟고 싸우는 일이 수없이 계속되었다. 저 치우蚩尤의 난 이래로 아직까지 이만큼 혼란스러웠던 적이 없었다.

항우가 거록鉅鹿을 구하였을 때에는 왕시枉矢의 별이 서쪽에 내려왔다. 그 조짐과 같이 항우는 산동山東에서 마침내 제후를 복종시키고 나아가 서쪽으로 진나라 사람들을 산 채로 묻어 함양咸陽의 도읍을 함락시켰다.

한나라가 흥기하자 오성五星이 모두 동정東井에 모이는 현상이 나타났다.

여후呂后 일족의 난이 있었을 때에는 일식이 일어나 대낮인데도 암흑 세상이 되었다. 오초칠국五楚七國의 반란이 일어났을 때에는 혜성의 길이가 서너 장丈에 달하고 천구성天狗星이 양梁의 땅을 지나갔다. 그 때문에 마침내 병란이 일어나 양의 땅에서 많은 사망자가 나와 피가 흘렀다.

사마천은 천인상관의 현상을 이렇게 기록한 뒤에, "이것들은 모두 명백하고 큰 변고들뿐이다. 작은 변고는 너무 많아서 이루 다 말할 수 없을 정도이다. 이러한 사정을 생각해보면, 우선 하늘의 현상에 징조가 나타나고 그 뒤에 지상에 반응이 나타나지 않는 일이 없다"고 말하였다. 천문의 괴이한 현상을 현실의 정치 현상에 연결시키는 이 견해는, 사마천이 동중서의 천인상관설에 영향을 받았다는 사실을 분명히 말해준다. 오늘날의 관점에서 말하면 미신으로밖에 볼 수 없는 불합리한 천명 사상天命思想을 사마천은 확실히 믿고 있었다. 그것은 사마천이 살았던 시대의 사상이 그러하였기 때문이다. 그도 시대가 낳은 사람임을 잊어서는 안된다.

하지만 사마천은 동중서와는 달리, 천명 사상을 무제의 치세에 그대로 겹쳐서 보는 권력과의 유착에서 벗어나 있었다. 사마천의 관점에서 볼 때 무제는 위대한 황제이기는 하였으나, 흉노 정책을 비롯한 그 정치 행태는 강한 불만과 비판의 대상이기도 하였다. 바꾸어 말하면 사마천은 무제의 정치에서 확실히 천명에 위배되는 행태를 인정하지 않을 수 없었던 것이다.

『사기』의 「유림열전」을 보면 사마천은 유학자 동중서의 삶에서 청렴한 측면은 인정하고 있으나 그를 반드시 칭송의 대상으로 삼고 있지는 않다. 과연 사마천은 역사 철학에서는 동중서의 사상을 계승했지만, 무제에 대해서는 동중서가 세계 대통일의 성천자로 떠받들었던 것처럼 그렇게 낙관하지는 않았다. 기묘한 표현이 허용된다면, 사마천은 무한히 비관적인 천명 사상을 품고 있었던 것이 아닐까. "천도天道는 옳은가 그른가"라고 사마천은 『사기』「백이열전」에서 토로하였다. 동중서한테서 춘추 공양학을 배웠던 때부터 하늘의 존재에 대해 의심을 품게 되었던 것이 아니라, 그 자신이 여러 사건에 부딪치고 역사적 현실을 추체험하는 과정에서 무한히 비관적인 천명 사상을 품게 되었다고 생각된다.

사마천은 천명 사상에 대해 비관적이 되어 천도의 존재를 강하게 의심하였으나, 마지막까지 천명 사상을 버리거나 부정하였다고는 생각되지 않는다. 왜냐하면 그의 관점에서 볼 때 천명 사상은 여전히 만족스럽지 못한 현실을 『춘추』의 대의에 입각하여 무한히 변혁해가는 사상적 근거를 제시하는 기능이 있었기 때문이다.

나는 일찍이 동중서 선생이 이렇게 말씀하신 것을 들은 적이 있습니다. "주나라의 왕도가 쇠미하였을 때 공자는 노나라의 사구司寇(지금의 검찰총장)이었으나, 제후는 그를 중상 모략하고 대부大夫는 그를 방해하였다. 공자는 자신의 발언이 채용되지 않고 올바른 도리가 행해지지 않는 것을 알고, 242년 간 역사의 사적이 옳은지 그른지를 논하여, 그것을 천하 사람들이 근거해야 할 법칙으로 삼았다. 천자라고 해도 선하지 못하면 폄하하고 제후의 무도함을 비판하며 대부의 불의를 질타하여, 왕도를 올바로 세우는 일을 목표로 삼았다."

부친 사마담에게서 '무위이면서도 행하지 않음이 없는' 기록자의 태도를 배웠던 사마천이었으나, 스승 동중서의 가르침으로 그는 『춘추』의 대의에 따라 역사를 비판적으로 파악한 공자의 역사 철학에 눈을 뜨게 되었다. 이렇게 해서 사마천은 공자에게 더욱 경도하였으니, 공자의 『춘추』를 이어서 뒷날 『사기』를 쓰게 된 의식의 맹아가 이미 이 시기에 준비되어 있었다고 보아도 틀림없으리라.

청춘을 내걸고
—천하 유력의 여행

스무 살이 된 사마천은 여행에 나섰다. 그것도 보통의 여행이 아니라 천하 유력遊歷의 대여행이었다. 당시 지식인의 자제들은 스무 살이 되면 벼슬길에 나서거나, 그 준비를 위한 공부에 쫓기거나 둘 중의 하나였다. 그것이 상식적인 진로였다. 그 상식적인 길을 벗어나서 사마천은 파천황破天荒의 여행을 목표로 삼았다. 그것은 하나의 도박이었다. 진정한 도박이란 새로운 자기 발견을 위한 것이라고 한다면, 사마천에게 그 여행은 청춘 최후의 도박이었다. 이 기회를 놓쳐서는 안되겠다고 마음먹고 절대 불가능한 여행을 사마천은 해내었던 것이다.

유럽의 거의 네 배에 가까운 중국의 각지를 돌아보는 것이므로 그것만으로도 대단한 일이지만, 시대는 기원전의 아주 오래 전 일이니, 때로는 탈 것으로 마차를 사용하고 배를 빌린다고 하여도 오늘날에는 상상도 할 수 없는 불편함과 곤란함이 있었을 것이다. 게다가 꼼꼼하게 역사 유적을 탐방하는 큰 목적을 실현하지 않으면 안되었기에 상당히 강한 의지와 인내력이 갖추어져 있지 않으면 그 성공은 생각할 수 없었다. 다행히 청년 사마천은 도시에서 자란 약골이 아니었다. 고향 용문의 자연 속에서 소나 양을 뒤쫓고 땅을 갈던 억센 신체를 지니고 있었다. 그리고 무엇보다 중요한 것은, 현장에서 무엇이든 직접 보고야 말겠다는 청년다운 패기가 넘쳤다는 사실이다. 사실 이러한 육체적·정신적 조건이 갖추어져 있지 않았으면 해낼 수 없는 장도壯途였다.

이 사마천의 패기에 불을 댕긴 사람은 부친 사마담이었음에 틀림없다. 사마천은 장도에 오른 동기에 대하여 아무 말도 하지 않았으나, 부친이 엄명에 가깝게 여행을 권하지 않았다면 이런 대여행을 위한 자금을 조달할 수 없었을 것이고, 진작에 치밀하게 수립되어 있었다고밖에 생각할 수 없는 역사 유적의 견문 계획도 실행할 수 없었으리라.

이 대여행에서 부친은 아들을 유혹한 아름다운 '공범자'였다. 뒷날 『사기』를 저술한 동기를 상기해보더라도, 거기에는 부친 사마담의 유명遺命이 커다랗게 작용하고 있었다. 아닌게 아니라 부친과 아들의 유대는 굳건하고 친밀하였다.

이때 사마담은 태사령이라는 관직에 있었다. 천문 관측과 그에 따른 일력의 책정, 천지의 신을 제사지내는 의식의 준비에 만반을 기하는 것이 태사령에게 부과된 실제 업무였다. 사마담은 자기에게 부여된 직무에 충실하기는 하였으나 그것만으로 만족하지는 않았다. 언제나 그의 가슴속에는 『태사공서』를 쓰고 싶다는, 즉 중국 고대로부터 현대에 이르기까지의 역사 기록을 남기고 싶다는 뜨거운 바람이 모습을 드러내고는 하였다. 이것이야말로 태사령의 본래 직책이라고 하는 자각이 줄곧 강렬하게 존재하고 있었던 것이다.

아들 사마천이 스무 살이 된 시기는 사마담이 태사령에 오른 지 십여 년이 지난 원삭元朔 3년(기원전 126년)의 일이다. 사마담의 환상 속의 책이라고 말할 수 있을 『태사공서』의 구상은 대략 무르익어 있었다고 생각된다. 직무의 성격상 사마담으로서는 궁중에 비장된 공식적인 역사 자료를 훑어보는 일이 용이하였을 터이다. 하지만 그렇게 훑어본 공적인 문서만으로는 『태사공서』를 쓰는 일을 아직 단행할 수 없다는 기분이 사마담에게 남아 있었다. 거기에는 역사적 사건이 발생한 지리적 환경을 실제로 밟아보고서야 비로소 포착할 수 있는 현장감이 빠져 있었다. 역사상의 인물에 대해서도 같은 사실을 말할 수 있다. 그 개성적인 풍모와 행동의 궤적을 상상하여 묘사할 때 공식적인 기록에서는 아무것도 읽어낼 수 없다는 어떤 허전함과 초조함이 있었다. 사마담은 이렇게 생각하고 있었으나, 관직에 있는 몸으로서는 현장 답사에 나설 자유가 없었다. 그래서 부친은 스무 살이 된 아들에게 그 생각을 말하고 그 사명을 부탁하였던 것이다.

아들 사마천 쪽에서 보면, 유년기부터 역사에 대한 흥미를 끊임없이 심어주었던 부친이 그때 생각하고 있던 사안이 얼마나 중대한지를 충분히 이해할 수 있는 연령에 이르러 있었다. 이미 『춘추』에서 독자적인 역사 철학을 엮어낸 스승 동중서에게서 역사의 본질이 무엇인가를 배운 터였다. 중국의 역사에 대한 관심은 부친보다도 훨씬 고조되어 있었다. 부친이 품고 있던 가슴속 불씨는 확실하게 아들의 마음에 불을 지폈다. 큰 목적을 지닌 여행에 대하여 부자는 몇 번이고 이야기를 주고받아, 때로는 밤을 지새는 일도 있었음에 틀림없다. 그렇게 해서 사마천은 부친의 의지를 모두 이해하였다.

사마천은 「태사공자서」에서 이때의 대여행에서 방문한 지방들에 대해 간략히 기록해두었다.

스무 살이 되어 남쪽으로 강江·회淮를 두루 돌아다녔다. 회계산

會稽山에 올라보고 우혈禹穴을 탐방하였다. 구의산九疑山을 엿보고 원沅·상湘에 배를 띄웠다. 북쪽으로 문수汶水와 사수泗水를 건넜다. 유학을 제齊와 노魯나라의 수도에서 강론하고 공자의 유풍遺風을 보았다. 추鄒·역嶧에서 활쏘기를 겨루며 술자리를 벌였고 파鄱·설薛·팽성彭城에서 곤란을 겪었다. 양梁과 초楚나라를 지나 돌아왔다.

이 부분을 보고 사마천이 순력한 여정의 순서라고 주장하는 견해가 있지만, 나는 그렇게 생각하지 않는다. 이 문맥은 사마천이 스무 살이 되어서 남쪽으로는 양자강과 회수 유역에 노닐었고 이러이러한 장소에 들렀으며, 북쪽으로는 문수와 사수 유역을 건너서 이러이러한 장소를 방문하였고, 마지막으로는 양과 초나라의 지방을 지나 귀로에 올랐다는 사실을 서술한 것이다. 이른바 대구적對句的 표현법을 사용하여 크게 남과 북으로 구별해서 돌아다닌 곳을 기술한 것이라고 보는 편이 자연스럽다. 그렇게 본다면 이 기록 자체를 사마천의 노정이었다고 간주하여 사마천으로 하여금 양자강 중류 지역을 네 번이나 건너 오르내리게 할 필요가 없어지게 된다.

장안長安을 출발한 사마천이 양자강 유역으로 나오려면 당시에 가장 편리하였던 길은 무관武關의 관소關所를 통과하여 완宛, 즉 현재의 남양南陽으로 나와 양자강에 이르는 노선이었다. 강릉현江陵縣 부근에서 양자강을 건너 동정호洞庭湖 순방을 마치고 나서 사마천은 다시 상수湘水를 거슬러 올라 장사長沙와 아주 가까운 멱라汨羅를 방문하였다. 멱라는 초나라의 우국 시인 굴원屈原이 스스로 몸을 던진 장소다. 굴원이 남긴 「이소離騷」「구가九歌」 등 로맨스 향내 짙은 정열적인 시편을 사마천은 애창하였다. 간신의 참언 때문에 사랑하는 조국에서 추방된 이후, 상수의 언저리를 방랑한 끝에 투신하여 목숨을 끊은 굴원의 청렬淸洌한 생애는 다감한 청년에게 무한한 감동을 주었다. 그런 만큼 멱라에서 굴원을 조문하면서 사마천은 눈물을 흘리지 않을 수 없었으리라.

멱라를 떠나서 다시 상수의 상류로 향한 사마천은 지금의 호남성湖南省 영원현寧遠縣에 있는 구의산을 답사하였다. 상고 시대의 성천자로 요·순이라 병칭되었던 순 임금이 남방 순찰 도중에 서거하여 장사지낸 곳이 이 산이다. 사마천은 원수沅水에 배를 띄우고 다시 양자강으로 나와 장강長江을 내려가 여산廬山의 조망을 즐겼다. 거기서부터 아주 가까운 구강九江은 하 왕조의 우 임금이 내 한 몸 내 한 집을 돌보지 않고 수로를 새로 연 곳이라고 전해진다. 사마천은 거기에 들러서 우 임금의 치수 전설을 탐색하였다.

우 임금의 사적을 추적하는 사마천의 탐방 여행은 더 계속되어, 양자강 하류로부터 남하하여 절강성浙江省에 있는 회계산을 등정하기에 이르렀다. 여기에 우 임금을 장사지낸 것은 순 임금이 구의산에 묻혔던 일과 비슷한데, 이 근처에는 우 임금과 관련한 엄청나게 많은 전설들이 산재해 있다. 이를테면 회계라는 지명은 우 임금이 이 땅에서 각국의 제후와 회합하여 맹약을 맺을 때 제후의 공적을 계상하였던 일이 있었으므로 회계會計라고 칭하였다가, 뒷날 회계會稽로 고쳐 부르게 되었다고 한다. 여행에서 그러한 전설을 들은 사마천은 뒷날 『사기』의 「하본기夏本記」에서 그것을 인용하였다.

회계는 또 춘추 말기의 월나라 왕 구천句踐이 오나라의 핍박으로 산속에 옹색하게 지내면서 갖은 고생을 참고 원수 오나라를 토벌할 기회를 엿보며 도읍했던 곳이다. 와신상담臥薪嘗膽하여 이십이 년 간의 인내 끝에 멋지게 복수하였던 구천의 고사에서 깊이 감명받은 사마천은 『사기』의 「월왕구천세가越王句踐世家」에서 "어찌 구천을 어진 사람이라고 하지 않을 수 있겠는가. 대개 우 임금의 유열遺烈이리라"라고 찬탄하였다. 구천은 역시 우 임금의 후예인 만큼 그러하였다고 본 것이니, 사마천은 치수와 선정에 생애를 바친 우 임금에게 상당히 매료되었던 것이다.

이렇게 강남을 돌아다닌 사마천은 양자강을 북으로 건너 현재의 강소성江蘇省 회음시淮陰市 부근에 들어가 진한秦漢 항쟁기에 활약한 한신韓信의 고향을 방문하여 그 지방의 노인들에게서 한신의 빈궁한 시절에 관한 전설과 사화史話를 들었다. 『사기』의 「회음후열전淮陰侯列傳」에 따르면, 어머니가 돌아가셨으나 장례를 치를 수도 없었던 소년 한신은 가까이 있는 넓고 큰 구릉을 골라 모친의 시신을 묻고 훗날 자신이 세상에 나가 이름을 얻고 나면 꼭 여기에 일만 호의 인가가 세워지게끔 하겠다는 커다란 포부를 토로했다고 한다. 사마천이 한신 모친의 묘지를 방문하여 보니, 정말로 노인들이 전한 그대로였다.

남쪽으로 장강과 회수를 둘러보는 여행을 끝마친 사마천은 그때부터 북쪽으로 문수와 사수를 건너 북방 중국을 돌아다니는 여행에 나섰다. 사수는 북방에서 흘러와 회음성 동쪽에서 회수로 들어간다. 이 합류 지점을 사회구泗淮口라고 부른다. 이곳은 한나라 경제의 전원前元 3년(기원전 154년)에 오초칠국吳楚七國의 반란이 일어났을 때에 한나라 장군 주업부周業夫가 경기병輕騎兵을 이끌고 오초의 군량 수송로를 끊은 곳이다. 사마천은 거기서부터 사수를 거슬러 북상하여 노나라의 수도 곡부曲阜에 도착하였다.

북방에서 우선 곡부를 목표로 한 것은, 그지없이 존경하는 공자의 유적을 탐구하고 공자의 덕의 감화가 그 풍토에 어떻게 침투해 있고 용해되어 있는지 알아보기 위해서였다.

「유림열전」에서 사마천은, 공자의 8대손 공갑孔甲이 진秦나라 말의 동란기에 농민 반란을 주도하여 초나라 지역에서 진왕陳王이라고 불렸던 진섭陳涉의 막하로 공자의 제기祭器를 짊어지고 찾아가, 그와 함께 여러 전장에 참여하였다가 결국 토벌되어 죽었다는 흥미로운 이야기를 다음과 같이 기록해두었다.

노나라의 유학자들은 공자의 예기禮器를 지니고 진왕에게 귀속하였다. 그래서 공갑은 진섭의 박사가 되었는데, 결국 진섭과 함께 토벌되어 죽었다. 진섭은 한낱 농민으로 몸을 일으켜 변경 수비에 차출되어 가는 변변찮은 무리를 끌어모아 한 달 만에 초나라 지방에서 왕이 되었으나 반 년도 채 되지 않는 사이에 멸망하였다. 그 사적은 대단히 미미한 것이었으나, 진신 선생縉紳先生이라 불리는 사람들이 공자의 예기를 등에 지고 달려가서 예물을 바치고 신하가 된 것은 무슨 까닭에서인가. 그것은 진나라가 유학자의 서적을 불태워 없앴기에 진왕과 함께 궐기해서 그 쌓인 원한을 풀어버리려 한 때문이다.

이런 이야기는 역시 공자 일족의 옛 땅, 혹은 진섭이 패업을 선언하였던 초나라 땅을 실제로 돌아보지 않으면 얻어들을 수 없었을 이야기라고 생각된다. 공자를 돈독히 존경하고 있었던 사마천은 이 이야기를 듣고 더욱 감동하였음에 틀림없다. 문화와 정치가 서로 관련이 깊다는 사실을 절실히 생각하게 되었음이 분명하다. 뒷날 사마천이 『사기』에서 제후의 연대기를 다룬 '세가世家'의 반열에 진섭의 전기를 당당하게 끼워넣은 것은, 진섭을 단순한 반란자로 간

주하지 않고, 아무리 일이 년 사이라고는 하지만 농민과 유형수流刑
囚로 이루어진 병사를 지휘하여 반란군을 조직하였던 그가 진나라
말의 동란기에 수행한 정치적 역할과 의의를 높이 평가하였기 때문
이다. 아마 진섭에 대한 그러한 평가도 공씨 집안 사람들이 제기를
받들고 진섭의 의거에 참가하였다고 하는 이야기를 젊은 날 알게
된 그때부터 실감하였던 것이라 보아도 좋으리라.

노나라에서 공자묘의 제사에 실제로 참여하여 공자가 사용하였
던 옷가지나 예기를 배관拜觀하고, 공자묘가 있는 마을의 집회소에
서 공자를 흠모하는 사람들과 함께 연회를 즐기고 활을 쏘는 의식,
즉 향사鄕射에 참가한 사마천은 "공자의 저서를 읽을 때마다 그 인
간됨을 상상해왔던" 만큼 대단히 흡족해 하였다. 곡부를 떠나게 되
었을 때, 언제까지고 차마 떠날 수 없다는 생각에 휩싸였다고 한 사
마천의 말은 진실 그대로였으리라.

사마천은 노나라(추현·역산)를 뒤로 하고 난 후 "파·설·팽성
에서 곤란을 겪었다"고 말하였다. '곤란'의 실상은 알 수가 없다.
파현·설현은 둘 다 현재의 산동성 등현滕縣에 해당하는 곳이고, 팽
성은 지금의 강소성 서주徐州 부근을 말한다. 산동 지방에서 서주로
향하는 도중에 사마천은 무언가 심한 곤란에 맞닥뜨려 고생하였다.
사마천과 똑같이 옛날에 공자도 노나라에서 초나라로 향하던 도중
진陳·채蔡에서 갈 길을 저지당한 채 심한 곤란을 겪는 난처한 일에
맞닥뜨린 적이 있다. 『논어』를 읽고 그 고사를 알고 있었던 사마천
은 자신과 공자 사이의 옅지 않은 인연을 가슴속에 새기면서, 용기
를 내어 곤란을 극복하고 여행을 계속하였다.

설현은 전국 시대에 많은 식객을 거느리고 명성을 날렸던 맹상군
孟嘗君이 거처하였던 유적지다. 『사기』「맹상군열전」의 다음 기록은

사마천이 조우한 '곤란'과 무언가 관계가 있는 듯이 생각된다. "나는 설 땅을 방문한 일이 있는데, 추 땅이나 노나라 지역과는 달라서 마을에 난폭하고 무뢰한 자제들이 많았다. 그 이유를 물어보니, '지난날 맹상군이 천하의 협객이나 무뢰배들을 불러들여 설 땅에 들어와 살게 한 것이 육만여 호나 되었기 때문이겠지요'라는 대답이었다. 맹상군은 식객을 좋아하고 그들을 환대하였다고 전하는데, 그 평판은 거짓이 아니었다." 육만여 호라는 숫자와 함께, 그 풍토의 역사가 현재라는 시간 속에 여전히 살아 있다는 실감을 사마천은 여기서도 갖게 된다.

설현을 지나 팽성현에 들어선 사마천은, 거기가 진과 초, 초와 한이 천하 쟁패를 놓고 격렬한 전쟁을 치른 장소임을 알고 있었다. 그 역사 유적을 부디 자신의 눈으로 확인하고 싶다는 강한 바람이 사마천에게는 있었다. 또 거기가 진나라의 수도 함양咸陽을 불태워버리고 유방劉邦보다 먼저 천하를 호령한 항우가 스스로의 도성을 축조하였던 땅이라는 사실에 그는 흥미를 느꼈다.

팽성에서 서북으로 향하면 풍현豐縣과 패현沛縣이 있다. 한나라 재상 소하蕭何와 조삼曹參은 이 부근 출신으로, 진나라 말기에는 둘 다 패현의 하급 관리로 있었다. 그들은 그때 패현성 동쪽을 흘러가는 사수의 한 정장亭長에 지나지 않았던 유방을 도와 한 왕조를 일으키고 마침내 창업의 공신이 되었다. 저 유명한 '홍문鴻門의 연宴'에서 유방을 구한 기사奇士 번쾌樊噲 역시 패현 출신으로, 원래는 개고기를 팔아 생계를 꾸렸던 인물이다. 게다가 한나라의 등공滕公이라고 칭해져 제후의 반열에 들었던 하후영夏侯嬰은 패현의 수레 끄는 자의 신분에서 몸을 일으켰고, 한나라의 재상 주발周勃도 본래 유방의 군단에 참가하기 전까지는 패현에서 양잠 기구를 만드는 직공이었으나 그 일이 잘 안되자 장례식의 악대원으로까지 전락한 신세였다. 한나라의 공신 관영灌嬰도 비단 파는 행상이었다고 한다. 그밖에 패현 출신이면서 가난한 신분에서 몸을 일으켜 한 왕조의 창업에 참가하여 출세한 사람들은 셀 수 없을 정도이다. 사마천은 그가운데 주요 인물들의 옛집을 방문하여 그들에 관한 흥미로운 일화를 많이 들을 수가 있었다. 『사기』의 「번·역·등·관열전樊酈滕灌列傳」에서 사마천은 일화를 채록하던 당시 모습을 감상에 젖어 이렇게 말하였다.

나는 풍·패의 지방에 가서 소하·조삼·번쾌·등공의 생가를 보고 노인들에게서 그들의 평소 행장을 전해 들었는데, 세간에 알려진 것과는 완전히 달랐다. 그들이 칼을 울리며 개를 도살하고 비단을 팔고 있던 무렵, 설마 고조高祖의 말꼬리에 붙어서 그 이름을 한나라 궁정에 드리우고 은택을 자손에게 미칠 줄이야 꿈에도 생각하지 못했으리라.

사마천은 한나라 창업 공신의 출신지인 풍·패 지방을 샅샅이 돌아보고 그곳의 노인들이 자랑스럽게 이야기하는 공신에 관한 일화를 상당수 입수하고는, 비로소 그들의 행적이 세간에 알려진 것과는 완전히 다르다는 사실에 놀랐던 것이다.

사마천이 역사 탐방 여행을 떠난 때는 한 왕조 창업 당시와는 이미 한 세기의 격차가 있었다. 그 무렵에는 벌써 한 고조 유방을 용이 점지한 아들이라고 하는 따위의 떨떠름한 출생담이 전하고 있었으리라. 그것이 이른바 세간에 전해지는 이야기였다.

유방이 이끈 군단도 가난한 농민이나 유형수들을 혁명군으로 조직해서 봉기하였던 진섭의 그것과 그리 다를 바 없었다. 요컨대 사회의 밑바닥 인생인, 현실에서 소외된 불만 분자의 집단이었다. 다만 그들이 보통의 백성과 달랐던 것은 불만을 폭발시킬 만한 용기와 현실에 항거할 만한 지혜를 체득하고 있었다는 점이다.

본래는 가난하고 천한 계급에 속하였지만 뒷날 한 왕조의 통치 집단을 형성한 이 사람들이 지배자의 처지가 된 단계에서 계급 지배를 관철해가는 변화의 모습을 포착는 데는, 사마천이 현장을 탐방하여 채집한 일화와 고사가 참으로 귀중한 자료가 되었다. 그 자료는 관부에 수록되어 있는 공식 기록에서는 절대로 발견할 수 없는 그런 것이었다. 그와 동시에, 모주꾼에 호색한이며 공부를 싫어한 무뢰배 같은 면이 있지만 사람을 바라보는 따뜻한 눈과 사람을 끌어당기기에 충분한 매력을 함께 지니고 있었던 유방과, 그와 유대를 맺고 있었던 여러 개성個性들이 엮어낸 드라마에 사마천이 각별한 흥미를 느끼고 사람과 사람의 기이한 만남에 경탄하였던 것도, 이 젊은 날의 여행에서 얻은 커다란 성과 가운데 하나였다.

풍·패의 땅을 떠난 사마천은 농해로隴海路를 통하여 현재의 개봉開封으로 향하였다. 개봉은 전국 시대에는 위나라의 수도로, 대량大梁이라 불린 곳이었다. 그때 대량은 이미 폐허가 되어 있었으나, 그 유적을 방문한 사마천은 그곳의 노인들에게서, 삼 개월 간에 걸친 진나라의 물 공격에 의하여 그토록 견고함을 자랑하던 대량성이 함락되고 마침내 위나라도 진나라 대군 앞에 무너져서 지금은 그저 당시의 기왓장을 얼마간 남기고 있을 뿐이라는 이야기를 들었다.

이것은 확실히 역사의 비극이기는 하지만, 당시 천하의 추세가 진나라의 천하 통일을 요청하고 있었으며, 아무리 위나라에 신릉군信陵君 같은 현자나 영웅이 있었다고 하여도 그 사람들의 힘으로 달라질 수 있는 정세는 이미 아니었던 것이다. 그것이 커다란 역사의 흐름이구나, 하고 사마천은 느꼈다. 이 답사 여행 중에 역사가 사마천의 견식은 착착 성장해갔다.

대량 땅을 마지막으로, 사마천은 거기서부터 북쪽으로 올라가 황하를 따라 낙양을 지나서 서쪽에 위치한 장안을 목표로 귀로에 오르게 된다.

사마천의 천하 유력은 지금의 지도를 놓고 말하면 호북·호남·절강·산동·안휘·하남의 각 성省에 걸친 장대한 여행이었다. 당시 한 제국이 완전히 장악하고 있던 판도의 대부분을 돌아본 것이 된다. 이 기간이 거의 이삼 년의 세월에 걸친 것이었다고 보아도 무리가 아니다.

청년 사마천은 이 힘든 여행에서 유형 무형으로 마음의 양식을 얻었음에 틀림없다. 가는 곳마다 펼쳐지는 생활과 풍속의 실태는 무엇보다도 그의 견식을 심화시켰으리라. 한 왕조의 통치 방식에 불만을 품은 자들이 원망하는 말을 귀에 담는 일도 자주 있었으리라. 알뜰한 생활인의 행복을 문득 엿보는 일도 있었으리라. 사마천은 인간이 연출하는 비극과 희극의 무대가 그저 역사적인 시간 속의 것만이 아니라는 사실을 또렷이 알게 되었음에 틀림없다. 그리고 여행 도중에 맞닥뜨린 곤란은 청년 사마천에게 인간의 마음을 읽는 기술을 가르쳤다. 그런 만큼 따스하고 친철한 사람들의 아름다운 마음에 접해서는 기뻐하며 눈물을 흘렸으리라.

이렇게 여러 장소에서 사마천은 역사를 움직이거나 혹은 역사 속에 묻히더라도 굳건히 현실을 살아나가는 인간 존재를 절로 발견하게 되었음에 틀림없다. 인간의 발견은 그 자체가 곧 새로운 자기의 발견이다. 이 청춘 마지막의 방랑에서 그는 책상머리의 학문에서는 결코 배울 수 없는 수많은 교훈을 얻었다. 그런 의미에서 여행은 사마천에게 끊임없는 자기 발견의 훌륭한 무대가 되었던 동시에, 무엇보다도 탁월한 인생의 교사였던 것이다.

뒷날『사기』를 쓸 때 사마천은 청춘기의 천하 유력에서 배운 체험을 크게 살렸다. 그 주요한 성과는 현장을 밟은 자가 아니면 포착할 수 없는 정확한 지리적 상황이며, 그러한 기회가 아니면 수집할 수 없는 귀중한 전승 자료였음은 두말할 필요가 없다. 게다가 어느 사이엔가 이 외로운 여행자는 길고 힘겨운 고독과의 싸움에서 인간의 생사, 애환이 복잡하게 뒤얽힌 역사의 드라마를 구상할 만큼 상상력의 날개를 굳건히 체득하기 시작하였다. 그리고 이때 엄청난 곤란을 동반한 여행을 견뎌낼 수 있었던 강인한 의지와 인간에 대한 지칠 줄 모르는 관심이 내부에 확실히 배양됨으로써, 사마천은 뒷날 가혹한 운명과 만나 몇 번이나 절망의 심연 속에 빠져들면서도 발자크의『인간 희극』에 필적할 장대한 역사극의 완성을 향하여 매진할 수 있었던 것이리라.

변경 지역에 파견 나가서
──무제의 초상

천하 유력의 여행을 끝마친 사마천은 그 얼마 뒤에 출사하였다. 임명된 관직은 낭중郞中이었다.

낭중은 천자의 신변을 호위하는 시종관으로, 직급으로 말하면 낭관직의 최하위에 위치하여 봉급도 얼마 안되었으나, 천자를 측근에서 모시고 그 용무를 돕는 직무 성격상 천자의 눈에 띨 기회가 많았으므로, 장래의 고관을 노리는 젊은이는 이 관직에 오르는 일을 영광으로 여겼다.

본래 낭중은 이천 석 이상인 고관의 자제든가, 그렇지 않으면 부유한 자산가의 자제가 아니면 취직할 수 없는 직위였는데, 그러자 반드시 우수한 인재가 모이지만은 않는 폐해가 나타났다. 이것을 고친 사람이 승상丞相 공손홍公孫弘이다.

공손홍이 승상으로 된 것은 원삭元朔 5년(기원전 124년)이다. 그 해에 대장군 위청衛靑은 흉노 토벌에 나서 삭방朔方에서 고궐高闕로 진군하여 큰 전과를 올렸다. 사마천은 스물두 살이 되어 있었다.

춘추 공양학을 닦은 유학도로서 승상의 지위에 오른 사람은 공손홍이 처음이었다. 그는 승상에 취임하자마자 재빨리 각 경서의 전문가들인 박사의 문하에 제자 오십 명씩을 두도록 무제에게 건의하였다. 이 제도는 군현의 지방 행정부가 추천한 인물들 가운데 다시 중앙 정부가 선발하고, 이어 국립 대학에서 박사의 제자로 일 년 간 학습시킨 뒤 시험을 치러 우수한 성적을 거둔 자를 관리로 발탁하고자 한 것인데, 이 과정을 통해 낭중의 관직에 취임할 수도 있었다.

부친 사마담의 관직인 태사령의 녹봉 육백 석으로는 고위 고관의 자제라고 말할 수 없었고, 그렇다고 부유한 자산가도 아니고 하여 사마천은 관리 발탁 과정에 따라 시험을 치러 낭중의 직위를 손에 넣을 수 있었던 것이리라. 일 년 간 국립 대학에서 공부한 기간을 계산에 넣는다면, 원삭 6년에 사마천은 스물세 살이 되었을 것이다. 당시 고위 고관이 된 사람 가운데는 낭중 출신자가 많았는데, 사마천은 바로 그 엘리트 코스를 밟았던 셈이어서, 장래를 꿈꾸며 직무에 상당한 의욕을 불태웠으리라 생각된다.

이때 사마천은 같은 낭중 직위의 동료들 사이에서 이릉李陵이라는 사내를 발견한다. 이 이릉이야말로 뒷날 사마천의 운명에 커다란 영향을 미친 인물이다.

하지만 이때 이릉은 사마천의 생활에서 아직 중요한 위치를 차지하는 존재는 아니었다. 같은 직위에는 있었으나 친밀한 벗은 아니었던 것이다. 이릉은 흉노 토벌에서 용맹을 떨친 장군 이광李廣의 손자로서 명망 있는 무문武門 출신이어서, 점성가를 겸한 사관史官 가문의 출신이었던 사마천과는 지향도 취미도 달랐다. 사마천의 표현을 빌리자면, "행동도 각각 달랐고, 술잔을 들어 술을 마시며 우정을 돈독히 한 일도 없었다." 그렇기는 해도 사마천은 이릉이 비범한 그릇이라는 사실을 꿰뚫어보았다. 이릉은 연장자를 섬겨 효성스럽고 유순하였고 벗들과 사귀어 신실하였으며 재물에 대해서는 청렴하였고 국가의 위기에 일신을 돌아보지 않고 달려가는 국사國士의 풍모를 지니고 있다는 것이, 당시 사마천이 이릉에 대하여 내린 평가였다. 이때 사마천은 이릉의 남아다운 매력에 완전히 매료되어 있었던 것이다.

하지만 대략 십 년에 걸쳐 낭중으로 재직한 기간에 사마천이 가장 관심을 보내었던 인물은 이릉이 아니라, 직책상 시종관으로 늘 수행하지 않으면 안되었던 위대한 황제인 무제 그 사람이었다.

무제는 어떠한 황제였던가.

사마천의 생애는 무제의 위대한 통치 시대와 겹쳐 있다. 그렇기에 황제와 신하라는 종적 관계 속에서 무제가 한 사람의 역사가에게 끼친 힘은 실로 큰 것이었다. 그러나 다행히 사마천은 역사가였다. 『사기』는 당시로는 현대사라고 말할 수 있는 한 무제 시대의 사건과 인물을 기록하고 있다. 그런 만큼 사마천은 역사의 자리에서 한 무제를 파악하고 비판할 수 있었다. 역사를 기록하는 일 그 자체가 무제의 초상을 비판적으로 그려내는 일과 연계되었다. 이것이 바로 역사 기록의 무시무시함이며, 사람들이 역사 기록을 두려워하는 이유도 그것 때문이다.

확실히 무제의 출현은 한 제국의 역사에 커다란 전환을 가져왔다. 학술·문화·제도의 면에서 그렇고, 외교 정책의 면에서는 더욱 뚜렷이 그렇다고 말할 수 있다.

한 고조가 나라를 일으킨 기원전 202년 이래 효혜제孝惠帝·문제文帝·경제景帝에 이르는 4대 육십 년 간의 한 왕조 지배의 역사가 있기는 하지만, 진나라가 2대로 멸망한 뒤를 이었기 때문에 네 황제들은 가능한 한 주변 이민족과의 마찰을 피하고, 오로지 내치에 치중하여 백성의 불만과 원한을 사는 일이 없도록 함으로써 왕조의 기초를 다지는 일에 힘을 기울였다. 그 보람이 있어서 국력은 풍부하게 축적되었다.

문제·경제는 무위 자연을 존중하는 황로黃老의 학문에 자못 열심이었으므로, 무위이면서 화합하는 정치를 행하였다. 협객의 무리가 횡행한다든가 빈부의 차가 발생하는 폐해가 나왔지만, 문제의 경우는 검소한 생활을 몸소 실천하여 청렴한 기풍을 형성하였다고 일컬어진다. 경제의 시대에는 오초칠국의 난이 일어났으나 이것을 다스리고, 일족과 제후들의 힘을 줄여 그만큼 중앙 집권의 내실을 다졌다.

무제는 이렇게 축적된 충실한 국력을 배경으로 대담한 개혁을 단행하였다. 우선은 노장의 학문을 물리치고 대신에 유학을 중용하였다. 이는 그 뒤의 한대 학술사에 커다란 전환을 가져왔을 뿐만 아니라, 정치 제도사에도 중대한 영향을 끼쳤다.

그렇게 유학을 중시할 것을 무제에게 자각시킨 인물이 동중서다. 그의 '현량대책賢良對策'을 무제는 받아들였는데, 그것은 중국 각지에서 추천을 받아 올라온 뛰어난 인재를 가지고 정치를 행하라는 제안이었다. 그에 따라 현량賢良·방정方正·효렴孝廉이라는 유교 윤리의 덕목에 합당한 인물이 많이 등용되었다.

무제 시대에 예악禮樂이 현저하게 부흥한 것은 이러한 유학 존중의 풍조가 제도에 반영된 때문이었다. 무제는 악부樂府라는 관서를 설치하였다. 그것은 음악에 관한 온갖 일을 관장하는 관서이다. 궁정 관현악단의 악원 양성, 악기의 정비, 서역까지 포함하는 중국 각지의 민간 가요의 채집 등을 기능으로 삼았는데, 그 주요한 목적은 역시 궁정 가악歌樂의 제정이었다.

춘추 공양학을 수학한 동중서의 세계 대통일의 이상은 대외 및

대내 정책에 의욕적이었던 젊은 황제 무제의 마음을 끌어당길 만한
충분한 매력을 지니고 있었다. 이 대통일의 사상이 무제에게 이식
되자, 그것은 중국 주변의 이민족을 한 제국 지배 아래 두려는 외교
정책으로 발전하였다. 한 왕조 창업 이래 4대에 걸쳐 축적된 풍부한
재원을 이용하여 흉노 정벌이라는 적극적인 정책을 취하고 나온 것
도 그 때문이었다.

문제·경제 시대에는 흉노에 대해 융화책을 취하여 방어 정책으
로 돌아서서 흉노를 자극하지 않도록 노력하였다. 그런데 무제는
그와 달리 강경책을 취하여 흉노 영토 깊숙이 침입, 그들을 교란하
는 전략으로 나왔다. 흉노 군사력의 약화를 노렸던 것이다.

원광元光 원년(기원전 134년) 정토장군征討將軍 이광李廣은 안문雁
門에 주둔해서 흉노의 침입에 대비하였다. 다음해 한 제국은 흉노
왕 선우單于에게 경제적인 미끼를 던져서 마읍馬邑까지 유인하는 계
략을 꾸몄다. 한 제국의 군대는 대규모 병력을 숨겨두고 선우를 기
다렸으나, 선우가 눈치채는 바람에 실패하였다. 이것이 흉노를 화
나게 만든 도화선이 되었다. 계략을 꾸민 사람은 말할 것도 없이 무
제였다.

원광 6년에 흉노가 상곡上谷에 침입하자 위청이 거기장군車騎將軍
이 되어 그들을 쳐서 첫 승리를 거두었다. 원삭 2년(기원전 127년)
에 위청은 곽거병藿去病과 함께 흉노를 토벌하여 지금의 내몽고 지
방에 해당하는 오르도스 지역을 탈취하고 거기에 삭육군朔六郡을 두
었다.

원삭 5년에 다시 위청은 삭북군朔北郡의 전진 기지에서 고궐로 공
격해 들어가 큰 전과를 올렸다. 다음해 위청 등은 또 흉노 토벌에
나서 고비 사막의 북쪽으로 진격하여, 이번에도 큰 승리를 거두었

다. 원수元狩 2년(기원전 121년)에는 곽거병이 농서隴西의 북쪽에서
진격하여 흉노를 소탕하고 하서河西의 회랑回廊 지대를 손안에 넣으
니, 흉노의 혼야왕渾邪王이 부족을 이끌고 와서 항복하였다. 두 해
뒤에 위청·곽거병 두 장군은 함께 대군을 이끌고 흉노군을 격파하
여 고비 사막 북쪽으로 몰아넣었다.

이것이 사마천의 나이 서른 살까지 이루어졌던 무제의 흉노 정벌
약사이다.

이 흉노 정벌에서 활약한 대장군 위청은 본디 무제가 총애한 위衛
황후의 오빠이며, 그의 오른팔이었던 표기장군驃騎將軍 곽거병은 위
황후의 조카였다.

사마천은 『사기』 속에 「흉노열전匈奴列傳」을 설정하고 나아가 「위
장군·표기열전衛將軍驃騎列傳」과 「이장군열전李將軍列傳」 등, 흉노를
토벌한 장군들의 전기를 수록하여 흉노 문제에 대하여 비상한 관심
을 보였다. 더욱이 그것이 현대사의 난제를 해결할 중요한 열쇠로
인식되고 있었기에, 동시대에 대한 역사가의 절실한 관심 표명이라
는 형태로 나타나 있는 것은 당연한 일이었다.

사마천은 「흉노열전」에서, 다소 우물거리면서 무제의 흉노에 대
한 강경책을 비판하여 다음과 같이 말하였다.

태사공은 이렇게 생각한다. 공자가 『춘추』를 저술할 때, 노나라
은공隱公과 환공桓公 시대의 일은 명확하게 기술하였으나, 정공定公
과 애공哀公 시대의 일에 대해서는 겉으로 분명히 드러내지 않고
은밀한 뜻에 가탁假託하고 말았다. 그것은 동시대의 일을 충실하게
적기 위하여 자신의 평가를 가하지 않았기 때문이다. 그것은 당대
의 사람들에게 해가 될 수 있는 사안에 대해서는 언급하기를 피하

는 기록 방식이다. 세상 사람들이 흉노에 대해서 말하는 경우, 일시적인 성공과 영달을 추구하여 주상主上께 아첨하면서까지 자신의 책략이 채용되도록 힘쓰고 일방적인 관점에서 이로운 점만 강조하지, 흉노를 포함한 피아의 상황에 대해서는 고려하지 않는다. 장군들은 중국의 광대함을 믿고 강한 기세를 과시하고, 주상도 그것에 휘둘려서 전쟁 정책을 결정하였다.

여기서 사마천도 『춘추』를 쓴 공자의 은밀함을 본받아 겉으로 분명히 드러내지 않고 은밀한 뜻에 가탁하고 있는 만큼, 무제의 강경한 흉노 정책에 대한 사마천의 비판이 보통이 아니었음을 짐작할 수 있다.

위청·곽거병 두 장군에 대해서도 그 군공軍功은 열거하면서도, 그들의 인간성에 관해서는 정말로 통렬하게 비판하였다. 곽거병에 대해서는, 그가 최상품의 쌀과 고기를 내버릴 만큼 많이 가지고 있었으나 그의 사졸 가운데는 굶주린 자가 있었고, 양식이 모자라 일어설 기력도 없는 요새 바깥의 병졸들에게 공차기 놀이(축국 蹴鞠)를 하도록 강요하였다고 적었다. 위청 장군은 자비심 많고 선량하였으나, 은근한 태도로 무제에게 아부하는 면모가 있었다고 한다. 두 사람에 관한 이러한 사실들은 모두 「위장군·표기열전」 속의 기록이다.

말할 것도 없이, 계속된 흉노 정벌 때문에 국가 재원이 고갈되었다. 비단 막대한 군비 때문만이 아니라, 군공에 대한 상을 주기 위해서도 거액이 필요했기 때문이다.

어느 때인가의 흉노 토벌에서는 위청과 곽거병이 변경의 요새를 나설 때는 십사만 필의 병마를 이끌고 갔으나 요새로 귀환했을 때는 그 수가 삼만 필에 지나지 않았다고 사마천은 기록하고 있다. 이 것은 병마에 관한 기록이지만, 이로부터 추정하여 거기에 투입되어 소모된 병력의 엄청난 수를 상상해보라고 말하려는 듯하다.

이렇게 국위를 높이고 대통일의 위력을 과시하며 이민족을 한나라로 귀속시키고자 했던 무제의 흉노 강경책은 종래 여유가 있었던 국고를 거의 탕진하고 말았다고 한다.

부족한 국고를 보충하기 위하여 매관賣官 정책을 공식적으로 실행한다든가 죄에 대한 벌을 금전으로 대속하는 방책을 내놓는다든가 하였으나, 어느 것이나 모두 뜨겁게 달궈진 돌에 물을 붓는 격. 마침내 원수 4년(기원전 119년) 정부는 재원의 부족을 메우기 위하여 화폐 제도의 개혁과 소금과 철의 전매에 들어갔고, 산민전筭緡錢 이라는 새로운 세금을 부과하기 시작하였다. 결국 흉노 강경책의 청구서는 이렇게 혈세의 부담이라는 형태로 백성에게 돌아왔다.

사마천의 흉노 정책 비판은 백성이 흘리는 피와 백성에게 부담되는 혈세 문제를 바탕에 깔고, 재원의 피폐가 국가 존망의 위기에 직결될 가능성을 간과할 수 없다는 우려에서 나왔다. 사마천의 흉노에 대한 기록은 분명히 무제를 비판하려는 의도를 지니고 씌어진 것이었다.

이렇게까지 흉노 정책을 강행하였음에도 불구하고, 무제는 흉노를 완전히 굴복시킬 수 없었다. 그러나 그 대외 정책에서 커다란 성과를 올린 것은 서역 36국을 귀속시킨 일이었다. 이것도 본래는 흉노 때문에 골머리를 앓던 무제가 흉노와 적대 관계에 있던 대월지大月氏 등 서역 제국과 손을 잡고 흉노를 봉쇄하고자 했던 데에서 나온 결과였다.

이 사명을 띠고 서역 제국을 다녀온 사람이 한대의 모험가로 지목되는 장건張騫이다. 장건의 수완으로 서역 제국을 귀속시킬 수 있었던 무제는, 뒷날 남월南越과 조선朝鮮에까지 지배권을 확립하여 세계 제국에 걸맞은 광대한 판도를 차지하게 되었다.

한나라에 귀속한 변방 이민족 지구 가운데는 사마천이 아직 낭중의 직위에 있던 원정元鼎 원년(기원전 116년)에 무제의 명을 받들어 부임했던 지역인 착筰(현재의 사천성 한원현漢源縣), 공邛(지금의 사천성 영원현寧遠縣), 곤명昆明(현재의 운남성雲南省 곤명현昆明縣)이 포함되어 있다. 모두 사천성 서남부에 위치하여 운남성에 인접한 곳으로 서이西夷의 족장이 지배하던 땅이었다.

무제 때의 저명한 문학자로서 그 첫머리에 거론되는 사람이 사마상여司馬相如인데, 그는 촉蜀(사천성) 출신으로 사천성에서 운남성에 걸쳐 거주하던 서이 부족의 실정에 밝았다. 사마상여는 일찍부터 무제에게, 서이의 여러 부족들은 촉 가까이에 흩어져 살면서 도로를 뚫어 한 왕조와 우호 관계를 맺고자 하는 희망을 품고 있다고 말하였다.

그래서 무제는 사마상여를 중랑장中郎將으로 삼고, 거기에 왕연간王然干·호충국壺充國·여월呂越 등 세 사람의 부사副使를 딸려서 서이의 족장과 교섭하게 하였다. 그 결과 착·공 등의 서이 부족은 한나라에 귀속하여 그 지배 아래 놓이게 되었다. 이것은 원삭 3년(기원전 126년) 사마천이 천하 유력의 여행에 나선 해의 일이었다.

그로부터 십오 년이 지난 원정 6년(기원전 111년), 한 무제는 이 서남 이민족 지구에 군현제를 실시하여, 공은 월수군越嶲郡, 착은 침리군沈梨郡으로 고치고, 중국의 군현제 통치에 편입시킨다.

이렇게 새로 군현 지배 체제에 편입된 서남 이민족 지구의 실정을 시찰하도록 무제로부터 명령을 받은 사람이 사마천이다.「태사공자서」에서 사마천이 말한 "사명을 받들어 서쪽 파巴·촉의 남쪽까지 가서 남쪽의 공·착·곤명을 돌아보았다"고 한 여행이 이것이다. 이 여행으로 사마천은 무제가 실시한 대외 정책의 실상의 일단을 현장에서 알 수 있었고, 나아가 그 지방의 민정民情·풍속·물산에 이르는 견문은 뒷날『사기』의「화식열전貨殖列傳」을 쓸 때 크게 도움이 되었다.

사마천은 낭중 재임 기간에 공동산空洞山을 순행巡行하는 무제를 따라가 감숙성甘肅省 일대의 중국 서북 지구도 시야에 넣을 수 있었다. 이로써 그는 중국의 거의 전지역을 현장에서 견문할 수 있었다. 사마천의 나이 서른다섯인 때였다.

위대한 유언
——부친의 죽음

원봉元封 원년(기원전 110년) 서남 이민족 지구의 실정을 시찰하고 돌아온 사마천을 기다리고 있었던 것은 부친 사마담의 죽음이었다.

그때 사마담은 낙양에 있었다. 지금의 산동성에 있는 태산에서 봉선 의식을 거행하려던 무제를 모시고 온 것이었는데, 도중에 병으로 쓰러져 낙양에서 눕고 말았다.

사마천은 시찰 여행을 마치고 장안으로 돌아와 부친의 병환 소식을 듣고, 곧바로 낙양으로 달려갔다. 부친은 이미 빈사의 상태여서 명운이 경각에 달려 있음을 자각하고 있었다.

사마담은 오랜만에 보는 아들의 손을 잡고 "지금 천자는 천세의 황통을 이어받아 태산에서 봉선을 거행하고자 하시거늘, 나는 거기서 천자를 모실 수 없다. 아아, 이것이 운명이란 말인가"라고 울면서 말하였다. "운명이란 말인가, 운명이란 말인가"라고 두 번 반복하여, 사마담은 운명의 아이러니를 탄식하였다. 사마담이 참가할 수 없게 된 것을 그토록 원망한 봉선이란 대체 무엇인가.

봉선이란 천자가 천지의 신에게 제사지내는 엄숙하고 장엄한 의식이다.

우선 태산의 정상에 제단을 쌓고 하늘의 신에게 제사지내는 것을 '봉封'이라고 하였다. 그런 다음 태산 기슭의 낮은 언덕 위에서 땅의 신에게 제사지내는 것을 '선禪'이라고 하였다. 이 태산의 제사를 거행할 수 있어야 천자는 비로소 천지 신들의 명령을 받은 진정한 천자가 될 수 있다고 간주되었다.

이 의식을 최초로 실시하였던 제왕은 진나라의 시황제였다. 하지만 그때 이 전례가 어떠한 내용의 의식인가에 대해서는 어느 누구도 알 수 없도록 금하였다. 태산의 봉선 의식에 참가할 수 있는 사람은 황제와 전례관 등 불과 몇몇에 국한되었다. 그것은 비의秘儀의 성격을 띤 제사였다.

진나라를 뒤이어 일어난 한 왕조에는 무제에 이르기까지 네 명의 황제가 있었으나, 어느 한 사람도 이 전례에 적극적인 관심을 보이지 않았다. 하지만 무제만은 달랐다. 그는 즉위 초부터 봉선 의식을 태산에서 거행하고 싶다는 열망을 지니고 있었다. 그래서 일찌감치 유학자들에게 이 전례의 식순에 대해 자문을 구했다. 비의에 가까운, 선례가 거의 없는 의식인 만큼, 이 자문은 학자들을 괴롭혔다고 한다.

「자허부子虛賦」나 「상림부上林賦」의 저자로 알려져 있는 당시 일급의 시인이었던 사마상여는 측근에서 무제를 섬겨 무제의 사랑을 받았던 문인이었는데, 그는 무제의 마음을 잘 파악하고 있었다.

사마상여는 죽음에 임하여 무제에게 "반드시 봉선의 의식을 수행하십시오"라고 유언하였다. 원수 6년(기원전 117년)의 일이다. 사마상여는 아첨 잘하고 약삭빠른 문인들과는 격이 완전히 다른 예술가였지만, 무제의 기분은 잘 포착하고 있었다. 무제가 대통일의 이상에 불타는 위대한 황제라는 점을 간파하고 있었던 것이다.

확실히 이만큼 정치 쇄신에 적극적이고 실행력 있는 황제는 없었다. 웅대한 세계 제국 건설의 꿈에 전부를 건 천자의 로망은 동시대의 사람들을 이상한 정열로 들끓게 만들었다. 그와 동시에 대통일을 실현해가면서 자신이 만능萬能의 주상임을 의식하기 시작한 무제는 당연하게도 스스로 신선이 되어 영원한 생명을 얻고 싶다는 간절한 바람에 사로잡혔다.

사마상여는 신선이 되려는 무제의 지향이 그칠 수 없는 갈망이란 점도 알고 있었다. 실제로 사마상여는 무제가 신선과 함께 천상계로 웅비하는 모습을 상상하면서, 장편의 시를 지어 무제를 기쁘게 하였다. 그것이 「대인부大人賦」라고 하는 긴 노래다. 후세 사람들은 사마상여가 이 노래로 신선이 되려는 무제에게 간언諫言하려 했다고 보지만 결코 그럴 리 없다. 그렇지 않다면 사마상여가 "반드시 봉선의 의식을 수행하십시오"라는 유언을 무제에게 남겼을 까닭이 없으리라. 봉선의 의식은 천지 신들에게 제사지내는 한편, 무제의 개인적인 소망을 실현할 수 있도록 천지 신들에게 기도하는 절호의 자리였다.

이때까지 무제는 중국을 돌아다니면서 가는 곳마다 명산이나 영산에 올라 천지 신들에게 제사지내는 의식을 거행해왔다. 그때마다 하늘이 한 왕조에 내려준 은택에 감사드리고, 그 지속을 기원하였다. 무제는 장수를 기도하고 하늘의 가호를 희구했다.

무제는 동서남북에 걸친 명산 순행 때에 반드시 의장대를 데리고 다녔다. 의장대의 행렬은 언제나 당당하고 성대하여 그 위풍으로 주위를 압도하였다. 이것은 한 제국 황제의 위엄이 어떠한지를 백성들에게 보여줄 절호의 기회이기도 하였다. 무제는 이를 위해서라면 아무리 막대한 국비를 소모하더라도 괘념하지 않았다. 흉노 정벌에 들어간 군사비, 봉선 의식에 필요한 제사비는 국고의 재원을 두드러지게 격감시켰다. 사마천은 『사기』에 「봉선서封禪書」를 두어, 신선의 도를 닦는 술법자인 방사方士들에게 속아서 봉선 의식에 광분하는 무제의 초상을 그려내고, 그것을 역사 비판의 대상으로 삼았다.

태산에서 거행되는 봉선 의식은 이제까지 무제가 이곳 저곳의 명산에서 천지 신들에게 제사지내온 의식의 이른바 결정판이었다. 그리고 무엇보다도 무제 자신이야말로 신성한 하늘의 점지를 받은 아들이라는 사실을 천하에 알리는 뜻깊은 의식이었다.

이때는 이미 지금의 베트남에 이르는 동남 연안 지대의 남월을 지배하여 그곳에 아홉 개의 군을 두고, 파·촉 이남의 서남 이민족 지역도 한 제국 군현제에 편입시켰으며, 강적 흉노는 지난날의 세력을 잃고 북방 지역으로 내밀려 영락한 상태였다. 이로써 무제의 대통일 사업은 거의 완성되었다. 태산에서 봉선 의식을 올려도 전혀 이상할 것이 없는 대통일의 정치적 상황이 마련되어 있었던 것이다.

무제가 진작부터 유학자에게 자문을 구해왔던 전례의 식순은 모두 정비되고, 언제 그 장거壯擧를 행하러 떠날 것인가 하는 일정만 남았을 뿐이었다.

원봉 원년(기원전 110년)의 연초에 해당하는 겨울 10월, 무제는 친히 십팔만의 대군을 이끌고 북상하여 서하西河·구원九原을 거쳐 삭북군에 이르러, 변경 지역 바깥의 흉노를 향하여 대대적인 군사 시위를 하였다. 그 뒤 어가御駕를 동쪽으로 몰아 화산華山·숭산嵩山에 오르고, 지금의 산동성 부근 해안을 빙 돌아 태산으로 향하였다. 그 해 봄 4월 태산에서는 봉선 의식을 위한 준비가 착착 이루어지고 있었다.

그때 사마천은 파견 나가 있던 파·촉 땅에서 돌아와 장안에 있었다. 그리고 부친 사마담은 낙양에서 죽음을 맞고 있었다.

태사령이라는 직책의 성격상 이제까지 수많은 제전을 기획하고 참가해왔던 사마담으로서는 봉선의 대전례大典禮를 목전에 두고 병으로 쓰러져 전례에 참가하지 못하는 것은 정말로 통한스러운 일이었다. 머리맡에 달려온 사마천의 손을 붙잡고, 자신이 죽은 뒤에 태사령이 되어 자신이 시도했으나 끝내지 못한 『사기』의 편술을 완수하라며 다음과 같은 유언을 남겼다.

내 선조는 주나라 왕실의 태사였다. 상고의 순 임금이나 우 임금의 시대에 공명을 드러낸 이후로는 천문의 일을 담당하여왔다. 그 뒤 근세로 들어와 쇠퇴하였더니, 이제 내 세대에 이르러 끝나버리고 말 것인가. 네가 다시 태사의 지위에 오른다면 우리 선조의 사업을 잇기 바란다. 지금 천자는 천세의 황통을 이어받아 태산에서 봉선의 의식을 거행하고자 하시거늘, 나는 거기에서 천자를 모실 수 없다. 아아 이것이 운명이란 말인가, 운명이란 말인가. 내가 죽으면 너는 반드시 태사가 되어라. 태사가 되면 내가 저술하고자 했던 것을 잊지 말아라. 효孝라고 하는 것은 어버이를 섬기는 것이 첫째이고, 이어서 군주를 섬기는 데에 이르는 것이며, 마지막으로 입신양명立身揚名 함으로써 완결되는 것이다. 큰 효란 이름을 후세에 드리워 부모를 빛내는 데 있는 것이다. (「태사공자서」)

사마담은 자신이 태사령으로서 완수하고자 하였던 『사기』의 저술을 자기를 대신해 끝마치도록 아들에게 부탁하였다. 효라고 하는 것은 궁극적으로는 후세에 이름을 드리워 부모를 빛내는 일인즉, 그것은 『사기』의 저술을 완료함으로써 완수할 수 있다. 이렇게 사마담은 아들 사마천에게 이름을 드날릴 것을 당부하였다.

그렇다면 사마담은 어째서 중국의 역사서인 『사기』를 쓰겠다고 생각하게 되었는가. 그것을 둘러싸고 사마담의 유언은 계속된다.

주나라의 유왕幽王 · 여왕厲王 이후로 왕도는 무너지고 예악은 쇠하였다. 공자는 옛것을 닦고 쇠퇴한 것을 부흥시켰으며, 『시경』 『서경』을 논정論定하고 『춘추』를 지었다. 학자들은 지금도 그것들을 기본서로 삼고 있다. 공자가 『춘추』의 붓을 꺾은 획린獲麟의 때 (노나라 애공 시대에 기린을 포획하였음)로부터 지금까지 사백여 년이 지났다. 제후들은 서로를 병합하는 전쟁으로 세월을 다 보내고, 사관史官의 기록은 끊어지고 말았다. 지금 한나라가 일어나 천하가 통일되고 명주明主와 현군賢君, 충신과 의사義士가 배출되고 있다. 나는 태사령으로 있으면서 그 사람들을 논평하고 기술하지 못한 채 죽을 모양이다. 그 때문에 천하의 역사가 폐기되지 않을까 매우 걱정스럽다. 너는 이런 내 심정을 살펴서 『사기』를 완성해주기 바란다.

부친의 이 간절한 임종의 말씀을 듣고 사마천은 머리 숙이고 눈물을 흘리면서 맹세하였다. "불민합니다만, 아버님의 유지를 받들어 국사를 편술해내겠습니다. 부디 안심하십시오." 사마담은 유언을 다 한 뒤에 이윽고 운명하였다.

사마천은 이 위대한 유언을 가슴속에 깊이 새겨서 결코 잊지 않으리라 결심하였다. 사실 그는 이 유언을 한 시각도 잊은 적이 없었고, 기어코 그 맹세를 실현하였다. 다만 부친의 죽음 앞에서 슬픔에 잠길 만한 시간적 여유가 당시 그에게는 없었다. 서남방으로 시찰 갔다 온 보고를 아직 무제에게 하지 못했기 때문이었다. 사마천은 눈물을 훔치고 곧바로 무제의 뒤를 쫓아 태산으로 달려가 봉선의 대전례에 참가하였다. 뒷날 『사기』의 「봉선서」에서 "나는 천자를 모시고 천지天地·제신諸神·명산名山·대천大川에 제사지내고, 봉선의 대전례에 참가하였다"고 말한 것에서 그 점을 알 수 있다.

봉선의 대전례에 참가하였을 때 태산 일대의 풍토를 견문한 사마천은 『사기』의 「제태공세가齊太公世家」에서 "나는 제나라를 방문하였는데, 서쪽은 태산으로부터 동쪽은 낭야琅琊, 북쪽은 바다에 이르기까지 비옥한 토지가 이천 리에 걸쳐 뻗어 있었다. 그 백성이 활달하고 지혜를 감춘 자가 많은 것도 천연의 풍토가 그렇게 만든 것이리라"고 관찰한 바를 기술하고 있다.

그 해 5월 태산에서 봉선의 대전례를 마친 무제는, 산동성의 해변으로부터 북상하여 요녕성遼寧省의 금현錦縣을 거쳐 하북성河北省으로 들어가, 현재 내몽고의 구원九原을 돌아 장안의 감천궁甘泉宮으로 귀환하였다. 이 반년 남짓한 순행은 일만팔천 리 길이라고 일컬어지는데, 그 사이 가는 곳곳마다 무제는 상으로 일백여만 필의 비단과 일백만 전을 헤아리는 돈을 하사하였다고 한다. 아마 돌아오는 길은 구원에서 감천으로 빠지는 직통로를 이용하였으리라. 사마천은 "나는 북쪽 변방을 여행하였을 때, 직통로로 귀로에 올랐다. 도중에 몽염蒙恬이 진나라를 위해 쌓은 장성이나 요새를 목격하였는데, 그것은 산을 뚫고 골짜기를 메워 직선로를 뚫은 것이므로, 백성의 고통을 애초부터 무시한 것이었다"(『사기』, 「몽염열전」)라고 적었다. 만리장성을 목격하고, 거기서부터 섬서성의 진나라 옛 지역

가까이까지 뻗어 있는 직통로를 보았고, 그것을 만드는 데 사역되었을 백성의 고통을 헤아렸다. 그 노역을 강요한 몽염 장군은 뒷날 진나라 2대 황제 호해胡亥로부터 자해를 명령받자, 직통로를 뚫을 때 지맥을 끊어 이런 꼴을 당하게 되었나 보다고 말한 바 있다. 그러나 사마천은 사실은 그렇지 않고 비참한 노역에 백성을 내몰아 괴롭혔기 때문이라고 하였다. 날카로운 비판이다.

무제의 순행을 수행하는 사마천의 여행은 이후로도 계속되었는데, 그는 늘 역사가로서의 시선을 지리와 풍토에 집중하여 주도면밀한 문화사적 고찰을 행하였다. 지리가 풍토를 낳고, 풍토가 인간을 만들며, 인간이 역사를 자아낸다. 그러한 관련 양상을 생각하게 한 이 여행들은 사마천이 역사가로서 크게 성장하는 계기가 되었다.

태사령이 되다
──『태초력』의 편찬

부친의 임종 때에 머리맡에 불려가서 반드시 역사서를 편술하라는 위대한 유언을 들은 사마천은, 엄명을 어기지 않고 역사서를 꼭 완성하겠다고 맹세하기는 하였으나, 곧바로 역사 서술 작업에 착수할 수는 없었다.

사마담이 죽은 것은 태산에서 첫번째 봉선이 거행되었던 해인데, 그 다음해인 원봉 2년(기원전 109년)에 사마천은 이미 서른일곱 살이었고 아직 낭중의 직위 그대로였다. 상중이었으므로 본래는 휴직하여야 하지만, 낭중이라는 시종직에서는 그것이 허용되지 않았다.

이 해 봄 4월은 오랫동안 한발이 계속되었다. 지난해처럼 이 해에도 태산에서의 봉선을 마치고 귀로에 오른 무제는 현재의 하남성 한양현漢陽縣의 서남에 위치한 호자瓠子라는 곳을 통과하였다.

여기는 이십삼 년 전인 원광 3년(기원전 132년) 5월에 둑방이 터져 황하의 물이 범람해서 열여섯 군郡의 농민이 피해를 입은 이래 아직 복구되지 않은 상태였다. 그 때문에 양梁·초楚 지방은 작물이 익지 않고 농민의 삶은 피폐하였다.

무제는 이 사실이 염려되었다. 다행히 비가 적었으므로, 황하의 수량도 여느 때 같지는 않았다. 이 기회를 틈타 무제는 태산에 수행하였던 문무백관을 호자의 둑에 집합시켜, 지역 농민과 힘을 합쳐 단숨에 황하를 막는 공사에 착수하였다.

우선 무제는 친히 호자 둑의 터진 곳으로 가, 백마白馬와 옥벽玉璧을 황하에 가라앉혀 황하의 신 하백河伯에게 제사지냈다. 그런 다음 세 갈래 물길을 별도로 만들게 하고는, 문무백관에게 섶나무를 지고 가 터진 곳을 보강하게 하였다. 대나무 상자에 돌과 흙을 넣고 나무를 박아넣는 작업이었는데, 공사는 난항이었다. 공사가 제대로 이루어지지 못하자, 무제는 가슴이 아파 「호자의 노래瓠子歌」 두 수를 지었다. 그중의 한 수.

호자의 둑이 끊어졌으니 어찌하랴
넘실넘실 물이 차서 모두 다 강물이 되네
모두 다 강물 되니 백성은 괴로워라
공사는 끝나지 않고 우리 산들은 평평하게 깎이누나
물이 혼탁하여 물고기들 슬퍼하고 겨울은 가까워라
강 폭이 넓어지고 지난날의 물길은 사라져
물을 얻은 교룡蛟龍은 멀리 놀며 즐기누나
이 강물을 되돌리라고 신들에게 머리 조아려 기도하오
봉선의 제사를 끝낸 귀로에 나라를 돌아보고 재앙을 알았다오
지금 여기 황하의 신에게 고하나니 그대는 어질지 못하구료
그만두지 않는다면 내 수심은 끝이 없으리
설상齧桑 땅은 둥실 뜨고 회수·사수도 강물이 넘쳐
물이 물러가지 않아서 멀리까지 질푸덩질푸덩

이것은 소체騷體라고 불리는 당시 유행하던 가락으로 이루어져

있다. 치자治者의 절실한 기도가 자연의 신들에게 미치지 못하는 데서 오는 수심과 번민의 표현이었다. "지금 여기 황하의 신에게 고하나니 그대는 어질지 못하구료"라는 노래풍에는 무제의 진솔한 분노가 드러나고 비장감을 수반하여 감동적이다.

이렇게 수해의 현장에 가보고 마음 아파하며 스스로 공사의 진두에 서서 분주하게 독려하는 무제의 모습을 보고, 사람들은 떨쳐 일어났다. 그리하여 난항을 계속하던 터진 곳이 메워졌다. 오랫동안 수해를 일으키고 날뛰었던 황하의 신은 진정되었다. 호자의 둑에서 환호 소리가 울려퍼졌다.

실제로 사마천은 거기에 있으면서 그 기쁨을 맛보았다. 그도 섶나무를 등에 지고 황하를 막았던 문무백관의 한 사람이었다. 사마천은 뒷날『사기』의「하거서河渠書」에 이 대공사의 모습을 기록해두었는데,「호자의 노래」를 지어 진두 지휘를 하던 무제의 웅대한 모습에는 솔직히 감동하지 않을 수 없었던 것이다.

부친이 유언한 대로 사마천이 태사령에 오른 것은 원봉 3년(기원전 108년), 그때 그는 서른여덟 살이었다. 사마정의『사기색은』에 인용된 서진西晉 시대 장화張華의『박물지博物志』에, "태사령 무릉 현무리顯武里의 대부 사마천은 나이 스물여덟 살(서른여덟 살의 잘못인 듯)로, 3년 을묘에 육백 석의 봉직에 임명되다"라고 되어 있다. 무제가 사마담의 일을 기억하고 있어서, 삼년상이 끝난 시점에 사마천에게 부친의 지위를 계승하게 하였다고 보아도 좋으리라.

태사령의 직위는 녹봉으로 말하면 육백 석이므로, 외관外官의 자사·현령 정도의 대우로 경대부卿大夫 반열에 속하였으나, 궁정 안에서는 조의朝議의 말석에 들어 "문사文史·성력星曆을 관장하는 자

는 이른바 점사占師·신주神主의 무리"(「임안에게 부친 서한」)로 간
주되는 미천한 관직이었다. 하지만 아무나 맡을 수 있는 직무는 아
니었다. 가학家學을 전수받지 못하면 그 전문적인 지식과 기술을 습
득할 수 없었던 것이다.

사마담이 무제가 틀림없이 사마천을 그 직위에 임명하리라고 말
한 것도 그 때문이었다. 태사령에 임명된 사마천은 부친의 이름을
더럽히지 않고자 직무에 몰두하였다.

사마천이 태사령이 되어 관계하였던 공적인 일 가운데 가장 두드
러진 업적으로 들 수 있는 것은 『태초력太初曆』이라 불리는 역법을
개정한 일이다.

이 역법 개정은 당시의 정치와 문화의 사상적 변화에 대응하여
이루어진 것으로, 나아가 이후 한 왕조의 여러 제도를 좌우할 정도
의 대사업이었다. 그만큼 큰일이었으므로 물론 사마천 혼자 힘으로
완수한 것은 아니었으나, 실질적인 추진자이자 책임자는 역시 태사
령 직에 있는 사마천이었다.

역법을 개정해야 한다고 당시의 어사대부御史大夫 아관兒寬에게 진
언한 것은 사마천과 상대부上大夫 호수壺遂 두 사람이었다. 아관은
역법을 개정할 시기라 여기고 이 진언을 받아들여 무제에게 아뢰었
다. 무제의 허가를 얻은 사마천은 호수의 도움으로 역법 개정에 착
수하였다. 천문과 불가분의 관계에 있는 사업인 만큼, 사마담에게
천문학을 가르쳤던 당도唐都가 아직 살아 있었으므로, 천문에 밝은
그를 고문으로 맞이하여 조언과 지도를 받게 한 것도 사마천이었을
것이다.

『태초력』은 오늘날의 음력에 해당하는 달력이다. 그 전까지는 겨
울 10월을 원단元旦으로 하는 역법이었으나, 이것을 고쳐서 정월을

한 해의 시작으로 삼은 역법이 『태초력』이다. 태초 원년(기원전 104년) 11월, 즉 원봉 7년의 마지막을 고하는 10월을 기다려 새로운 달력이 제정되었다. 『태초력』이라 불리는 이유이다.

그때까지는 진나라와 전국 시대의 역법을 그대로 사용하여왔으나, 이 새 달력이 탄생함으로써 한 왕조는 독자적인 달력을 갖게 되었다. 이때부터 한나라의 정식 기록이 시작되었다고 할 수 있다. 새 달력은 대단히 잘 이루어져 있어 매달 초하루·보름의 순환이 오차 없이 확립되었다. 그 이후로 『태초력』은 청나라가 망하는 1919년까지 거의 이천 년 동안 사용되어, 중국의 시간 관념을 지배하였다. 이러한 새 달력의 편찬을 완수한 사마천은 무척 만족하였음에 틀림없다. 한나라가 들어선 이래로 천문 관측을 근거로 일력을 만드는 일이 태사령의 중요 업무였던 만큼, 『태초력』을 편찬함으로써 사마천은 가문의 명예를 높이는 데 충분한 공을 세웠으며, 부친의 위대한 유언의 실현에도 한 걸음 더 다가서게 되었다.

이 무렵 사마천은 완산阮山이란 곳에 은둔하는 친구 지준摯峻에게 보낸 편지에서 군자의 삶에 세 가지가 있다고 하여, 첫번째는 덕을 세우는 일立德, 두번째는 말을 세우는 일立言, 세번째는 공적을 세우는 일立功이라고 하였다. 입덕은 도덕으로 후세에 명예를 남기는 일, 입언은 저술로 후세에 명예를 남기는 일, 입공은 공적으로 후세에 명예를 남기는 일이다. 여기서 흥미로운 것은, 보통은 입덕과 입공 뒤에 입언을 두지만, 사마천은 입언을 입덕의 아래, 입공의 위에 두었다는 점이다. 이것은 유의할 만한 가치가 있다.

도덕의 가치는 침범할 수 없다 치고, 그 다음 가치 있는 것으로 저술을 든 것이다. 태사령 직위에 있으면서 역사서를 저술하고 역사의 춘추를 기록하는 일로 후세에 이름을 남기고 싶다는 의욕에 불타던 사마천의 기백이 여기에 담겨 있다고 보고 싶다. 아니 그것은 기백이라기보다 자부라고 고쳐 말하는 것이 당시 사마천의 심경에 더 가까우리라. 입공은 어쨌든, 입언이라면 완수할 수 있다는 자부심이 담겨 있는 발언이라고 생각된다.

사마천에게는 지준처럼 은사隱士로서 독선獨善의 고고함을 깨끗하다 여기며 살아가려는 태도가 없었다. 시종일관한 것은 후대에 이름을 남기는 것이 최대의 효라고 하는 『효경孝經』의 사고 방식이었다. 그것이 부친의 유언을 저버리지 않는 삶이라고 사마천은 생각하고 있었던 듯하다.

입언을 입공보다 중시한다고 지준에게 한 말이 역법 개정의 대사업을 완수한 시점에 이루어졌다면, 이번에는 드디어 입언을 해야겠다는 의식이 사마천의 마음을 강하게 사로잡았는지 모른다. 부친의 유언을 실현할 역사서의 편술에 뛰어들어 이름을 드날리고 부모를 현창顯彰하고자 생각한 사마천은 그만큼 세속적인 것에 대한 관심이 강하였으므로, 입언의 문제에 대해서도 대단히 낙천적으로 생각했다.

이 무렵 사마천은 함께 역법 개정에 종사하였던 벗 호수에게 『춘추』의 뒤를 잇는 역사서를 쓸 계획이라고 말하였다.

선친(사마담)은 일찍이 이렇게 말씀하셨다. "주공이 돌아가신 이래 오백 년이 지나 공자가 나왔다. 공자가 돌아가신 뒤 지금까지 오백 년이 된다. 지난날의 밝은 세상을 이어받아, 역전易傳을 바로잡고, 『춘추』를 이어 역사서를 만들고, 『시』『서』『예』『악』의 여러 분야를 탐구할 수 있는 자가 나올 때이다." 아아, 의지가 여기에 있도다. 의지가 여기에 있도다. 내가 어찌 감히 사양하리오. (「태사공자서」)

　주공 단周公旦이 돌아가신 지 오백 년이 되어 공자가 나타나고 공자가 돌아가시고 현재에 이르기까지 오백 년의 세월이 흘렀다. 이에 공자의 저작인『춘추』의 뒤를 이어 역사서를 저술하는 자가 있어야 할 터이다——아아, 그렇다. 이것이 부친 사마담의 진의였다. 그렇다면 "내가 어찌 감히 사양하리오." 나는 망설이고 있을 수 없는 것이다.

　이렇게 말한 사마천에게는, 새 역법이 시행되는 태초 원년부터 새 달력을 근거로 한 왕조의 시대가 새 기록을 갖지 않으면 안된다는 자각이 있었음에 틀림없다. 태사령의 직책상 간여하지 않으면 안되었던 역법 개정의 사업을 완수한 자부심과 안도감 끝에, 지금이야말로 부친의 위대한 유언을 수행해야 할 때라고 사마천은 자각하였다. "의지가 여기에 있도다. 의지가 여기에 있도다"라는 것이 그 자각이다.

　이 말을 들은 호수는 "공자는 현명한 군주도 없고 일을 맡길 만한 신하도 없는 난세에 살았으므로『춘추』를 써서 그 시대를 비판하였으나, 지금은 다르다. 영명英明하신 군주가 왕조 창업 이래로 가장 이상적인 통치를 하고 있다. 그렇거늘 공자의 유지를 이어받아 역사서를 쓴다고 한다면『춘추』처럼 지금 세상을 비판하는 의지가 있지 않으면 안된다"라고 반론을 폈다.

　사마천은 호수의 이 반론에 대하여 말로는 표현하지 않았으나, "그건 그렇지 않다. 지금 무제의 시대는 확실히 위대한 시대이기는 하지만 이상적인 통치가 이루어지고 있다고는 말할 수 없다"라고 말하고 싶었다. 그러나 그것을 목구멍 언저리에서 꾹 눌렀다. 그리고 정말로 그 말 그대로라고 사마천은 답하였다. "이렇게 좋은 시대를 이룩해낸 많은 사람들의 전기를 쓸 필요가 있다. 이제부터 내가 쓰려고 하는 것은 『춘추』와 같은 비판하는 책이 아니라, 자료를 수집·정리하는 방식으로 이루어진 역사서다"라고 말하여, 호수의 반론에 답하였다. 나아가 사마천은 자신이 역사서를 저술하려는 태도를, 『논어』「술이편述而篇」에 보이는 "조술하지, 만들지 않는다述而不作"는 공자의 말로 정당화하고 그에 대한 답변을 끝맺었다. 내가 쓰는 역사서는 어디까지나 자료의 조술祖述(스승이나 조상의 생각을 이어받아서 서술하는 일)이지, 창조적 의견이나 비판적 견해를 기록하는 것이 아니라고 사마천은 단언하였다.

오늘날 『사기』를 읽고 그것이 "조술하지, 만들지 않는" 역사서라고 믿을 사람은 없으리라. 객관적 자료 정리의 단계를 가리켜 자료의 조술이라고 한다면, 『사기』를 쓴 역사가의 기본 작업에 대해서는 적합한 표현이라고 할 수 있다. 하지만 얼른 알 수 있는 예로 말한다면, 『사기』의 본기本紀·서書·세가世家·열전列傳 각 편의 마지막에는 반드시 "태사공은 말한다"로 시작되는 글을 적어, 사마천이 자신의 의견으로 역사상의 인물에 대하여 비판을 가하는 것으로 끝맺고 있다. 실제로 여기에 사마천 자신의 목소리가 당당하게 개진되어 있다는 사실은 어느 누구도 부정할 수 없을 것이다.

정말로 『사기』가 역사적인 자료를 조술한 책이라고 말하는 사람은 객관적·과학적 역사학을 맹신하여 역사의 진실을 말할 수 없게 된 사이비 역사가임에 틀림없다. 요컨대 사마천은 호수의 반론에 진심으로 답변할 생각이 없었다. "조술하지, 만들지 않는다"는 태도를 표명함으로써 그 반론을 피해가지 않았다가는, 한 왕조 특히 무제 시대에 대한 비판자로 분류되어 언제 신변에 위험이 닥칠지 모른다는 생각이 들었으리라. 역사서에 대한 사마천의 그때 생각은, 역사를 있는 모습 그대로 파악해서 거기에 필주筆誅를 가함으로써 있어야 할 역사의 모습을 제시한 공자의 『춘추』 편술 태도를 잇는 것이었는데, 그 이외에는 달리 모범으로 삼을 것이 없었을 터이다. 그것이 부친의 위대한 유언이며, 스스로가 동중서에게 배운 역사 철학이었기 때문이다.

기구한 운명과의 만남
——이릉 사건

사마천이 태사령이 된 지 팔 년이 지난 천한天漢 2년(기원전 99년)에 사마천의 운명을 크게 어긋나게 만든 사건이 일어났다. 이른바 이릉 사건이다.

그 해부터 소급해서 이십 년 전인 원수 4년에 한나라의 대사마大司馬 대장군 위청과 대사마 표기장군 곽거병은 흉노를 토벌하여, 호족胡族을 고비 사막 북쪽 끝으로 몰아넣었다. 『사기』의 「흉노열전」은 "이 이후로 흉노는 멀리 도망하여 사막 남쪽에는 영토가 없어졌고, 한나라는 황하를 건너 삭방군부터 서쪽 영거令居(청해성 평번현)까지 여기저기 용수로를 열고 둔전屯田의 관리자를 두고는 오륙만을 헤아리는 병졸을 배치하여 점차 토지를 잠식해서 흉노의 옛 영토 북쪽까지 미쳤다"라고 전하고 있다.

이렇게 흉노에게 큰 타격을 입혀 그들을 고비 사막의 북쪽 끝에 봉쇄한 무제는 하서 지대의 직할을 결정하고는, 장액張掖·주천酒泉·돈황敦煌의 세 군을 설치하여 서역 경영에 착수하였다. 그 결과 타림 분지와 그곳을 통하는 실크로드가 한나라 수도 장안과 직접 연결되어, 동서 무역이 비약적으로 발전하였다. 조지條枝(시리아), 안식安息(파르티아), 대원大宛(페르가나), 연독身毒(인도)에 가까운 서남이족西南夷族의 사절단이 속속 도착하였고 많은 물산이 들어왔다.

　태초 원년(기원전 104년), 귀순의 뜻을 보이지 않는다는 이유로 대원국을 이사장군貳師將軍 이광리李廣利로 하여금 정벌케 하였는데, 그때 무제가 바란 것은 피땀을 흘린다는 대원의 명마名馬였다고 전한다. 하지만 많은 희생을 치르면서까지 대원을 토벌한 것은 그저 한혈마汗血馬를 손에 넣으려 했기 때문이었다고는 생각할 수 없다. 이 명마를 획득함으로써 기마 전술에 뛰어난 흉노와의 전투를 유리하게 이끌어나가려 했다는 것이 진상이다. 사실 대원을 귀속시키면서 무제의 서역 경영은 한층 안정되어갔다. 그리고 한 제국의 위엄은 멀리 파미르 고원 서쪽의 나라들에까지 알려져, 서역 제국과의 교역이 더욱 번성하게 되었다.

　하지만 한때 쇠퇴하였던 흉노는 고비 사막의 오지에서 한나라 군대와 정면으로 충돌하는 것을 피하면서, 오로지 병력을 양성하는 일에 힘썼다. 그리하여 이미 태초 2년(기원전 103년)에는 주천군·장액군에 침입하고, 원봉 4년(기원전 107년)에는 한나라 사절 노충국路充國 일행을 억류하고 수천 명의 포로를 끌고 갈 만큼, 무시할 수 없는 세력이 되었다.

　천한 원년(기원전 100년), 흉노에서는 차제후且鞮侯가 선우單于의 지위에 올랐다. 그는 억류하고 있던 노충국을 돌려보내면서 "저는 어린애입니다. 어찌 감히 한나라 천자를 바라보겠습니까. 한나라 천자는 저의 장인과 같은 항렬이십니다"라고 전하게 하였다. 한나라 천자에게 자신은 그 아이이고 한나라 천자는 장인이라고 함으로써, 자식이 부친에게 취하는 예를 갖추려는 것이지, 한나라와 맞먹으려 하는 것이 아니라는 의사 표시였다.

무제는 한나라 사신의 송환을 가상하게 여겨, 소무蘇武를 중랑장으로 삼아 흉노에 사신으로 파견하였다. 그러면서 한나라에 억류되어 있던 흉노의 사자를 돌려보내고, 게다가 수많은 재보財寶를 예물로 보냈다. 소무가 부중랑장 장승長勝을 비롯한 일백여 명의 수행원을 데리고 흉노 땅에 들어서자, 선우의 태도는 일변하였다. 소무가 사신의 깃발인 절節을 지키며 십구 년의 포로 생활을 보내게 되는 것은 이때부터다. 무제는 노해도 대단히 노하였다. 소무가 사신으로 간 태초 4년(기원전 101년)이 지나 새해가 밝자, 무제는 이광리에게 삼만 기騎를 주어, 흉노의 우현왕右賢王을 치도록 주천酒泉에서 출발케 하였다. 그때가 천한 2년(기원전 99년) 여름 5월의 일이었다. 우현왕은 흉노로 보면 우익, 즉 서부를 지배하는 왕으로 천산天山 산맥의 가장 동쪽에 근거지를 두고 있었다.

이광리 장군은 무제가 당시 총애하고 있던 이부인李夫人의 오라버니로, 대원 정벌에 성공하여 무제의 신임을 받고 있었다. 그때는 이미 흉노 정벌 장군이던 위청·곽거병·이광 등이 세상을 뜬 뒤였다.

이광리의 출격에 즈음하여 무제는 흉노들 사이에서 용맹을 떨쳤던 이광의 손자인 이릉을 불러, 군량미 보급로를 보호하라는 임무를 맡겼다.

이광은 키가 크고 원숭이처럼 긴 팔에, 그 화살이 바위마저도 뚫는 호궁豪弓의 명수로, 사선을 몇 번이나 넘기며 국가의 급난에 몸을 던졌고 부하를 더할 나위 없이 사랑한 무인이었다. 풍모로 말하면 수줍음 많고 눌변이며 시골 사람 같았다. 거의 사십여 년에 걸쳐 매년 이천 석의 봉급을 받았으나 부하들에게 양식을 나누어주었다. 죽은 뒤에 재산을 남기지 않았을 만큼 청렴하였다. 이릉도 젊어서 건장감建章監의 지위에 올라, 군관들과 병졸들을 사랑하고 남에게 자기를 굽혀서 겸양하였으므로, 그에게는 "복숭아나무와 오얏나무는 아무 말 하지 않아도 그 아래 저절로 작은 길이 생긴다(덕 있는 사람은 저절로 사람들이 모여서 따르게 마련이라는 뜻)"고 추앙된 이광 장군의 풍모가 있다는 것이 한결같은 평판이었다. 그때 이릉은 정예 팔백 기를 이끌고 현재의 감숙성 제납현濟納縣 동남쪽에 있는 거연택居延澤에서 출발하여 이천여 리 오지까지 흉노의 지형을 정찰한 공적으로, 건장감에서 기도위騎都尉로 지위가 올라 있었다. 그 뒤 그는 주천·장액에 주둔하여 장부 오천 명을 강도 높게 훈련시키면서 서북 흉노를 방어하였다.

부름을 받고 장안으로 돌아온 이릉은 미앙궁未央宮에서 무제를 배알하고 "제가 인솔하여 변방에 주둔하는 자는 모두 형초荊楚의 용사들로 기재奇才이자 검객들입니다. 힘은 호랑이를 막고 활을 쏘면 명중합니다. 청하옵건대 제가 몸소 한 부대를 이끌고 난간산蘭干山 남쪽으로 가서 선우의 군사를 분산시켜, 선우의 군대가 이사장군貳師將軍의 군대로 향하지 못하게 하고자 합니다"라고 아뢰었다. 요컨대 자신이 훈련시킨 정예병으로 별동대를 편성하여 난간산을 공격하면 이광리 장군의 정면에 있는 흉노의 병력을 분산시킬 수 있어서 전황을 유리하게 이끌 수 있으리라는 모책이었다.

"네게 기마병을 줄 여유가 없다"고 무제가 거절하자, 이릉은 보병 오천 명으로 선우의 소굴을 치고 싶다고 재삼 요청하였다. 무제는 그의 용감함에 감탄하여 별동대 출격을 허락하였다.

그 해 9월, 이릉은 보병이기는 하지만 정예 병사 오천 명을 이끌고 거연택을 출발하여 북행하기를 삼십 일, 준계산浚稽山에 이르러 진지를 구축하였다. 무제의 명령을 받아서 실시한 이 군사 행동은 상식으로는 생각할 수 없을 만큼 민첩하게 흉노의 최전선에 들어간 것이다. 이릉은 재빨리 부하 진보락陳步樂에게 파발마를 몰아 보고하게 하였다. 무제는 크게 기뻐하였고, 신하들은 모두 이릉의 용감함에 찬탄을 아끼지 않았다.

그런데 진보락을 장안에 보낸 직후, 이릉은 선우가 이끄는 흉노의 주력군 삼만과 맞닥뜨려 순식간에 포위되고 말았다. 선우는 이릉의 군병이 흉노 기마 병력의 육분의 일에 지나지 않을 뿐 아니라 대부분이 창과 방패를 손에 든 보병이라는 것을 알고, 이릉의 군영을 목표로 곧장 덮쳐왔다. 이를 맞아 싸운 이릉의 전술은 정말로 교묘하였다. 우선 몸소 말에 올라 보병의 진두에 나서 흉노군에게 달려들었다. 그의 과감한 공세로 흉노군이 멈칫거리는 사이에, 후진에 배치시켜둔 궁노병弓弩兵이 평소 단련한 기술로 일천 개의 궁노를 한꺼번에 쏘아 말 위의 흉노군을 차례로 거꾸러뜨렸다. 안되겠다 싶어 퇴각하기 시작한 흉노군을 이릉은 다시 추격하여 적의 머리 수천을 베었다. 『한서』는 이때 "선우가 크게 놀랐다"라고 전하고 있다. 화급히 좌우 양익의 지역에서 원군으로 기마 팔만을 모았다는 사실에서도, 선우가 얼마나 놀랐는지 알 수 있다.

선우의 지휘 아래 모인 팔만의 흉노 기병 군단은 다시 포위 공격을 해왔다. 그런데 지난번의 패배에 질려 이번에는 말을 달리면서 활을 쏘는 기사騎射의 전법으로 이릉의 군사를 위협하였고, 정면으로 달려들지 않고 멀리 돌면서 포위하는 전술로 나왔다. 이릉의 군대는 삼사 일을 남행하여 어떤 산골짝에 이르렀는데, 화살을 맞아 상처 입고 쓰러지는 자는 나날이 늘어갈 뿐이었다.

한나라 군대가 아무리 용맹하다 해도 이쯤되자 쇠미한 기색이 보이기 시작하였다. 그때 이릉은 군대 안의 수레에 여자가 숨어 있는 것을 발견하였다. 출군 때부터 병사가 몰래 데리고 온 창녀들이었다. 이릉은 즉각 여자들을 베어 죽였다. 이로써 한나라 군대의 사기는 다시 올랐다. 다음날 전투에서는 적의 머리 삼천을 베었다.

이릉 군사의 퇴각은 계속되었다. 남쪽의 한나라 군대의 요새가 있는 거연택에 가까운 차로장遮虜鄣을 목표로 퇴각에 퇴각을 거듭했다. 그러나 흉노군은 한시도 추격을 늦추지 않았다. 사오 일 뒤에 이릉의 군대는 갈대가 무성한 습지에 들어섰다. 바로 지금이라고 생각한 흉노군은 바람을 이용하여 불을 놓았다. 이릉은 당황하지 않고 주변의 갈대를 태워 없애 타 죽는 것을 면하였다.

이렇게 위기를 벗어난 이릉의 군대는 단숨에 산기슭에 이르렀으나, 그때 선우는 샛길을 통하여 산 위에 먼저 가서 기다리고 있었다. 굶주림과 피로로 약해진 한나라 군사를 향하여 선우의 기마 병단이 습격해왔다. 하지만 여기서도 이릉은 명장의 이름에 부끄럽지 않게 침착하였다. 산기슭의 숲에 군사를 숨기고, 습격해오는 흉노의 기마를 향하여 숲속에서 화살을 쏘았다. 아무리 기마 전술에 뛰어난 흉노군이라 하여도 수풀에서는 마음대로 되지 않아, 수천의 기병을 잃었다. 선우 그 자신도 화살을 간신히 피해 산 위로 내달려 돌아갔다. 희생자 수가 너무 많자 선우는 추격을 포기할 판이었다. 그런데 이때 한 가지 사건이 일어났다.

이릉의 진중에 관감管敢이라는 자가 있었다. 그는 무슨 잘못 때문에 상관으로부터 채찍을 맞은 것을 분하게 여겨, 흉노군에 투항하여 이릉 군의 실태를 전하였다. 이로써 한나라 군대에는 원군이 없고 화살도 부족하며, 무엇보다도 군병의 피로가 심하며, 게다가 이릉 도위와 성안후成安侯 한연년韓延年이 이끄는 병사는 각각 팔백에 지나지 않는다는 사실을 알게 된 선우는 생각을 바꾸었다.

이제까지 이릉의 퇴각은 전술이고 가는 곳마다 복병을 두었으려니 의심해왔으나, 그 의심도 풀렸다. 여기서 추격의 손길을 늦출 수 없다고 생각한 선우는 이릉과 한연년에게 투항을 종용하면서, 다시 격렬한 포위 공격을 가하여, 마침내 이릉의 군대를 산골짜기로 몰아붙여 산 위에서부터 비오듯이 화살을 쏘아대었다. 이에 응전한 이릉의 군대는 그날 하루에 오십만 개의 화살을 다 쏘아버리며 방어전을 벌이지 않으면 안되었다. 이미 수차례의 응전으로 창과 방패도 쓸모 없게 되었다. 이릉은 군수품을 실은 수레를 부수어 수레의 바퀴살을 잘라 무기로 삼고 단도를 손에 들고 싸우지 않으면 안되었다. 한나라 군대의 패배는 이때 결정적이었으나, 어쨌든 퇴각을 계속하여 가까스로 제한산鞮汗山에 도착하였다. 아직 차로장까지 백팔십 리나 떨어진 지점이었다.

흉노군은 이릉의 군사가 제한산의 협곡에 들어간 것을 보자, 배후를 차단하고 벼랑에서 큰 바위를 던져 출구를 막았다. 이릉의 군대는 마침내 진퇴가 궁하였다. 그날 밤 이릉은 군장을 풀고 평복으로 갈아입은 뒤, "나를 따르지 말라. 장부된 자, 단신으로 선우의 목을 취할 뿐"이라는 말을 던지고 군진을 나섰다. 하지만 이릉이 단신으로 흉노 왕을 죽일 수 있는 상황은 아니었다. 이릉은 군진으로 돌아와 한숨을 크게 내뱉었다. "우리 군대는 지고 말았다. 죽음이 있을 뿐"이라고. 주위 사람들은 항복했다가 틈을 보아 고국으로 돌아가 언젠가 원한을 갚자고 권하였으나, 이릉은 "그런 말을 하지 마라. 내가 죽지 않는다면 대장부가 아닐세"라고 답하였다고 한다.

이릉의 결의는 흔들림이 없었다. 전 병사에게 마른 밥 두 되와 한 조각의 얼음을 분배하고 차로장을 향하여 도망할 준비를 갖추게 한 뒤, 자기는 그날 밤 한연년과 더불어 말 위에 올라 십여 명의 결사

대만 인솔하고 적중에 뛰어들어 그 허를 찌르고 다른 장병은 탈출시키려고 하였다. 우선 한연년이 전사하였다. 그 뒤 이릉이 어떻게 붙잡혔는지는 알 수 없다. 순순히 투항하여 치욕을 당할 이릉은 아니었다. 분전하다가 상처 입고 넘어진 때에 붙잡혔으리라. 사마천은 그가 폐하를 뵐 면목이 없다고 여겨 마침내 흉노에게 투항하였다고 기록하였지만, 투항이란 한나라 궁정의 견해였을 것이다. 이릉은 어쩔 수 없어서 붙잡혔으리라.

이때 범의 아가리를 탈출해서 한나라로 무사히 돌아온 자는 사백여 명이었다고 『한서』는 전하고 있다.

포로가 된 이릉은 삭풍이 부는 고비 사막을 건너 흉노의 본거지로 끌려갔다. "이릉의 군대가 패하였다" "이릉이 항복했다"는 패전 소식이 한나라 궁정에 전해졌다. 사마천은 뒷날 「임안에게 부친 서한」에서 그때의 한나라 궁정의 모습을 이렇게 적었다. "이릉의 패전을 알리는 글이 올라왔다. 주상은 그 때문에 음식 맛도 잊으시고 조의朝議를 들어도 기뻐하지 않으셨다. 대신들은 근심하여 몸둘 바를 몰랐다."

앞서 이릉이 준계산에 포진했다는 소식을 들었을 때는 "공경公卿과 왕후王侯들이 모두 술잔을 들어 만수를 축원"하였으나, 사태가 일변하자 "제 몸을 보전하고 처자를 지키려는 신하들도 따라서 일제히 이릉의 잘못을 책망하는" 상황이 되었다. 여기서 '따라서'라는 말은 낙담해 있는 무제에게 아첨하느라 이릉의 무모함과 투항죄를 비난한 사실을 말한다. 보신에 급급한 조정 신하들이 손바닥 뒤집듯 이릉에 대한 비난으로 돌아서서, 한결같이 이릉의 죄를 성토하였다고 사마천은 말하였다. 정말로 그 말대로였음에 틀림없다. "나는 진심으로 마음속 깊이 이 점을 아파하였다"고 한 것은, 그들

조정 신하들이 너무도 얄팍하게 변심하는 모습을 본 사마천이 그때의 심경을 솔직히 토로한 말이다.

무제의 상심과 분노는 대단하였다. 이릉 사건에 대하여 사마천의 의견을 구한 것은, 아마도 그가 낭중 시절부터 알고 지내던 이릉의 벗이었기 때문이리라. 사마천은 주상의 상심하고 낙담한 모습을 차마 볼 수가 없어서, 자기의 진실된 마음을 알리고자 하였다. 이릉의 행동을 두고 "만 번 죽을 고비에 나서서 제 한 몸의 계획을 돌아보지 않고 국가의 급난에 달려갔으니, 이것은 정말 기특합니다"라고 하였고, 패하였다고는 하지만 "화살이 다하고 길이 궁한데다가 구원병이 오지 않고 사졸土卒들의 시체가 쌓여가는" 전황에서 최후까지 분전하였던 국사國土의 용맹스런 뜻이야말로 칭찬할 만하다는 견해를 피력했다. 이때까지는 그 변호 때문에 무제의 격노를 사고 오욕의 죄에 빠져 운명의 톱니바퀴가 궤도를 벗어나게 되리라곤, 사마천은 예상도 하지 못하였음에 틀림없다.

굴욕을 참으며 살아남다
—「임안에게 부친 서한」

젊은 날에 사마천은 이릉을 알았다. 하지만 평소 아무 교분도 없었던 데다가, 술잔을 나누며 환담한 일도 없었다. 기奇를 좋아하고 비범한 재주를 사랑한 사마천의 눈에 이릉은 '기사奇士(무리 가운데 뛰어난 인물)'로 비쳤다. 이릉이 선뜻 국난에 달려가 신명을 걸어 흉노의 오지로 군대를 진격시켰다는 사실을 알았을 때, 그를 '기사'로 여겼던 자신의 인식에 잘못이 없었다고 사마천은 가만히 자부하기까지 하였다.

이릉이 패하였다는 소식을 접하자 사마천의 흉중에는, 화살이 다하고 길은 궁한 데다가 구원병마저 없어 상처 입고 죽은 군사들이 산처럼 쌓여 있으며, 흉노의 주력군에게 포위된 가운데 이릉의 한마디 독려에 다친 몸을 일으켜 눈물을 흘리고 피를 쏟으면서 화살도 없는 빈 활을 팽팽히 당겨 적의 시퍼런 칼날을 향해 뛰어들어가는 이릉 군사의 비장한 모습이 떠올랐다.

사마천은 역사가로서 이릉에 관하여 알 수 있는 모든 정보를 모았다. 이릉을 '기사'로 보는 인식만으로는, 조의朝議의 말석이라는 신분 낮은 태사령의 입장에서 낙심한 무제를 위로하고 그 노기를 진정시킬 변론은 할 수 없었을 것이다. 이미 변경으로 도망해 돌아온 이릉의 병졸로부터 상세한 전황 보고가 들어와 있을 터였다. 사마천이 이릉을 변호하려면, 그 전황 보고를 근거로 하여 나름대로의 인식과 판단을 가하지 않으면 안되었다. 그것이 사관으로서 취해야 할 태도였다. 사마천은 이릉을 위한 변론에서 의로움을 보았을 뿐 아니라 도리도 보았을 터이다.

마지막으로 사마천은 다음과 같은 말로 이릉 변호를 끝냈다. "이릉은 병졸들과 고생을 같이하고 기쁨을 함께 나누어, 병졸들로 하여금 사력을 다하게 할 수 있었습니다. 이릉은 고대의 어떠한 명장에게도 뒤지지 않는 자입니다. 몸은 패하였다 하여도 그 진의는 틀림없이 언젠가 기회를 얻어 한나라에 보답할 것을 기약하고 있으리라 생각됩니다. 그 지경에 이르러서는 어찌할 방도가 없었던 것입니다. 이릉이 그토록 흉노를 고통스럽게 만든 공적이야말로 천하에 크게 표창되어야 합니다."

이렇게 이릉을 변호한 사마천은 음식이 넘어가지 않을 만큼 낙담하고 있는 무제를 위로하고, 나아가 '제 몸을 보전하고 처자를 지키려는 신하들'이 일제히 이릉의 죄를 성토하는 것을 차마 더 볼 수가 없어서 조금이라도 이릉의 죄를 가볍게 해주어야겠다는 심경뿐이었다. 이것이 무제의 역린을 산 것이다. 무제는 사마천이 친구의 입장에서 이릉의 변호로 돌아선 것은 용서할 수 있다 해도, 이릉의 전공을 칭찬하는 일은 그때 흉노 정벌군의 최고 지휘관으로서 아무 일도 하지 않았던 이광리를 암암리에 비판하는 것이라고 생각하였다. 이광리는 무제가 당시 총애하였던 이부인의 오라버니로, 위청과 곽거병이 죽은 뒤 무제가 가장 신임하던 장군이었다. 그를 비판하는 것 자체가 황제인 자신을 욕하는 일이라고 무제는 받아들였다. 이것이 무제의 분노를 산 내막이었다. 사마천은 즉각 정리廷吏

(지금의 검찰총장)의 손에 맡겨졌다. 황제 무고의 반역죄로 심문을 받은 것이다. 이 해에 사마천은 마흔일곱 살이었다.

당시 황제의 거대한 절대 권력을 유지하기 위해 무제가 활용한 것은 현재의 비밀 경찰에 상당하는 혹리酷吏였다. 그 가운데 무제를 위해 활약한 혹리로서 가장 이름을 날린 자는 장탕張湯이며, 장탕이 죽은 뒤에 무제의 충실한 주구로서 극악한 짓을 한 자는 두주杜周였다. 사마천의 죄상은 당시의 정리였던 두주의 손에 맡겨졌다. 두주가 정리일 때, 감옥에는 십만여 명의 죄수가 넘쳐났다고 한다. 사마천도 그 중의 한 사람인데, 옥중에서 욕을 당하고 엄중한 신문을 받았다. 수갑과 족쇄가 채워지고 살갗을 드러내놓고 곤장을 맞은 끝에 감옥 속에 유폐되었다. 그 속에서 옥리獄吏를 보면 땅에 머리를 찧게 되고, 잔심부름꾼이나 인부만 눈에 띄어도 가슴이 메어지는 심정이 되어, 몸에 걸치고 있던 자존심과 권위마저 어느 틈엔가 거세되어버리는 심경이었다.

사마천이 감옥에 갇힌 다음 해인 천한 3년(기원전 98년), 흉노에 투항했던 이릉이 흉노군을 훈련시켜 한나라 군대와 전투할 준비를 하고 있다는 소식이 전해졌다. 무제는 격노하였다. 인질로 삼고 있던 이릉의 노모, 아우, 처자를 즉시 모두 죽이고 말았다. 이릉이 한나라 명장으로서 흉노 땅에서 우대받은 것은 사실이었으나, 흉노군의 실전 훈련을 지도하였던 것은 이서李緖라는 다른 인물이었다. 분명히 잘못된 소식이라고 알게 된 것은 뒷날의 일이다. 이릉의 반역죄와 그 일족에 대한 처형이 확정됨과 동시에, 사마천의 처단도 결정되었다. 사형이었다. 이때 사형을 면하는 방법은 두 가지가 있었다. 하나는 오십만 전을 모아 사형에서 한 등급을 감형받는 것, 또 하나는 궁형을 받아 남자의 상징을 제거하고 환관이 되는 것이었다.

그때 사마천의 집에는 오십만 전을 모아 조정에 낼 여유가 없었다. 그의 친척이나 지인도 중죄임을 알자 어느 한 사람 그에게 돈을 빌려주는 자가 없었다. 이릉이 항복하였을 때 "화살이 다하고 길이 궁한 데다가 구원병이 오지 않는" 상황에 처했듯이, 사마천은 죽음을 선택할까, 부형腐刑이라 일컬어지는 참혹한 궁형을 받고 살아서 수치를 겪어야 할까 하는 절박한 상황에 내몰려 있었다. 진퇴양난이라고 말할 상태였다.

사마천은 죽음인가 삶인가, 그 선택의 기로에 서서 생각하였다. 만일 자기가 죽음의 길을 선택한다 해도 부친에게는 혁혁한 공적이 없고, 그는 그저 문사文史·성력星曆을 맡아보는 점사占師나 신주神主와 동류였다. 황제의 편에서 보면 가지고 놀며 장난하는 배우에 지나지 않는 것이 태사령이란 존재였다. 여기서 법에 승복하여 주살誅殺당한다면, 아홉 마리 소에서 털 하나가 없어지는 것이나, 벌레 같은 존재가 죽어 없어지는 것과 아무 차이도 없을 터이다. 이래서는 죽어도 눈을 감을 수 없다. 한 번밖에 없는 죽음을 홍모鴻毛보다 가볍게 여겨서는 안될 터이다. 이렇게 죽음의 무의미함을 골똘히 생각한 사마천으로서는, 부형을 받고 살아남는 길밖에 다른 도리가 없었다.

궁형을 부형이라 일컫는 것은 남근을 제거할 때 썩는 냄새를 풍기기 때문이라고도 하고, 자손을 후세에 남길 씨가 없어져 썩은 고기와 같게 되기 때문이라고도 한다. 사람이 당하는 모욕 가운데 가장 심한 것은 무어라 해도 부형이며, 그 부형을 받고 환관이 되어 살아가는 자가 인간으로 취급 받지 못하고 모욕을 당해왔다는 사실은 저 옛날 공자의 시대부터 그러하다. 이렇게 생각한 사마천은 차라리 자살하는 편이 더 나을 것이라고도 생각했다. 하지만 세간에

서 용감하다든가 비겁하다든가 강하다든가 약하다든가 말하는 것
은 당시의 세상 형편이 결정하는 데 불과하다. 자살하는 일은 용감
한 것도 아니고 강한 것도 아닐 터이다.

『효경』에 "신체발부身體髮膚는 부모에게 받은 것이니 감히 훼상하
지 않는 것이 효의 시작이다"라고 하였다. 그렇듯이 원래 중국에서
는 살아갈 자격도 없는 몸이 되는 것은 효도에 위배되는 가장 나쁜
일이라고 생각되어왔다. 부형을 당하는 것은 불효의 시작이며, 생
식 능력을 잃고 자손을 끊는 것은 불효의 극단이다. 사마천은 그 최
대의 불효를 감히 범하면서까지 살아남는 길을 선택하였다.

형이 집행된 뒤에 사마천은 '잠실蠶室'이라 불리는 어둑어둑하고
뜨뜻한 방에 넣어졌다. 사타구니의 부식을 막기 위해서였다. 실제
로 부형을 받고 보니, 그것은 죽음보다도 더한 고통을 수반하였다.
환관으로 몸을 떨구면 언젠가 감옥을 나올 수 있다고 하여도, 살아
서 수치를 입을 것은 필연적이었다. 그렇거늘 사마천은 왜 살아남
으려고 하였는가. 그것은 자신의 죽음이 무의미하다는 이유말고도
더 적극적인 이유가 있었다. 그 점에 대해서는 뒷날 「임안에게 부친
서한」에서 사마천 스스로가 고백한 말이 있다.

좌구명左丘明이 눈이 멀고서, 손자孫子가 다리를 잘리고서 다시
세상에 서는 일이 여의치 않게 되었을 때, 세간에서 물러나 저술에
전념한 것은 그 분통한 심정을 문장으로 적어 표현한 것입니다. 나
도 또한 주제넘기는 합니다만, 변변치 못한 재주임을 돌아보지 않
고서 마음에 떠오르는 것을 모자라는 문장에 의지하여 후세에 전
하고자 결심하였습니다. 천하에 흩어져 있는 역사적 사실과 전설
들을 하나하나 모으고, 과거에 살았던 인간의 행동과 사건을 깊이

관찰하여 그 진상을 고찰하고 성공과 실패의 원리를 구명하며, 위로는 황제黃帝로부터 현재에 이르기까지를 대상으로 삼아 10표表, 12본기本記, 8서書, 30세가世家, 70열전列傳 등 모두 130편을 만들어, 하늘과 인간의 관계를 궁구하고 옛날과 지금의 변화에 통하여 일가의 말을 이루고자 계획하였습니다. 그렇거늘 이 저술을 채 완성하지 못하고서 이릉의 화를 당하였습니다. 이대로 미완성으로 끝나는 것은 너무나 애석하였으므로, 극형에 처해지면서도 분노의 안색을 내비치지 않았습니다. 정말로 만일 이 역사서를 완성하여 명산에 비장해서 영원히 전하고, 또 이것을 사람들에게 전하여 천하의 대도시에 유포하는 일이 가능하다면, 그때야말로 내가 받은 치욕은 보상받는 것입니다. 그렇게 된다면 아무리 이 몸이 여덟으로 찢긴다 해도 결코 후회할 일은 없을 것입니다.

사마천이 처참한 부형에 처해지면서까지 살아남고자 한 것은 『사기』가 아직 미완성이었기 때문이었다. 신체를 훼손하는 일이 이미 불효로 간주될 테지만, 그렇더라도 부친의 유언인 『사기』를 완성하지 않으면 안된다는 점에 커다란 모순이 있었다. 사마천은 오욕을 무릅쓰더라도 살아남는 쪽을 선택하였다. 심혈을 쏟아 이 저술을 완성하여 후세의 사람들에게 전할 수 있다면 치욕은 보상받을 것이다. 부친 사마담의 유언을 들은 이후로 열한 해가 지났다. 사마천은 어떻든 생명을 보전하여 『사기』의 완성을 향해 매진하지 않으면 안된다는 새로운 각오를 굳히고, 옥중에 있으면서 하루 아홉 번 간장이 뒤틀리는 생각에 쫓기면서도 떨쳐 일어섰던 것이다.

이제까지 이릉 사건으로 화를 당한 뒤 사마천이 지녔을 심리와 그가 취한 행동을 내 나름대로 정리했다. 이 모두가 「임안任安에게 부친 서한」이라는 사마천 자신이 남긴 자료에 근거한 것이다. 타케다武田泰淳 씨는 『사마천: 사기의 세계司馬遷: 史記の世界』에서 "「임안에게 부친 서한」은 저서가 아니다. 단순한 편지였다. 그것이 인멸되지 않고 남은 것은 인간의 집념이 얼마나 강인한가를 보여준다고밖에 생각할 수 없다"고 말하였는데, 정말로 그렇다. 편지의 상대인 임안은 사마천과는 수년 동안의 친구로 강직한 지식인이었다. 그는 정화征和 2년(기원전 91년)에 발생한 무고巫蠱 사건에 휘말려 사형죄로 심문받아 죽음에 직면해 있었다. 무고 사건이란 무었인가.

그때 무제는 예순여섯 살. 어느새 만년에 접어들어, 적재적소에 탁월한 재능을 살려 쓸 식견을 잃고 간신 강충江充을 측근으로 중용하였다. 당시 후궁에서는 재액을 쫓는다고 하여 허수아비를 침상 아래 묻고 거기에 재액을 들씌우는 풍습이 있었는데, 때로는 그것이 저주에 사용되는 일도 있었다. 위황후衛皇后가 낳은 태자 려戾는 이미 서른일곱 살이었으나, 부드러운 성격이라서 무제의 강경한 흉노 정책에 비판적이었다. 두 해 전 조부인趙夫人과의 사이에 황자 불릉弗陵이 태어났으나, 그렇다고 태자를 바꿀 뜻은 없었다. 다만 태자파에 대립하여 황자파가 대두해서 당파 투쟁이 벌어지게 되었다. 강충은 황자파의 영수였다.

강충은 려 태자가 그대로 즉위한다면 자신은 보나마나 실각하리라고 생각해서, 태자를 정치적으로 몰락시키려고 하였다. 그래서 동궁에 허수아비들을 많이 묻어두고는 태자 려가 무제를 저주하고 있다고 참소하였다. 더 나아가 그는 무제의 명령을 사칭하여 동궁에 들어가 침상 아래에서 허수아비들을 찾아내게 하였다. 태자는 감천궁甘泉宮에서 요양하고 있던 무제에게 속사정을 털어놓으려 하였으나 그러지 못하였다, 그 해 7월, 진퇴양난에 몰린 태자는 강충을 체포하여 목을 베어버렸다. 무제는 태자에게 반역의 마음이 있다고 듣고서 격노하여 급히 장안의 건장궁建章宮으로 돌아와, 미앙궁에 틀어박힌 태자파와 닷새 간의 격렬한 시가전을 벌인 끝에 태자의 군사를 물리쳤다. 패배한 태자는 호현湖縣 천구리泉鳩里에 숨어들었는데, 결국 발견되어 자결하고 말았다. 이 내란의 관계자는 엄중한 심문을 받았고, 많은 사람들이 연좌連坐되었다.

그때 임안은 호북군사자湖北軍使者로서 북군참모北軍參謀의 요직에 임명되어 있었다. 임안은 려 태자가 위조한 군대 출동령을 받았으나, 군문을 걸어두고 어느 쪽에도 가담하지 않았다. 무제는 임안이 취한 태도가 애매하다고 하여 사형 선고를 내렸다.

임안은 두 해 전에 익주益州의 자사刺史로 있을 때, 이미 감옥에서 나와 중서령中書令의 요직에 있던 사마천에게, 두루 사람들과 만나보고 어진 이를 찾아 폐하에게 추천하는 일이 중서령의 책무라고 하는 내용의 서간을 보내었다. 사마천은 답장을 하지 않고 방치하였다. 그러다가 죽음에 직면한 임안에게 자신의 본의를 알리고자 급히 써보낸 것이 「임안에게 부친 서한」이었다.

임안에게 이 서한을 부친 정화 2년에 사마천은 쉰다섯 살이 되었다. 사형을 선고받은 경험이 있는 사마천은, 목숨이 얼마 남지 않은 친구 임안에게, 그간 방치해두었던 자신의 참뜻을 전하고자 한 것이다. 이릉 사건 뒤에 다시 중서령으로 부름받았지만, 그것은 살아 있는 송장과 다름없게 된 자의 거짓 모습일 뿐이었다. 중서령이라고는 하여도 세상이 천시하는 환관이다. 그런 자신이 어진 이를 찾아 추천한다고 해서 누가 믿어줄까. 살아 있다는 것 자체가 수치스런 존재이기에, 도무지 사람을 추천할 수 있는 신분이 아니라는 사실을 사마천은 임안에게 전했던 것이다.

발분하여 저술하다
──『사기』의 완성

사마천이 사형죄를 면하기 위하여 스스로 궁형을 받은 후 삼 년
째 되던 해에 연호가 바뀌어 태시太始 원년이라 칭하게 되었다. 이
것을 축하하여 그 해 여름에 대사면령大赦免令이 내렸다. 이릉 사건
에 대하여 몇 가지 오해가 있었음을 눈치챈 무제는 그 기회에 사마
천을 옥중에서 석방하여 중서령의 직위에 임명하였다. 중서령은 정
확하게는 중서알자령中書謁者令이라 불리는 관직으로 이천 석의 녹
봉을 받는다. 태사령의 육백 석과 비교하면 상당한 출세였다.

본래 중서령은 궁정의 의식을 맡아보는 환관의 직무였는데, 무제
는 사마천을 측근에 두고 조칙詔勅을 기초한다든가 신하의 상주문上
奏文을 접수한다든가 하는 비서관으로 활용하였다. 태사령 시절부터
이미 사마천의 글 재주를 인정해서 그런 것이다.

중서령은 확실히 요직이고 고관이었으나, 환관이 아니면 담당할
수 없는 직무였다. 감옥에서 나와 곧바로 중서령에 임명된 사마천
에게 사람들은 선망과 모멸이 뒤섞인 눈길을 던졌다. 사마천은 불
쾌하였다. 중서령이 될 수 있었던 것은 부형이라는 오욕의 대가를
치르고서였다. 육체의 손상은 영구히 치유될 수가 없다. 더구나 어
느 누구도 인간으로 취급하지 않는 환관이라는 기분 나쁜 낙인은

죽을 때까지 지울 수 없는 것이다. 중서령이라는 고관에 올랐다고는 하여도 사마천의 정신적 고통은 커져만 갈 뿐이었다.

중서령의 직무를 충실히 수행하는 이외에는 그는 자신의 바깥에서 일어나는 일체의 사건에 대하여 무관심을 가장해 침묵하기로 하였다. 그것은 몸은 중서령이라고는 하여도 사람들에게 멸시당하는 환관, 그 자신의 말을 빌리자면 형벌 뒤의 살아남은 몸으로는 "보태려고 하다가 도리어 손해보는" 입장에 있음을 자각하였기 때문이다.

자택에서 고독하게 보내는 시간에 몇 번이고 엄습해오는 것은 그때의 꺼림칙한 굴욕의 생각이었다. 그것을 상기하고는 타격을 받고 미칠 것 같은 심정에 휩싸여 끝내는 하루 아홉 번씩 간장이 뒤틀리는 생각에 쫓기며 얼마나 많은 나날을 보내었던가. 그럴 때마다 부형을 받으면서까지 살아남으려고 한 뜻이 무엇이었던가 생각하였다. 죽음의 길을 삶으로 바꾸고자 결심하였을 때의 근원적인 의지로 돌아가, 부친의 위대한 유명을 하루라도 빨리 실현하고자 마음에 채찍질해서 생각을 고쳐먹고 『사기』의 완성을 향하여 붓을 잡은 사마천이었다. 이때 그의 모든 것은 『사기』의 저술이었다. 그밖의 나머지는 모두 거짓이며 무無였다. 이미 쉰 살을 넘긴 사마천이지만, 이십대의 청춘을 천하 유력의 여행에 걸었던 불꽃 같은 정신만은 살아 있음을 알리며 계속 타오르고 있었다. "나도 목숨을 아끼는 겁쟁이입니다만, 나아가야 할지 물러나야 할지는 분별할 수 있습니다. 죄에 대한 벌을 받고 모욕을 참으며 살아가는 것이 제 본의가 아니라는 점은 두말할 필요가 없습니다. 천한 노예나 비첩들조차도 자결하는 일이 있습니다. 하물며 나아가지도 물러나지도 못하는 궁한 처지에 있는 내가 어찌 자결하지 않을 리 있겠습니까. 그러나 내가 오욕을 참고 살아남아서 썩은 흙 속에 유폐되어 있으면서도 감히 이 세상과 결별하지 않는 이유는, 내가 바라는 바를 미처 완수하지 못한 것을 한탄하고, 이대로 침몰해서 나의 저서가 후세 사람들에게 전해지지 못할 것을 부끄럽게 여기기 때문입니다."(「임안에게 부친 서한」) 이것이 사마천으로 하여금 수치를 참고 삶으로 회귀하게 한 근원적 의지였다. 아마도 『사기』를 후세에 전하고자 하는 뜻이 없었다면, 살아남지 않고 일찌감치 자결하였으리라.

이 세상에는 불행이나 비운을 당하여 상처 입고 좌절한 사람들이 발분發憤하여 책을 집필하고 그 책으로 후세에 불후의 이름을 남긴 예들이 많다는 사실을 사마천은 알고 있었다. 그것이 사마천을 독려하였다. 죽었다 살아난 몸으로 최대의 불행자가 되었으나, 선친의 뜻을 좇아 저서를 남기고 후세에 이름을 드리워 적어도 불효자라는 오명은 씻겠다고 하는 의지가 강하게 발동하였다. 그것이 「임안에게 부친 서한」 속에서 개진된 '발분저서發憤著書의 설'이다.

예부터 부귀하다고 해도 그 이름이 인멸된 사람이 많지만 단지 탁월하고 비상한 인물들만이 지금도 여전히 그 이름을 찬양받고 있습니다. 주나라 문왕은 유리羑里에 구금되어 『주역』을 부연해서 풀이하였고, 공자는 재액을 만나 『춘추』를 지었습니다. 굴원은 조정에서 쫓겨나 『이소』를 썼습니다. 좌구명은 눈이 먼 뒤 『국어國語』를 저술했고, 손자는 다리를 잘리는 형벌을 당하고서 병법서를 편찬해내었습니다. 여불위呂不韋는 촉 땅에 유배되었기 때문에 『여람呂覽』이 후세에 전하고, 한비자漢非子는 진秦나라에 사로잡혔기에 「세난說難」과 「고분孤憤」 두 편을 저술하였습니다. 시 삼백 편(『시경』)의 대부분은 성현이 발분하여 만든 것입니다. 이들은 모두 마음속에 울분이 맺혀서 풀리지 않고, 마음 통하는 것이 여의치 않았기 때문에, 과거의 사실을 서술하여 자신의 생각을 미래의 사람들에게 알리고자 한 것입니다.

이것이 사마천의 '발분저서의 설'이다. 그 스스로가 『사기』 저술의 동기를 여기에 나타낸 것이다. 이후로 이 '발분저서의 설'은 중국에서 전통적인 문학자의 표현 태도를 말해주는 설로서 중시되었다. 당나라 때의 한유韓愈는 만물이 모두 "평평하지 않으면 잘 울린다"는 자연 현상을 매개로 삼아 불평不平의 문학론을 체계화하였다. 즉 「맹동야孟東野를 전송하는 글」에서 문학자는 평형을 잃은 불우하고 불평스런 상태 속에서 뛰어난 문학을 창조할 수 있다고 논하였다. 북송 때의 구양수歐陽修는 한유의 "궁한 자의 말은 공교로워지기 쉽다"라고 한 설을 이어받아서, 그것은 세상에서 뜻을 잃은 자가 마음에 맺힌 것을 깊이 생각하여, 감격 발분하는 것을 오로지 문장에 나타내기 때문이라고 말하였다. 어느 것이나 모두 사마천의 '발분저서의 설'을 토대로 삼아 문학론을 전개한 것이다.

사마천은 『사기』 백삼십 편의 완성을 향하여 매진하였다. 그로서는 저술이 곧 삶이었다. 그것만이 현세에 썩은 육체를 수치스레 드러내놓은 자로서 후세에 이름을 남기는 유일한 방법이었다. 그것은 궁정의 역사관으로서 황제의 명령을 받아 역사서를 편찬하는 일이 아니었다. 가만히 자신의 가슴속에 있는 의지로 스스로에게 명하여 자기 자신 때문에 쓰는 역사서였다. 바꾸어 말하면 자신이 살아 있다는 증거로서 쓰는, 완전히 사사로운 역사서였다. 더구나 구상에서나 양식에서나 문장에서나 정말로 비견할 것이 없는 독창적인 역사서를 저술해낸 것이었다. '발분저서의 설'을 논한 사마천의 이름

은, 그가 죽은 뒤 『사기』에 의하여 후세에 영원히 전해져 끊임없는
갈채를 받았다. '발분저서의 설'은 그저 단순히 표현자의 태도를 선
험적으로 집약하여 스스로의 의지를 말한 데 그친 것이 아니다. 인
간 사마천 자체인 『사기』 속에서 그 의지가 펼쳐간 장대한 실험의
자취를 우리는 발견할 수 있는 것이다.

청사에 그 이름을 새기고
—에필로그

사마천은 『사기』의 저술에 온 마음을 쏟았다.

이릉 사건에 봉착하기까지 사마천은 확실히 유능한 관리로서 벼슬길에서 출세 영달하리라고 기대하였다. 그 때문에 분골쇄신의 노력을 기울였다. 연이어 봉선을 행하러 순행하는 무제를 시종侍從하였고 파·촉 땅을 시찰하였으며, 『태초력』을 편찬하는 등, 궁정 관료로서 부여된 일 모두에 성실하게 임했고 일마다 성과를 올려 그 책임을 다하였다.

하지만 이릉 사건으로 끔찍한 형벌을 받아 불구의 몸이 되고서는, 현세에서의 출세 영달을 바라는 마음이 사라졌다. 분명히 사마천은 중서령이 되었다. 이천 석의 녹봉을 받는 고관이다. 천자의 측근에서 궁정의 기밀 문서 일체를 관할하는 비서장의 귀한 몸이다. 그가 벌을 받아 궁형에 처해졌을 때 돌아보지도 않던 무리들이 천자에게 접근하고자 이따금 사마천에게 접근해왔다. 그토록 높은 중서령의 지위에 있으면서도 사마천은 울적한 마음을 위안받지 못하였다. 귀한 몸이라고는 하지만 환관이다. 환관이라는 낙인은 죽을 때까지 사라질 수 없는 것이다. 어떻게 보면 그것이 출세로 여겨질지 몰라도, 이미 사마천으로서는 아무 관심도 없었다.

　직무 중에 여가가 생기면 『사기』의 완성을 향하여 심혈을 기울였다. 한번 깊은 절망의 늪에 떨어진 인간이 살아 있다는 증거를 세울 수 있는 일이라고는 『사기』의 완성을 제외하고는 달리 남아 있지 않았다. 현세에서 받은 치욕과 오명을, 설령 그것이 사후의 일이 된다 하여도, 언젠가 씻기 위하여 사마천은 그 의지의 모든 것을 『사기』의 저술에 걸었다. 그런 의미에서 『사기』는 절망의 책인 동시에 명예 회복의 책이었다.

　『사기』를 다 저술하고 나서 그 권말에 더하고자, 자서전에 해당하는 「태사공자서」의 붓을 든 사마천은 "정본正本은 명산에 비장하고 부본副本은 서울에 두어 후세의 성인 군자를 기다리고자 한다"라고 맺었다. 이러한 발언은 「임안에게 부친 서한」에도 있다. "정말로 만일 이 역사서를 완성하여 이것을 명산에 비장해서 영원히 전하고, 또 이것을 사람들에게 전하여 천하의 대도시에 유포하는 일이 가능하다면, 그때야말로 내가 받았던 치욕은 보상받는 것입니다. 그렇게 된다면, 아무리 이 몸이 여덟으로 찢긴다 하여도 결코 후회할 일은 없을 것입니다"라고 한 것이 그것이다. 이것으로 보면 「임안에게 부친 서한」을 쓴 정화 2년(기원전 91년), 사마천이 쉰다섯 살이었을 때에는 아직 『사기』가 완성되지 않았던 듯하다.

　한편 「태사공자서」에는 『사기』 전체의 편수가 대략 130편 52만 6천 5백 자라고 헤아려져 있는 것을 보면, 「태사공자서」를 쓴 정화 3년(기원전 90년)에는 『사기』가 거의 완성되었다고 볼 수 있다.

　사마천이 태사령에 올라 『태초력』의 편찬을 마친 태초 원년(기원전 104년)에 『사기』의 집필이 시작되었다고 본다면, 그것이 완성을 보기까지 십사 년의 세월을 필요로 한 것이 된다. 더 나아가 천하 유력의 여행길에 나서서 역사 자료의 수집과 현장 답사를 하였던 스무 살부터 이미 준비되어 있었다고 본다면, 사마천은『사기』의 저술에 실로 삼십칠 년의 긴 시간을 쏟아부었던 것이 된다.

진실로 사마천의 생애는『사기』와 더불어 존재하였으며,『사기』가 그 생애의 전부였다고 말할 수 있으리라.

『사기』의「흉노열전」을 보면 정화 3년에 흉노 정벌의 임무를 맡았던 이사장군 이광리가 흉노에게 패하여 투항하였다는 기록이 있다. 왕국유의「태사공행년고」는 이것이 사마천 스스로가 적어둔 기록 가운데 가장 새로운 것이라고 본다. 그렇다면 이 해까지 사마천은 확실히 살아 있었던 것이 된다. 그때에 사마천은 쉰여섯 살,『사기』를 더 완벽한 역사서로 만들기 위하여 여전히 지칠 줄 모르고 가필하고 보정하였던 사실을 알 수가 있다.

사마천이 언제 죽었는가, 지금은 그것을 알 길이 없다. 궁형을 당하고서부터 많은 환관이 예외없이 그러하듯이, 눈에 띌 만큼 육체적 상태는 바뀌어갔으리라. 여성적인 목소리로 이야기하게 되고, 수염이 옅어지고 뚱뚱해졌다가는, 어느 때엔가 쭈글쭈글하고 주름투성이의 추한 모습을 드러내면서 죽어갔으리라.

살아 있는 사마천에 대한 현실의 타격은 무어라 말할 수 없이 참혹한 것이었다. 잔혹무참하였다. 이릉 사건에서 사마천에게 사형선고를 내렸던 무제는 환관이 된 사마천을 중서령에 임명하여 측근에 두고서 그에게 궁정의 중요 문서를 처리하게 하였다. 자기 편리한 대로 무슨 짓이든 일삼는 황제란 이다지도 형편없이 무신경하였나 생각될 정도이다. 그러한 무제를 사마천이 죽을 때까지 증오하지 않았다고 누가 말할 수 있으랴. 무제가 흉노 정책의 과실을 반성하면서 신선이 되고자 한 바람도 헛되이 일흔세 살로 죽은 것은, 『사기』가 완성된 정화 3년에서 이 년도 채 지나지 않은 때였다.

기구하기 짝이 없는 운명에 농락당한 사마천은 필경 원통하였으리라. 『사기』를 완성함으로써 부친 사마담의 유언을 완수하였다는 안도감은 있었으나, 과연 어느 때에 『사기』가 세상에서 인정받아 사람들의 갈채를 받고 자신의 이름을 영원히 전하여 후세의 청사에 새길 수가 있을까. 모든 것은 미지수였다. 그 불안과 초조는 사마천이 눈을 감는 날까지 계속되었음에 틀림없다.

하지만 분명히 사마천의 희망대로 『사기』는 남았다. 영원한 생명을 지닌 고전으로서 『사기』는 사마천의 이름을 청사 위에 새겼다. 현세에서는 아무리 해도 뛰어넘을 수 없었던 무제의 존재조차 희미하게 할 정도로 광휘를 내뿜으면서, 사마천은 『사기』와 더불어 지금도 여전히 살아 있다.

司馬氏 家系譜	戰國時代(秦)	秦王朝	漢王朝
	錯 ― 蘄 ― □ ― 昌 ― 毋懌 ― 喜 ― 談 ― 遷 ― 女 　　　　　　　　　　　　　　　├― 楊惲 　　　　　　　　　　　　　　　楊敞		

『사기』의 말과 인간 군상

천도는 옳은가 그른가 / 주지육림
—백이·숙제와 은나라 주왕

『사기』 열전편의 전체 칠십 편 가운데 가장 처음에 등장하는 것은 백이伯夷·숙제叔齊 형제의 전기이다.

백이·숙제가 은주殷周 혁명기의 사람이라고 하는 사실은 알려져 있으나, 『논어』 속에서 공자가 그들의 삶을 비평하고 있을 뿐, 이 형제의 인물과 사적에 관한 공식적인 기록은 전혀 남아 있지 않다. 사마천의 시대에도 사정은 거의 같았다고 생각된다. 『사기』의 「백이열전伯夷列傳」은 사마천 자신이 지방에서 수집한 구비 전설 따위에 근거하여 정리한 것이다.

백이와 숙제는 고죽孤竹이라는 나라의 군주의 아들들이었다. 부친 고죽군孤竹君은 일찍부터 막내인 숙제에게 왕위를 넘기려고 생각해왔다. 고죽군이 죽자 숙제는 큰형 백이에게 왕위를 양보하였으나, 백이는 그렇게 하면 부친의 명에 위배된다고 하여 나라를 떠나 행방을 감추었다. 숙제도 형을 두고서는 왕위에 오를 수 없다고 하여, 역시 백이의 뒤를 좇아 모국을 떠났다. 어쩔 수 없이 고죽국에서는 남아 있던 또 한 사람의 아우를 왕으로 세웠다.

왕위를 둘러싸고 골육상잔하는 이야기는 수없이 많지만, 형제가 왕위를 서로 양보하여 일절 영예와 이익에 집착하지 않았던 결백함을 「백이열전」은 간결하고도 힘차게 묘사해내었다.

그런데 백이 형제가 고국을 떠난 뒤에 몸을 맡긴 곳은 노인을 잘 보호한다고 해서 평판이 높았던 제후 서백창西伯昌의 영지였다. 그가 곧 주나라의 문왕이다. 그런데 형제가 이르러 보니 서백창은 이미 죽었고 그 아들 무왕이 군주의 자리를 계승해 있었다.

당시 주나라는 아직 은나라 주왕紂王의 지배 아래 있는 제후의 나라 가운데 하나에 불과하였다.

『사기』의 「은본기殷本記」에 따르면, 주왕은 "대단히 영민하고 재능도 뛰어난" 천자였으나 인덕이 부족한 탓에 남들보다 뛰어난 능력도 그저 악용하여 폭군이 되고 말았다. 특히 달기妲己라는 음탕한 여자에게 빠져 '주지육림酒池肉林'의 연회를 열어 술과 음락淫樂의 나날을 보냈다.

술로 못을 이루고 고기를 매달아 수풀을 이루어, 남녀로 하여금 벌거벗고 그 사이를 서로 쫓게 하여, 긴 밤을 음주로 지샜다.

이것이 '주지육림'이란 말이 나오는 고사이다. 이 때문에 수탈의 희생이 된 은나라 백성들은 원한을 품었고, 제후들 가운데서도 배반하는 자가 나왔다. 주왕은 그들을 붙잡아 잔혹한 형벌에 처하였다. 가로누운 청동 기둥에 기름을 바르고 그 아래에 탄불을 이글이글 피워, 죄인이 청동 기둥 위를 건너다가 미끄러져 타 죽게 하였다. 이른바 '포락炮烙의 형벌'이다.

주왕의 포학함은 이것으로 끝난 것이 아니었다. 당시 은나라의 정무 담당 대신은 구후九侯와 악후鄂侯, 그리고 서백창 세 사람이었다. 구후에게 아름다운 딸이 있어 주왕의 여자가 되었으나, 그 딸이

음란함을 좋아하지 않는다는 이유로, 주왕은 노하여 그녀를 죽였을
뿐 아니라, 부친인 구후까지 살해하여 그 고기를 소금에 절였다. 악
후가 이를 비판하자 주왕은 그를 죽여 이번에는 마른 고기로 만들
었다. 서백창도 이 포학한 짓을 개탄하였다고 해서 유리羑里에 유폐
되었다. 그러나 서백창은 재물과 미녀를 헌상하여 난국을 벗어난
다. 그 후 서백창은 본국으로 돌아가서 덕을 닦고 선행을 행하였으
므로, 제후와 백성들의 신망을 차츰 모으게 되었다.

왕자 비간比干은 조카 주왕의 음락이 한없이 더해감을 보고 감히
주왕에게 직간하였으나, 주왕은 "성인의 심장에는 일곱 개의 구명
이 있다지"라고 시치미 떼면서 숙부 비간을 죽이고 그 심장을 열어
보았다. 여기에 이르러 제후와 백성들의 마음은 완전히 주왕에게서
떠났다. 서백창의 아들 주나라 무왕은 마침내 제후를 이끌고 주왕
을 토벌하여 은나라를 멸망시켰다. 이것이 이른바 은주 혁명이다.

중국의 유교 사상에는 본래 혁명의 사상이 존재하였다. 혁명의
방법에는 두 가지가 있는데, 하나는 선양禪讓의 방식이고 하나는 방
벌放伐의 방식이다. 선양에 대하여 사마천은 「백이열전」에서 이렇게
적었다. "요 임금은 은퇴하고자 하여 제위를 우순虞舜에게 양보하였
다. 순 임금이 우禹에게 제위를 양보하였을 때는 악목岳牧 등의 대관
들이 한결같이 추천하였으므로, 순 임금은 시험삼아 우를 등용하여
수십 년 간 일을 시켜 훌륭한 성적을 올린 것을 보고 그 뒤에 제위
를 양보하였다. 이것이야말로 천하는 중기重器이고 왕자王者는 대통
大統이어서, 제위를 타인에게 양도하는 일을 얼마나 어려운 일로 여
겼는지 잘 말해준다." 제위를 세습의 사유물로 삼지 않고 요 임금이
순에게, 순 임금이 우에게 제위를 양도하였듯이, 중망이 두터운 어
진 이에게 대단히 중요한 보물인 천하의 정치를 맡기는 방식이 선

양이다. '하늘의 명天命'을 받아서 하늘을 대신하여 이 지상을 통치하는 것이 천자이다. 따라서 '하늘의 명'에 위배되는 잘못된 정치를 행하는 천자는 이미 천자의 이름에 값할 수 없다. 덕을 잃고 악정을 하는 천자는 '하늘의 명'을 체현할 수 없는 자이기에, 그런 자를 무력으로 토벌해서 멸하고 '하늘의 명을 바꾸는' 혁명의 방식이 방벌이다. 선양이 평화 혁명의 방식이라면, 방벌은 무력 혁명의 방식이다.

주나라 무왕이 은나라의 주왕을 토벌한 것은 바로 방벌에 의한 혁명이었다. 이 무왕이 문왕의 위패를 손에 잡고 제후를 인솔하여 주왕을 토벌하고자 대군을 출정시키려 하는 곳에 달려와서, "이제까지 은나라에 벼슬 살던 신하의 신분으로서 군주를 죽이고자 하시는 것은 도리에 위배되는 것이 아닙니까"라고 무왕의 말고삐를 붙잡고 간언한 이들이 백이와 숙제였다. 무왕은 그것을 뿌리치고 은나라 주왕을 토벌하여 멸하였다. 이렇게 해서 천하를 주나라의 소유로 삼았으나, 백이 형제는 주나라를 인정하지 않았을 뿐 아니라 주나라의 곡식을 먹는 것을 깨끗하다고 여기지 않아 수양산首陽山에 숨어서 고사리를 캐 먹으며 목숨을 연명하다가, 마침내 굶어 죽고 말았다. 백이 형제는 굶어 죽기 직전에 세상을 하직하는 노래를 남겼는데, 『사기』의 「백이열전」은 이것을 수집하여 아래와 같이 기록해두었다.

저 서산西山에 올라 고사리를 캐노라
폭력으로 폭력의 상황을 바꾸면서도 그 잘못을 몰라라
신농神農과 우虞·하夏*의 시절은 홀연히 지나갔나니, 나는 어디로 돌아가랴

아아 이제는 가리라 우리의 운명도 쇠하였구나

* 신농과 우(순 임금)와 하(우 임금)는 고대의 성스런 세 천자.

공자가 백이 형제를 두고 "인仁을 구하여 인을 달성하고 죽어갔
으므로 세상을 원망하는 일이 없었다"라고 말하였지만, 이 하직의
노래를 읽고 사마천은 의문이 들었다. 그렇지 않다. 이것은 원망의
마음을 담은 시라고 보아야 한다는 것이 사마천의 솔직한 감상이었
다. 그렇다고 한다면 "천도天道는 편애하는 일 없이 늘상 착한 사람
을 돕는다"고들 말하지만, 백이·숙제처럼 착한 사람들이 굶어 죽
고 만 것은 어째서인가. 공자가 칠십 명의 제자들 가운데 가장 학문
을 좋아하는 자라고 칭찬해 마지않았던 안연顔淵이, 언제나 쌀독이
비어서 기울이나 쭉정이만 먹다 영양 실조에 걸려 가난 속에 요절
하고 말았던 것은 어째서인가. 이것을 두고도 천도가 착한 사람 편
이라고 말할 수 있을까. 도적의 두목이었던 도척盜蹠이 죄 없는 사
람들을 매일같이 죽이고 인육을 먹으며 수천 명의 도당을 조직하여
한없이 나쁜 짓을 저질렀음에도 불구하고 천수를 누린 것은 커다란
모순이 아닌가. 천도가 존재한다고 한다면, 천도는 잘못되어 있는
것이 아닌가. 사마천은 터져나오는 의문을 차례차례로 던지면서,
역사가 진행될수록 그러한 사태가 더욱 심해졌다고 생각하였다. 행
실이 궤도에서 벗어나고 잔혹한 짓을 태연히 자행하는 악인은 죽을
때까지 즐기고, 그 자손들은 많은 유산으로 몇 대나 안락하게 살고
있는 예는 근세에 수없이 이어진다. 그것에 비하여 바르지 않은 일
을 아주 싫어하고 올곧게 대도를 걸어나갔던 인물들이 비운의 죽음
을 맞은 예는 수없이 많다. 그렇다면 과연 어디에 천도가 존재하는

가라는 생각이 드는 것은 당연하지 않은가. 여기서 마침내 "천도는 옳은가 그른가"라는 말이 사마천의 입에서 나온 것이다.

　　나는 정말 의문이 든다. 이른바 천도는 옳은가 그른가.

　　젊은 날에 사마천은 동중서에게서 춘추 공양학을 배움으로써 역사 철학을 익혔다. 스승은 천인상관설天人相關說을 제창하여 천도의 존재를 명확하게 사마천에게 가르쳤다. 사마천이 이것에 의문을 품게 된 것은 아마도 궁형을 당하면서부터이리라. "갈 만한 곳을 골라서 가고 말할 만한 때를 기다려 말하며 길을 갈 때는 작은 길로 가지 않고 공명정대한 일이 아니면 분발해서 하지 않는다. 그런데도 재앙을 당하는 사람이 헤아릴 수 없을 만큼 많아라."(「백이열전」) 이렇게 말하는 사마천도 재앙을 만나 비운의 죽음에 맞닥뜨렸다. 죽음만은 피할 수 있었으나 추접스러운 환관이라는 오명을 입고 살아서 수치를 드러내지 않으면 안되었다. 그런 만큼 백이·숙제의 삶을 두고 "인을 구하여 인을 얻은" 것이어서 현실에 대하여 원망하는 바가 없었다고 한 공자의 말에는 강하게 반발하지 않을 수 없었다. 평소에 늘상 존경하였던 공자의 언설이기는 하지만 이것만큼은 납득할 수 없었다. 왜냐하면 백이·숙제가 수양산에 들어가 굶어 죽었다고 하는 결정적인 사실이 공자의 말에는 빠져 있었기 때문이다.

　　당나라 때 한유는 「백이론伯夷論」을 저술하여, 그 순수 일변도의 결백한 행동 속에서 '무리에 기대지 않고 소신 있게 행동한다'는, 이른바 독립특행獨立特行의 일관성을 발견하여 아낌없는 찬사를 보내었다. 그보다 앞서 사마천도 우직하다고 할 만큼 자기를 지켜 양보하지 않았던 백이·숙제의 치열한 정신 자세에 경탄하지 않을 수 없었다. 인간이란 이러하지 않으면 안된다. 「백이열전」은 바로 이러한 관점에서 서술되었다.

　다만 백이·숙제도 안연도 모두 다행히 공자 같은 성인의 칭송을 받아 이 세상에 불후의 이름을 남길 수 있었다. 그러나 시세에 부합하지 않은 까닭에 세상 한 구석의 암혈巖穴에 매몰되어 그 이름이 영원히 잊혀지고 만 어진 이가 또 얼마나 많은가. 궁형을 만나 천도의 존재에 의문을 던진 사마천은 그 스스로가 역사서가 되어서, 그렇게 잊혀지고 말았던 사람들의 원한과 슬픔에 답하고자 하였다.

　사마천이 『사기』의 열전 칠십 편을 저술한 것은, 그냥 이대로는 영원히 매몰되어갈 사람들을 막힌 골짜기에서 자신의 붓으로 구해내어, 후세에 그 이름을 불후의 것으로 전하겠다는 바람에서 나온 것이었다. 「백이열전」이 『사기』 열전편의 권두를 장식하고 있는 이유는 여기에 있었다.

관포의 사귐

──관중과 포숙아

　　춘추 시대의 대국이라고 하면 지금의 산동성 전역을 지배하였던 제齊나라를 제일로 꼽지 않을 수 없다. 제나라가 전성기를 맞이한 것은 환공桓公이 다스린 때이다. 이 환공을 보좌한 재상이 관중管仲이다. 그는 관이오管夷吾라고도 불리는데, 영수潁水 부근에서 태어났다는 점은 알려져 있으나, 그 출신은 전혀 알 수가 없다. 그때까지 동방의 외딴 지역의 한 제후에 지나지 않았던 환공이 당시 열국의 패자인 초楚·송宋을 비롯한 제후들을 회의에 소집하고 사양길로 접어든 주 왕조를 대신하여 천하를 호령할 정도로 제나라의 정치를 진작시킨 일에서 사실상의 주역은 바로 관중이었다.

　　관중은 제나라의 재상이 되자, 바다와 황하를 이용하여 활발하게 무역을 일으키고 경제력을 쌓아 부국강병의 내실을 거두었다. 그는 국내외 화폐의 유통에 유의하여 도량형을 통일하고 상업 경제를 발전시켜, 백성의 욕망과 국가 이익을 완전히 일치시키고 국고 재정을 풍부하게 하였다. 강병책의 성과는 그 자연스런 결과에 지나지 않는다.

　　관중은 『관자管子』라는 저술을 남겼는데, 그 책은 "백성이란 창고가 가득 차고 나서야 예절을 알고, 의식衣食이 풍족하고 나서야 영욕을 안다"는 견해를 전제로 삼고 있다. 백성은 국고가 충실하고 물자가 풍부해져야 예의와 절도가 어떤 것인지를 알고, 의식이 충분히 주어지고 나서야 명예와 굴욕이 어떤 것인지를 안다. 위에 있는 자가 절도를 지켜나가면, 백성 가운데서도 부모·형제·처자의 관계가 확고해지고 예禮·의義·염廉·치恥의 네 가지 도덕이 순순히 지켜진다. 그렇게 하기 위해서는 우선 경제력을 높이지 않으면 안된다. 이것이 관중의 철학이었다. 이 철학을 실행에 옮기기 위해서 관중은 법령의 포고를 알기 쉽게 하여 일반 대중의 희망을 충족시키고, 그들의 욕구가 물 흐르듯 통하기 쉽게 해서 국가 이익과 일치하는 점을 발견하려고 노력하였다. 재해가 일어나면 거기서 지혜를 얻어 복지로 전환하고, 실패가 있으면 그것을 밑거름으로 삼아 성공으로 유도해가는 방식으로, 관중은 제나라의 국력을 충실하게 하였다.

제나라는 부국강병의 내실을 다지고 나서 견융犬戎이라는 이민족을 토벌하였는데, 이민족을 지배하면서도 어진 정치를 잊지 않았다.

환공이 즉위한 지 오 년째 되던 해에 제나라는 노나라를 토벌하여 이기고, 노나라 토지의 일부를 할양받는 조건으로 강화를 맺었다. 그런데 환공이 노나라 장공莊公과 맹약하는 석상에서 노나라 장군 조말曹沫에게 비수로 위협을 받아 노나라에게서 빼앗은 토지를 돌려줄 것을 강요받자, 이것을 허락하였다. 그 직후에 환공은 비수를 버린 조말을 죽이고 노나라의 토지를 돌려준다는 약속을 없던 것으로 하려 하였으나, 관중은 그것을 만류하고 약속은 약속이라고 하여 노나라의 토지를 돌려주게 하였다. 이 조치에 의하여 제나라의 신용은 증대되었고, 다른 제후들도 일제히 제나라를 따르게 되었다. 이것은 『관자』의 "타인에게 주는 것이 실은 타인에게서 취하는 것이라는 사실을 이해함이 정치의 요체이다"라는 철학을 실천한 것이었다.

관중에게는 젊은 시절부터 포숙아鮑叔牙라는 친구가 있었다. 그 무렵 관중은 가난하여 고생을 했다. 그 때문에 종종 포숙을 속이는 짓을 하였으나, 포숙은 관중의 탁월한 재능과 식견을 인정하고 있었으므로 일절 마음에 두지 않고 관중에게 불평 한마디 내뱉지 않았다.
뒷날 관중은 포숙의 우정에 대하여 다음과 같이 술회하였다.

내가 가난하여 곤란을 겪던 시절에 포숙과 함께 장사를 한 일이 있다. 이익을 나눌 때가 되면 내가 더 많이 차지하곤 하였다. 포숙은 그렇더라도 나를 탐욕스런 놈이라고 생각하지 않았다. 내가 가난하다는 사실을 잘 알고 있었기 때문이다. 나는 또 포숙을 위해서 사업을 도모하다가 실패하여 그를 더욱 곤궁하게 한 일이 있다. 포숙은 그래도 나를 어리석은 놈이라고 생각하지 않았다. 일에 따라 유리한 때와 불리한 때가 있음을 알고 있었기 때문이다. 나는 세 번 벼슬길에 나섰다가 세 번 모두 주군에게 내쫓기고 말았다. 포숙은 나를 못난 놈이라고는 생각하지 않았다. 내가 아직 때를 만나지 못했음을 알고 있었기 때문이다. 나는 세 번 전쟁에 나가 세 번 모두 도망한 일이 있다. 포숙은 나를 겁쟁이라고는 생각하지 않았다. 내게 나이 많으신 모친이 있음을 알고 있었기 때문이다. 공자公子 규糾가 패배하였을 때 내 친구 소홀召忽은 규를 따라 죽고, 나는 붙잡혀서 욕을 당하였다. 포숙은 그래도 내가 수치를 모른다고는 여기지 않았다. 내가 사소한 의리를 지키지 못함을 수치스럽게 여기지 않고 천하에 공명을 날리지 못함을 수치스럽게 여긴다는 사실을 알고 있었기 때문이다. 나를 낳아준 분은 부모이지만 나를 알아준 사람은 확실히 포숙이다.

'관포의 사귐管鮑之交'이라는 격언은 여기서 나온 것이다. 포숙이라는 지기知己가 없이는 제나라의 재상 관중은 존재하지 않았으리라. 따라서 제나라 또한 열국 사이에서 패권을 확립할 수 없었으리라. 포숙의 우정은 위대하다고 말할 수 있다. 관중도 그 우정에 잘 보답하였다고 말할 수 있다.

사실 관중이 제나라 재상이 될 수 있었던 것은 포숙의 우정 덕분이었다. 그 실제 사정을 『사기』의 「제태공세가齊太公世家」를 통해 상세히 알아보자.

환공의 형으로 제나라의 군주가 된 양공襄公은 신하에게 자주 부당한 벌을 가하고 대신을 속이며 부인과 음락에 빠졌으므로, 양공의 아우들은 위험이 몸에 미칠까 두려워 나라를 떠났다. 바로 아래 아우인 공자 규糾는 노나라로 망명하였고, 뒷날의 환공인 그 다음 아우 공자 소백小白은 거莒라는 나라로 망명하였다. 이때 공자 규의 보좌역으로 함께 따라간 사람이 관중과 소홀이며, 소백의 후견인으로서 함께 간 사람이 포숙이다. 세 사람은 본래 친구였으나, 여기서 옷소매를 나누어 각기 다른 운명을 살게 된다.

그들이 제나라를 떠난 뒤에 양공의 사촌형 공손무지公孫無知가 양공을 시해하였고, 이어서 제나라 군주가 된 공손무지도 원한을 산 자에게 살해되었다. 제나라 사람들은 이제 누구를 군주로 세울까 토의하였으나, 대부大夫인 고씨高氏와 국씨國氏는 소백을 거나라에서 몰래 불러들여 군주로 세우려고 꾀하였다.

노나라에서도 그 사실을 알고, 공자 규에게 군대를 주어 제나라로 들어가도록 하였다. 그런 한편 노나라는 관중에게 별동대를 이끌게 하여 공자 소백이 거나라에서 제나라로 들어가는 길을 차단하게 하였다. 소백이 길에 접어들자 기다리고 있던 관중은 몸소 활시위를 당겨 소백을 쏘았다. 화살은 정확하게 소백의 허리띠 이음쇠에 명중되었다. 관중이 소백을 쏘아 죽였다고 노나라에 보고하였으므로, 공자 규는 여유 있게 제나라로 들어가기로 하였다.

그런데 소백은 죽었다고 위장하였을 뿐이지 죽은 것이 아니었다. 관중을 멋지게 속인 것이다. 소백은 시체를 싣는 온량거輼輬車를 꾸며 질풍처럼 달려서 형 규보다도 먼저 제나라에 도착했고, 기다리고 있던 고씨와 국씨는 그를 제나라의 군주로 세워 환공으로 삼았다.

환공은 즉위 후에 곧바로 형 규가 있는 노나라를 침공였다. 노나라 군대가 패주하자 환공은 노나라 군주에게 서신을 보냈다. "공자 규는 형이므로 차마 이쪽에서 죽일 수가 없으니 노나라에서 죽여주시오. 소홀과 관중은 원수이므로 두 사람은 송환하시오. 마음껏 희롱하고 나서 고기젓으로 만들고 싶소. 내 명령대로 하지 않으면 노나라를 포위하겠으니, 자 어떻게 하겠소." 노나라는 공자 규를 죽였다. 소홀은 그를 따라 자살하였다. 관중은 붙잡혀서 욕을 받겠다고 소원하였다. 그의 뻔뻔스러움이 잘 드러난다. 한창 잘나가는 환공의 자문 역에 포숙이 있다는 점을 계산한 행위였을지 모른다. 그때 제나라에서는 포숙이 환공에게, "천하의 패주霸主가 되려 한다면 관중 이외에 달리 보필의 역을 맡을 자가 없습니다. 관중이 있는 나라는 그것만으로도 권위가 있습니다. 이 인물을 잃어서는 안됩니다"라고 아뢰었다. 환공은 포숙의 의견을 받아들였다.

　이리하여 관중이 제나라의 수도 부근까지 포로의 모습으로 송환되어 오자, 포숙이 나와 그를 맞이해서 수갑과 족쇄를 풀어주고 신에게 기원하여 재액을 털어버린 뒤에 환공에게 알현시켰다. 환공은 돈독하게 예우하고 국정을 맡겼다. 포숙은 뒤에서 관중을 보좌하였을 뿐이고 결코 정치의 전면에 나서는 일이 없었다. 이 두 사람은 모두 제나라의 국정을 맡아 군대를 정비하고 물가를 조절하며, 어업과 제염업을 번성시키고, 빈궁한 백성의 생활을 윤택하게 하고, 어질고 능력 있는 지식인을 등용하는 일에 힘썼으므로, 제나라의 백성은 모두 기뻐하였다고 한다.

　당나라 시인 두보가 쓴 「빈교행貧交行」이라는 시가 있다. 이 시는 그 제목에 '행'이라고 붙인 데서 알 수 있듯이, 절구나 율시 등의 근체시近體詩는 아니다. '행'은 노래라는 정도의 의미로, 악부체樂府體라고 불리는 가요 형식의 시였다.

翻手作雲覆手雨
紛紛輕薄何須數
君不見管鮑貧時交
此道今人棄如土

손을 뒤집으면 구름, 손을 엎으면 비
분분히 경박함을 무어 헤아릴 건가
그대는 못 보았나, 가난할 때 관중과 포숙의 사귐을
이 도리를 오늘날 사람은 흙처럼 버리지

손바닥을 위로 향하든가 아래로 향하든가 하는 자그마한 동작만
으로도 곧장 구름의 방향이 바뀐다. 그렇게 들뜨고 경박한 인간이
얼마나 많은가. 저 관중과 포숙의 두터운 우정을 그대는 알고 있을
터이다. 지금 사람들은 그것을 흙덩이처럼 버리고는 돌아보려고
하지 않는다.

이 「빈교행」은 두보가 아직 젊었을 무렵, 수도 장안에 나와 벼슬
을 구하며 고생하던 시기에 지은 것이다. 사람들의 경박함을 여러
차례 접하여 인간에 대해 절망한 두보가 환기한 것이, 『사기』에 묘
사되어 있는 '관포지교'의 고사였던 것이리라.

사마천이 이릉 사건에서 황제 무고죄로 문초당하였을 때, 어느
한 사람도 그를 위해 변호하는 자가 없었다. 오십만 전을 내놓고 사
형죄를 면할 방법은 있었으나, 그 많던 친구들 가운데 누구도 그를
위해 돈을 대신 지불해주는 자가 없었다. 사마천은 『사기』의 「급·
정열전汲鄭列傳」에서, 하규下邽의 책공翟公이 한 말을 '태사공은 말한
다'라는 표현으로 시작하여 적어두었다. "처음에 책공이 법무 대신
이었던 무렵에는 문객들이 문에 가득 넘쳤다. 그가 실직하자 문 밖
에 참새 잡을 그물을 펼쳐둘 수 있을 정도로 사람들의 왕래가 뚝 끊
겼다. 책공이 복직하자 다시 문객들이 오려고 하였다. 그러자 책공
은 문에다 크게 써붙였다. '죽을 지경에 처하였다가 살아 돌아와서
비로소 사귀는 사람들의 진정한 마음을 알겠다. 부자가 되거나 가
난뱅이가 되기도 하면서 비로소 교분이 깊은지 옅은지를 알 수 있
다. 고귀해지거나 실각하기도 하면서 비로소 사귀는 사람들의 마음
속이 보이는 법이다.' 급암汲黯도 정당시鄭當時도 그렇게 생각하였으

리라. 아아, 슬픈 일이다." 사마천은 보았다. 사귀던 사람들의 마음속을. 절망 속에 짓눌려 있으면서 분명히 보았다. 그렇기에 『사기』속에서 '관포의 사귐'을 그만큼 아름답게 노래할 수가 있었던 것이다. 아아, 슬프도다.

송양의 어짊
―송나라 양공

‘송양의 어짊宋襄之仁’이라는 격언이 있다. 쓸데없는 인정을 보여서 손해를 본다고 하는 정도의 의미이다. 남을 동정하는 것은 좋지만 시기와 경우에 따라야 한다는 교훈으로 사용되는 것이 이 격언이다.

그 출전은 『한비자』와 『사기』다. 『사기』에서는 「송미자세가宋微子世家」에 나온다. ‘송양’이란 송나라의 양공襄公을 줄여 말한 것이다. 송나라는 본래 은나라의 후예가 세운 나라였다. 은나라의 주왕을 정벌하여 멸망시킨 주나라 무왕이 주왕의 아들 무경록보武庚祿父를 군주로 봉하여 은나라 제사를 존속시킨 것이 송나라였다. 지금의 산동성 일각에 있던 작은 나라다. 은나라 후예로서, 그것도 작은 나라였으므로, 다른 나라 사람들은 송나라 사람이라는 것만으로도 바보 취급하여 비하하였던 감이 있다. 이를테면 『한비자』「오두五蠹」에 수주守株의 이야기가 있다. 거기서는 옛 형세를 그대로 지켜 시세에 응하지 않는 송나라 사람이 비웃음의 대상이 된다. 춘추 전국 시대에 송나라의 농민이 나무 그루터기에 토끼가 부딪쳐서 죽은 것을 보고 나서는, 또 그런 식으로 토끼를 얻으려고 생각해서 경작을 그만두고 오로지 그루터기만 지켜보기를 삼 년 동안 하여서 세상의 웃음거리가 되었다고 하는 고사이다. 이렇게 춘추 전국 시대의 송나라 사람을 조소의 대상으로 삼은 예는 아주 많다. '송양의 어짊'도 그 가운데 하나였다.

하지만 「송미자세가」에서 사마천은 송나라 양공이 인仁의 이상을 몸소 실천에 옮긴 행위에 대하여 호의적이었다. 「송미자세가」의 끝부분에 덧붙여져 있는 '태사공은 말한다'에서 사마천은 다음과 같이 비평하고 있다.

공자는 "미자微子는 떠나고 기자箕子는 노예가 되었으며 비간比干은 간언하다가 죽었다. 은나라에 세 사람의 인자가 있었다"고 찬미하였다. 『춘추』에서는 송나라의 어지러운 정치를 비방하고 있다. 선공宣公이 태자를 폐위하고 아우를 즉위시킨 후 십 대에 걸쳐 국가는 평온하지 못하였다. 양공은 인의를 닦아 실천하여 제후의 맹주가 되고자 꾀하였다. 그래서 송나라의 대부 정고보正考父는 양공의 어진 정치를 찬미하여, 설契 · 탕왕湯王 · 고종高宗의 시기에 은나라가 흥륭興隆하던 모습을 상상하며 은나라를 칭송하는 상송商頌을 지었다. 양공은 홍수泓水의 싸움에서 패하였으나, 그럼에도 불구하고 군자들 가운데는 양공을 칭찬하는 자가 있다. 당시의 중국에 예의가 없는 것을 탄식하고 이것을 찬양한 것이다. 송나라 양공에게는 예양禮讓의 마음이 있었기 때문이다.

여기에 나오는 '홍수의 싸움'에서 '송양의 어짊'이 문제가 된다.

관중과 포숙 같은 명 재상의 보필을 받아 패주가 되어 열국 회의를 소집하고 패권을 확립한 제나라 환공이 죽자, 송나라 양공은 환공을 대신해서 제후의 회맹會盟을 주최하여 제후들을 호령하고자 하였다. 어진 정치를 베풀어서 내치의 업적을 올리고 있던 양공이, 소국의 군주라고는 하지만 자신이 품고 있던 이상주의를 높이 내걸고서 한 일이었다. 송나라가 제후의 패자가 된다는 것을 우선 초나라에게 알리고 양해를 구하였다. 환공이 없는 제나라와는 맹약이 이미 이루어져 있었다. 그때 양공의 이복 형으로 재상직에 있던 공자 목이目夷는 "송나라가 소국인 주제에 제후의 맹주가 되려고 하는 것은 재앙의 근원입니다"라고 간하였으나, 양공은 이미 초나라의 양해도 받아 강경한 태도를 굳힌 뒤였으므로, 귀담아들으려 하지 않았다.

그 다음해 여름에 송나라는 정鄭나라를 정벌하였다. 그런데 초나라가 맹약을 깨고 정나라를 도왔으므로, 양공은 초나라를 상대로 싸우려고 하였다. 이때 공자 목이가 간하여 "우리 송나라는 은나라의 후예이므로 초나라와 싸워 이길 리가 없습니다. 이미 한 번 하늘이 은나라를 버렸으므로 공연히 전쟁을 해서는 안됩니다"라고 만류하였다. 공자 목이의 의견은, 송나라는 은나라 후예의 소국이므로 그 분수를 지켜야지, 분에 넘친 짓을 해서는 안된다는 자숙설自肅說이었다.

하지만 초나라의 태도를 대의에 어긋난다고 생각한 양공은 그 해 11월, 초나라의 성왕成王과 지금의 하남성 홍수 부근에서 싸웠다. 두 군대는 홍수를 끼고 대치하였다. 이윽고 초나라 군대가 먼저 강을 건너 공격해 들어왔다. 목이가 "적은 저렇게 대군이거늘 우리 편은 아주 적습니다. 지금이라면 적의 허를 찌를 수가 있습니다. 적이 강을 다 건너지 않은 사이에 공격을 하십시오"라고 하였으나 양공은 듣지 않았다. 그렇게 해서 초나라 군대는 강을 다 건넜으나, 아직 군진이 정돈되지 못한 상황이었다. 이를 알아차린 목이가 또 진언하였다. "지금이야말로 공격할 기회입니다." 양공은 말하였다. "적이 진형을 정돈할 때까지 기다려주자." 초나라 군대가 진형을 다 갖추었다. 그것을 기다려 송나라 군대는 공격을 하였으나, 이미 때가 늦어 대패하였다. 양공도 허벅지에 부상을 입었다. 송나라 백성들은 모두 원망하였다. 그래도 양공은 인仁을 강론하여 물러서지 않았다. "군자 된 사람은 남이 곤란한 처지에 있을 때는 괴롭힌다든가 하지 않는 법이다. 그러므로 초나라의 군대가 진형을 다 갖추지 않은 사이에 공격 명령의 큰북을 울리지 않은 것이다." 이것이 '송양의 어짊'이라는 고사이다.

사마천은 이 '송양의 어짊'에 대해 비판하는 말을 공자 목이로 하여금 대신하게 하고 있다. "싸울 바에는 이기는 것이 전부입니다. 평상시의 윤리를 강론한다 해도 아무것도 되지 않습니다. 우리 양공의 말씀대로 하다가는 노예가 되어 적을 위해 일하게 될 뿐입니다. 전쟁 따위는 할 필요도 없습니다." 이것은 바로 전쟁에 내몰렸던 백성들의 목소리이기도 하였다.

이미 한비자도 '송양의 어짊'을 부정하면서, 그것은 군주가 스스로 인의를 실행하고 싶어한 데서 생겨난 비극이라고 말하였다. 양공은 홍수의 전쟁에서 입은 허벅지의 상처로 그 다음해에 죽는다. 비극은 한 군주의 죽음으로 그치지 않고, 송나라에 수많은 전사자를 내었다. 한비자의 비판도 목이의 비난도 수긍할 만한 의견이다. 정의란, 인이란, 그것을 실행하기 위해 얼마나 엄중한 상황 인식을 필요로 하는가를 이 '송양의 어짊'은 가르쳐주고 있다.

하지만 사마천이 젊은 날에 동중서에게 가르침을 받은 춘추 공양학의 해석만은, "큰일에 임해서도 인仁의 대례大禮를 잊지 않았다"

고 송나라 양공을 격찬하였다. 사마천도 춘추 공양학의 영향 아래 있었던 것일까. 그는 송나라 양공의 행위에서 예양禮讓의 마음을 인정하는 입장을 취하고 있다. 이것은 춘추 공양학의 해석이라 하기보다는, 「백이열전」에서 그러하였듯이 이상주의를 관철한 정신의 귀족에 대한 사마천의 뜨거운 공감에서 나온 것이라고 나는 생각하고 싶다. 역사적으로 볼 때 '송양의 어짊'이 행해졌던 춘추 시대에는 자신의 이상을 굳건하게 지키고자 하는 정신의 귀족이 아직 존재하고 있었다. 그 이후 전국 시대와 진한 시대의 동란 속에서 이러한 삶의 방식이 완전히 내팽개쳐졌다는 사실을 사마천은 아픔을 느낄 정도로 잘 알고 있었던 것이리라.

날지도 않고 울지도 않고 / 세발솥의 무게를 묻다
——초나라 장왕

'날지도 않고 울지도 않고不飛又不鳴'라는 말이 있다. 『사기』의 「초세가楚世家」에 나오는 말로, 진지하게 노력하고는 있으나 그 노력에 비해서 이렇다 할 성과가 없어 그다지 신통치 못한 상태에 있는 것을 가리킬 때 사용된다.

그런데 『사기』의 「초세가」에서 이 말을 직접 찾아보면, '날지도 않고 울지도 않고'의 의미는 일반적으로 사용되고 있는 뉘앙스와는 상당히 다르다. "언덕 위에 새가 있어 삼 년 동안 날지도 않고 울지도 않고 있다"는 것은 장래 대사업을 수행하기 위해서 꼼짝도 하지 않고 주위의 상황을 눈여겨보고 있다는 의미이다.

춘추 시대 강국의 하나인 초나라에서는 목왕穆王의 대를 이어서 그 아들 여呂가 초왕이 되었다. 이 사람을 장왕莊王이라고 한다. 장왕은 즉위 후 삼 년 동안 명령 한 번 내리지 않고 밤낮 향락에 젖어 국사는 일절 돌아보지 않았다. 그뿐인가, 온 나라 안에 포고를 내려 "감히 초왕인 나에게 간하는 자가 있으면 결코 용서하지 않겠다"고 하는 판국이어서, 전혀 손댈 수 없는 양상이었다.

그런데 오거伍擧라는 사람이 있어, 장왕의 행동이 너무 지나치다고 생각하여 보다 못해 간하고자 궁중에 들어갔는데, 이때 장왕은 왼팔에는 정나라의 여인을, 오른팔에는 월나라 여인을 끼고서 종과 큰북을 쳐대면서 한창 유희 중이었다.

이런 판국에 직접 간언하는 것은 효과가 없으리라고 판단한 오거는 유희판에 걸맞게 장왕에게 수수께끼를 내어 완곡하게 간하기로 하였다.

"언덕 위에 새가 있어 삼 년 동안 날지도 않고 울지도 않고 있는데, 이것은 어떤 새일까요."

장왕은 두 팔에 여자들을 낀 채로 답하였다.

"삼 년 동안 날지 않았지만 날면 그 새는 하늘까지 오를 것이다. 삼 년 동안 울지 않았지만 울면 그 새는 사람을 놀라게 할 것이다. 오거야 물러가라. 나는 알고 있다."

하지만 그로부터 몇 개월이 지나도 장왕의 음탕한 유희는 극에 달할 뿐이고, 그칠 조짐이 전혀 없었다.

그래서 이번에는 초나라의 대부로 있던 소종蘇從이라는 사람이 궁중에 들어가 간언하기로 하였다. 애당초 죽음은 각오한 터였다. 소종이 음탕한 유희를 중지하라고 직간하자, 장왕은 "너는 내가 내렸던 포고를 모르는가"라고 말하였다. 소종은 굴하지 않고, "그것은 잘 알고 있으나 제 한 몸 죽더라도 주군을 현명하게 만들고 싶은 것이 저의 소망입니다"라고 답하여, 한걸음도 물러서지 않는 기백을 보였다.

장왕은 어쩐 일인지 이때를 끝으로 음탕한 유희를 뚝 끊고 국정에 몰두하기 시작하였다. 수백 명을 죽이고 새로 수백 명을 등용하였다. 특히 오거와 소종을 발탁하여 정치의 요직에 두고 대담한 정치 개혁에 착수하였다. 오거를 향하여 "물러가라, 나는 알고 있다"라고 말한 그대로, 삼 년 하고도 수 개월 동안 장왕은 그저 유희에만 빠져 있었던 것이 결코 아니었다.

일부러 마음에도 없는 포고를 내린 것도 신하의 본심을 관찰하기 위한 방책으로, 진정한 충신이 나타나기를 기다리고 있었던 것이다. 거기에 응하였던 것이 오거와 소종이었다.

장왕의 정치 개혁은 성공하였다. 백성들은 이를 환영하였다. 국내가 정비되자 장왕은 용庸나라를 멸망시키고 송나라를 정벌하여 일약 춘추 시대의 강국으로 뛰어올라 패권을 확립하였다. '날지도 않고 울지도 않은' 삼 년 간은 패왕이 되어 대사업을 완수하기 위한 자복雌伏의 기간이었다. 장왕에게 삼 년 간의 유희는 대망을 실현하기 위해 필요한 방책이었던 것이다.

장왕은 즉위 후 8년에, 그 무렵 낙양의 서남방에 있던 호胡를 정벌하였다. 당시에 낙양은 주나라의 도읍이었다. 장왕은 초나라 병사를 낙양 교외에서 사열하고 패업을 이룬 제후로서의 위풍을 보였다. 주나라 정왕定王은 명목상으로는 제후보다 위에 있는 천자였으나, 이미 천자로서의 힘을 상실한 상태였다. 그 때문에 정왕은 대부 왕손만王孫滿에게 명하여 장왕의 수고를 위로하도록 하였다.

초왕은 왕손만과 회견한 자리에서 하나라와 은나라의 왕실을 거쳐 주나라 왕실에 계승되어온, 이른바 천자의 상징이라고 말할 수 있는 신기神器인 세발솥鼎의 크기와 무게를 물었다. 세발솥은 발이 세 개에 귀가 둘인 금속제의 솥인데, 주 왕실에 전해온 아홉 개의 세발솥九鼎은 천하의 보물로 일컬어져왔다.

초나라로서는 아홉 개의 솥 정도는 창 끝의 조각을 모으기만 해도 만들 수 있다는 자부심이 장왕에게 있었다. 실력도 없는 주제에 세발솥이라는 신기에 의지해서 가까스로 천자의 권위를 지키고 있는 주왕의 간담을 서늘하게 해주겠다는 기백이 장왕에게 있었다.

그래서 장왕은 솥의 크기와 무게를 물어, 주나라 왕조의 권위에 정면으로 도전하였다.

이것이 이른바 '권위 있는 자를 깔보고 그 실력의 정도를 묻는다'는 의미를 지닌, 저 유명한 '세발솥의 무게를 묻는다問鼎之輕重'는 말의 고사이다.

이 장왕의 질문에 대한 왕손만의 답변은 이러했다.

"솥은 작아도 무거워 다른 데로 옮길 수가 없습니다. 왕의 덕이 도리에 어둡고 사악하다면, 솥은 커도 가벼워서 어디에라도 옮길 수가 있습니다. 이것은 하늘이 명하는 바입니다. 주나라의 덕이 쇠미했다고는 하여도 천명은 아직 바뀌지 않았습니다. 아직 솥의 무게를 물을 시기가 아닙니다."

이렇게 답하여 장왕의 도전에 응수하였던 왕손만의 태도에는 의연한 면이 있었다. 그것을 간파한 장왕은 초나라로 군사를 되돌렸다고 한다.

『사기』의 「초세가」에 묘사된 장왕은 시비 선악의 도리, 인정의 기미에 밝은 인물로, 춘추 시대에 주 왕실을 대신하여 천하의 제후들에게 호령하는 패업을 이룬 제후에 걸맞은 이상과 대의, 어짊과 겸양의 마음을 갖추고 있었다.

장왕은 즉위 16년에 진陳나라를 정벌하였다. 진나라의 군주를 신하인 하징서夏徵舒가 살해하였다는 것이 이유였다. 하징서를 주살한 장왕은 진나라를 초나라에 편입시켜 현으로 삼았다. 장왕의 군신은 모두 축사를 하였으나, 한 사람 신숙시申叔時만은 축사를 하지 않았으므로, 장왕이 그 이유를 물었다.

이때 신숙시는 이렇게 답하였다.

"속담에 '소를 끌고 남의 밭을 지나는데, 밭 주인이 소를 빼앗는다牽牛徑人田, 田主取其牛'고 합니다. 남의 밭을 통과하는 것도 좋은 짓이 아니지만, 밭 주인이 소를 빼앗는 것도 가혹한 짓이지, 올바른 일이라고 말할 수 없습니다. 지금 진나라에 하징서의 난이 있었으므로, 왕께서는 제후를 이끌고 정벌을 하셨습니다. 이것은 의義로써 진나라를 정벌하신 것입니다. 그렇거늘 진나라를 욕심내어 초나라의 한 현으로 삼으셨으니, 이후로 어떻게 왕께서 천하의 제후에게 호령하실 수 있겠습니까."

장왕은 신숙시가 무슨 말을 하는지 납득하고서, 즉각 진나라를 부흥시키고 그 후사後嗣를 세웠다.

다음해 장왕은 정鄭나라를 포위하였다. 삼 개월 뒤에 승리하여 정나라에 입성하였다. 정나라 왕 양공襄公은 윗옷을 벗고 양을 끌고 신하가 되겠다는 뜻을 표시하며 장왕을 영접하였다. "이것은 오로지 저의 죄입니다. 싸워 패배한 지금은 군왕의 어떠한 명령도 순종하여 받아들이겠습니다." 이에 초나라 군신은 모두 정나라 왕을 용서하지 말라고 하였다. 하지만 장왕은 "남에게 자신을 낮출 수 있는 군주는 반드시 백성을 신뢰하여 정치를 펼 수가 있을 것이다. 이런 군주의 나라를 어찌 멸망시킬 수가 있겠는가"라고 말하고, 스스로 깃발을 손에 잡고 좌우로 군대를 불러서 군사를 거두어 삼십 리까지 퇴각시켜 정나라와 예의를 다하여 화평을 맺었다.

장왕 20년에 초나라 군대는 송宋나라를 포위하였다. 초나라 사신을 송나라가 죽였기 때문이다. 오 개월 동안이나 포위 상태가 계속되었으므로 송나라 도성 안의 식량은 바닥이 났다. 송나라의 화원華元은 밤중에 몰래 성 밖으로 나가 초나라 장군 자반子反과 만나 성안의 상황을 있는 그대로 말하였다. 자반은 이를 장왕에게 보고하였다. 장왕이 물었다. "적의 성 안은 어떤 상황인가." 자반이 "땔나무 대신에 죽은 사람의 뼈를 부수어 먹을 것을 끓이고, 서로 아이들을 맞바꾸어 죽여서 먹고 있다고 합니다"라고 답하였다. 장왕은 "참으로 정직한 자로구나" 하며 화원이 실상을 보고한 점을 칭송하였다. 그리고 송나라를 용서하여 포위를 풀고 초나라로 퇴각하였다.

사마천은 『사기』 「초세가」의 논찬論贊에서 장왕에 대해 아무 논평도 하지 않았으나, 사마천이 기록한 장왕의 언동에서는 춘추 초기에 아직 존재하고 있던 인의仁義를 존중하는 이상주의의 전형을 보는 느낌이 있다. 춘추 말기부터 전국 시대에 걸쳐서는 정의와 인애의 이념에 근거하여 행동하는 이런 패자의 모습을 찾는 일이 어렵게 된다. 악랄한 현실주의가 횡행하여 신의마저 흥정의 도구로 이용되는 시대가 도래한다.

『사기』의 「초세가」만이 아니라 「송미자세가」와 「정세가鄭世家」를 참조하더라도, 초나라의 장왕에 관한 한 어느 경우나 호의적인 기록밖에 발견할 수 없다. 춘추 시대 초기라고는 해도 이미 먹느냐 먹히느냐 하는 국권 쟁탈전이 격렬하게 전개되는 정치적 계절이었지만, 아직은 신의를 따지는 좋은 시대였다. 아마도 사마천은 초나라 장왕에게서 이상적인 패자의 한 조건을 읽어내었던 것이리라.

사마천이 장왕에게서 본 패자의 조건이란 무엇인가. 그것은 '날지도 않고 울지도 않고'에서 보여준 백성들에게 환영받는 정치 개혁의 실행력, '세발솥의 무게를 묻는' 데서 나타난 권위에 대한 도전, 약자에 대한 동정과 관용의 정신이었다고 보아도 틀림없을 것이다.

상가의 개
— 공자

공자의 모습을 두고 '상가의 개喪家之狗'라고 평하였다고 한다. 상가의 개란 집 잃은 개라는 의미이다. 의지할 집을 잃은 개는 들개이다. 공자의 모습을 보고 들개 같았다고 말한 사람이 있었다. 그것을 전해 들은 공자는 '상가의 개'란 표현은 잘 말한 것이며, 자신이 정말 그런 모습이었으리라고 스스로도 인정하였다 한다. 『사기』「공자세가孔子世家」에 나오는 이야기이다. 공자가 정나라에 갔을 때의 일로 그는 제자 일행과 떨어져 혼자서 정나라 성곽의 동문 부근에 우두커니 서 있었다. 공자의 신장은 구 척 육 촌, 오늘날로 말하면 이 미터 십 센티미터 정도의 키였으므로, 사람들은 모두 그를 '장인長人'이라고 부르며 진기하게 여겼다고 한다. 키 큰 사내가 왠지 침착하지 못한 불안한 모습으로 성곽의 동문 곁에 서 있었으므로, 싫어도 어쩔 수 없이 사람들 눈에 띄었을 것이다. 그것을 본 정나라 사람이 공자인 줄은 모르고, 제자 자공子貢에게 "상가의 개와 같다"고 말했다 한다.

동문에 한 사람이 서 있었습니다. 이마는 고대의 성천자인 요 임금과 닮았고, 목덜미는 고대의 명 사법관인 고요皐陶와 똑같으며,

어깨는 정나라의 명 재상 자산子産과 꼭 닮았습니다. 그러합니다만 허리부터 아래로는 고대 성천자인 우 임금에 세 치 정도 못 미쳤고, 피로에 지친 실의의 모습은 마치 상가의 개와 같았습니다.

자공이 정나라 사람의 말을 공자에게 그대로 고하자, 공자는 흔연히 웃으면서 "형상은 꼭 그렇다 하지 못하겠지만, 상가의 개와 비슷하다고 한 것은 아마 그러리라, 그러리라"라고 하였다고 사마천은 기록하고 있다. '형상은 꼭 그렇다 하지 못하겠지만'이란 말은 용모에 대한 비평은 어떤지 모르겠으나라는 정도의 의미. 하지만 상가의 개란 말은 정말 잘 말했다. 그 말대로다. 정말 그 말대로다. 공자는 '상가의 개'임을 자인하여, 도무지 꺼림칙하게 생각하지 않았다. 공자는 이상주의자다. 이상주의를 받아들이는 나라는 어디에도 없다. 세상은 난세다. 일국의 공리功利에 광분하는 제후에게 이상주의는 필요하지 않다. 공리주의의 입장에서 볼 때 이상주의는 적일 뿐이다. 타협을 모르는 한, 영원히 몸을 기탁할 국가는 존재하지 않는다. 한 나라에서 다른 나라로 제자의 무리를 이끌고 헤매는 이상주의자의 피로에 지치고 실의에 빠진 모습을 상징하는 말이 '상가의 개'인 것이다. 이것은 또 이상주의의 운명을 상징하는 말이기도 하였다. 공자는 이상주의자를 자인하고 있었기에 '상가의 개'라고 불려도 흔연히 웃을 수 있었다.

공자는 노魯나라의 양공 22년(기원전 551년) 10월에 창평향昌平鄕 추읍陬邑에서 태어났다. 부친 공흘孔紇은 자를 숙량叔梁이라고 하였다. 만년에 안씨의 막내딸 안징재顔徵在를 알아 그 사이에서 낳은 아들이 공자다. 임신한 안징재는 가까운 이구산尼丘山에서 사내아이가 태어나게 해달라고 기도하였다. 그 결과 태어난 사내아이의 머리 한가운데가 오목하여 그 모습이 이구산과 비슷하였으로 구丘라고 이름붙였다. 아버지와 어머니는 정식으로 결혼하지 않았으므로 공자는 사생아라고 멸시받으며 성장하였다. 공자가 세 살 때 부친이 죽자, 모친 안징재는 어린 그를 데리고 곡부曲阜로 옮겨 살았다. 사마천은 유년 시절 공자의 생활을 "가난하고 또 미천하였다"고 평하고 있다. 편모 슬하의 유복하지 못한 환경이기는 하였으나 공자는 마음을 굳게 먹고 경서經書 공부에 힘썼다. 창고의 아전이 첫 벼슬이었고, 소와 말을 치는 하급 관리를 거치면서 차츰 공적을 인정받아 노나라의 민사 담당 대신인 사공司空까지 되었다. 그러나 거기서 그의 뜻을 살릴 수가 없어 모국을 떠나게 된다. 그 이후 제나라에 가서는 배척받고, 송宋과 위衛나라에 가서는 쫓겨나고, 진陳과 채蔡 나라를 통과할 때는 재액을 만나 고통을 당했다. 결국 공자는 그를 중용하여 자신이 이상으로 삼는 왕도王道 정치를 실현해줄 제후를 만나지 못한 채 칠십삼 년에 이르는 방랑의 생애를 마감하였다.

사마천은 「태사공자서」에서 "주나라 왕실이 이미 쇠미하여 제후들은 제멋대로 행동하였다. 중니仲尼는 예禮가 폐기되고 악樂이 붕괴된 현실을 슬퍼하여, 경술經術을 수업하여 그로써 왕도를 달성하고 난세를 바로잡아 올바른 길로 돌리고, 그 문사文辭를 드러내어 천하를 위해 의법儀法을 제정하고, 육예六藝의 큰 줄기를 후세에 드리웠다"고 하였다. 공자가 문화인으로서 세운 위대한 업적을 칭송하고, 『사기』에 「공자세가」를 설정해둔 이유를 말한 것이다.

공자가 위나라로 향하였을 때, 위나라 영공靈公은 기쁘게 공자를 맞이하였다. 그러나 그때 이미 연로한 영공은 정치에 싫증이 나 있었으므로 공자를 임용하지 않았다. 위나라를 떠나면서 공자는 탄식하였다. "만일 나를 정치에 임용하는 자가 있다면 일 년 안에 기강을 펴고 정교政教를 행할 수가 있으며 삼 년 안에 성과를 거둘 수가 있거늘." 사실은 공자가 말한 그대로 성과를 올릴 수 있었을까 어떨까. 현실은 이상주의자가 생각하는 대로는 움직이지 않는 법이다. 이상주의자는 현실의 무서움을 모른다. 그래서 감히 그것을 알려고 하지 않는다. 이상주의의 아름다움과 함께, 무서움도 거기에 있다. 공자가 '상가의 개'라는 굴욕을 무릅쓰면서라도 임용任用의 도리와 실학實學을 향한 의지를 저버리지 않았던 것은, 이상이 현실과의 관련을 떠나 존재할 수 없다는 사실을 그가 뼈아플 정도로 잘 알고 있었기 때문이다.

공자의 학문은 지식의 학이 아니다. 살아 있는 학문, 구체적으로 정치 현실에 참가하는 학문, 이것이 공자의 학문이었다. 먹기 위한 학문이 아니라, 먹는 데 쓰일 수 있는 학문, 그것이 공자가 지향하는 학문이었다. "정말로 단단한 것은 아무리 갈더라도 얇아지지 않는다고 하지 않는가. 정말로 흰 것은 검은 흙에 물들어도 검어지지 않는다고 하지 않는가. 게다가 나는 한 장소에 언제까지고 매달려 있는 호박 따위가 아니다. 어찌 한 곳에 매달려 있어 식용食用으로 되지 않고 버려져야 한단 말인가." 여기서 공자는 식용이 되는, 다른 말로 하면 살아가는 일의 지혜가 되는 철학이지 않으면 안된다고 말한다.

왕도 정치의 실현이 공자의 이상인 한, 공자는 식용으로 되지 않는 호박처럼 한 곳에 매달려 있어서는 안된다. 내버려져 있어서는 안된다. 그리고 또한 이상에 사는 한에는 '상가의 개'라고 조롱받는 것은 본래부터 각오한 일이다. 하지만 이상을 품고 현실에서 그것을 실현코자 하였던 공자는 그 의지를 거의 보상받지 못한 까닭에

종종 절망하였다. 절망하였으나, 지극히 견고한 것처럼 닳아 없어
지는 일이 없고, 지극히 흰 것처럼 변색하는 일이 없었다. 높은 뜻
을 지니고 왕도 정치의 실현을 추구할 새로운 나라를 향하여 언제
끝날지도 모르는 여행을 계속하지 않으면 안되었다. 거기에 다른
사람들은 맛볼 수 없는 이상주의자의 고통과 슬픔이 있었다.

　광匡 땅의 사람이 공자를 붙잡아서 심하게 고통을 주었을 때 제자
들이 벌벌 떨고 두려워하는 가운데 공자는 의연히 잘라 말하였다.
"주나라의 문왕은 이미 돌아가셨으나 문왕이 만든 문화는 이 몸에
전하고 있는 것이 아닌가. 하늘이 문화를 멸하고자 한다면 후세에
살고 있는 나는 문화에 간여할 수가 없다. 내가 문화에 간여할 수
있었던 것은 하늘이 문화를 멸하려 하지 않았기 때문이 아닌가. 그
렇다고 한다면 이러한 나를 광 땅의 사람이 어떻게 할 수 있으랴."
이것은 수난받는 자의 말이다. 천명을 믿고 문화를 보존하며 그것
을 전하고자 하는 자가 아니고는 내뱉을 수 없는 말이다. 문화를 내
면에 보존할 수 있었던 자의 크나큰 자긍이며 유일한 자부였다.

　현실은, 공자가 살았던 현실에서는, 자국의 패권을 확립하기 위
하여 "제후들이 제멋대로 행동하고" 있었다. 그래서 현실의 문화 상
황도 "예가 폐기되고 악이 붕괴되는" 대로 내맡겨둔 상태였다. 현실
은 그런 난세였다. 난세는 공자의 이상주의, 문화주의를 배척하고
용납하지 않았다. 사마천은 공자가 몇 번이고 절망의 탄식을 하면
서도 여전히 "난세를 바로잡아 올바른 길로 되돌리려는" 이상의 횃
불을 더욱 높이 쳐들고 떠도는 모습을 집요하게 추적하였다. 그렇
게 해서 그의 전기인 「공자세가」를 서술한 것이다.

　사마천도 또한 문화의 전달자다. 천도의 존재를 의심하면서 오로
지 문화를 전하는 일에 모든 것을 걸었던 절망인이다. 죽을 병에 걸

린 공자가 문안하러 달려온 자공에게 탄식하면서 노래한 짧은 절망
의 시를 사마천은 이렇게 적어두고 있다.

太山壞乎　태산이 무너질까
梁柱摧乎　들보와 기둥이 부러질까
哲人萎乎　철인이 시들건가

태산太山은 태산泰山. 지금의 산동성에 있는 영산이다. 그것은 공
자가 품어왔던 이상이라고 생각해도 좋다. 들보와 기둥은 그 이상
을 지탱하는 의지라고 보아도 좋다. 그것이 무너지고 분쇄되려 하
고 있다. 철인인 공자는 그러한 절망 속에서 죽어간 것이다.

사마천은 공자의 전기를 세가편에 편입시켰다. 이유는 간단하다.
춘추 시대에 제후들이 추구한 것은 패권이었으나, 공자가 추구한
것은 왕도였다. 그런 의미에서 공자는 제후의 역사인 세가편 전체
에 대한 비판자였다. 비판자이므로 세가편에 기록된 제후들을 넘어
서서, 공자는 천하의 일에 간여하였다. 그러므로 사마천은 『사기』의
「공자세가」 마지막에 '태사공은 말한다' 라는 표현으로 다음과 같이
써두는 것을 잊지 않았다. "천하의 군주로부터 현자에 이르기까지
인물은 많이 있지만, 살아 있을 당시에는 영화롭더라도 죽으면 그
뿐이다. 공자는 포의布衣와 무관無冠의 몸이면서 덕을 십여 대에 걸
쳐 전하여, 학자들은 그를 종가宗家로서 우러르고 있다. 천자·왕후
를 비롯하여 중국 전역에서 육경을 말하는 자들은 모두 공부자孔夫
子를 표준으로 정하고 있다. 지극히 성스러운 분이라고 말할 수 있
다."

사마천에게 공자는 확실히 "고산高山을 우러르고 대도大道로 가는" 그런 존재였다. 도달할 수는 없어도 마음이 자연스레 향하여 가는 그런 존재였다. 더욱이 사마천은 『사기』「공자세가」에서 공자와 함께 절망하고 공자와 함께 '상가의 개'라는 비웃음을 견디며 공자와 더불어 울었던 것이다. 공자는 현세에서 받아들여지지 않고 보상받지 못하였으나, 굳게 마음먹고 힘을 내 육예의 문화를 전하고 『춘추』를 저술하는 것으로 불후의 이름을 후세에 남겼다. 사마천이 그를 닮고 싶다고 했을 때, 그의 모습은 위대한 성인으로서만이 아니라 문화의 운명에 간여하는 같은 운명으로서 더욱 절실히 자신의 마음에 뜨겁게 육박해 왔던 것이리라.

와신상담
—구천·범려와 오자서

춘추 시대 말기에 가장 치열한 전쟁을 벌인 나라는 양자강 이남에 위치해 있던 오吳와 월越 두 나라였다. 일의 발단은 오왕 합려閭廬가 서쪽에 인접한 초나라로 원정을 간 틈을 노려서 월왕 윤상允常이 오나라를 공격하여 승리를 거둔 데서 시작한다. 수 년 뒤 기원전 496년에 월왕 윤상이 죽고 아들 구천句踐이 왕위를 이은 혼란한 틈을 타서 오나라가 월나라에 대한 보복 공격에 나섰다. 그때 오나라 군대는 단숨에 월나라 수도인 회계會稽에 육박할 참이었다. 월왕 구천은 이것을 절강성의 취리檇利에서 맞아 격퇴하였다. 월나라로서도 물러날 것인가 옥쇄玉碎할 것인가 하는 운명의 갈림길이었다.

월나라는 죽음을 각오한 군사를 풀어서 맞섰다. 세 부대로 나뉜 결사대가 오나라 군대의 정면에 접근하여 일렬 횡대로 정렬하고는 오나라 군대에 인사하고 각각 자신의 목을 쳤다. 오나라 군대가 경악하고 있는 참에, 또 한 부대, 또 한 부대가 나타나 같은 행동으로 나왔다. 월나라 군사의 장렬한 죽음을 보고 오나라 군사가 완전히 넋이 빠져 있는 허를 찔러, 돌연 월나라의 본대가 달려들었다. 오나라 군대는 처참하게 도륙당하고 퇴각하지 않을 수 없었다. 정말로 기발한 기습전이었다. 이 계책을 월왕 구천에게 올린 인물은 아마도 지모가 뛰어났던 장군 범려范蠡였을 것이다.

이때 손가락에 입은 상처가 원인이 되어 죽음을 맞게 된 합려는 태자 부차夫差에게 왕위를 물려주며 말하였다. "너는 월나라 구천이 아비를 죽인 원한을 결코 잊지 마라." 부차는 복수를 맹세하였다.

부차는 부친의 유언을 따라 착착 전쟁 준비를 갖추었다. 그것을 안 구천은 선제 공격을 하기로 하였다. 그 움직임을 일찌감치 알아차린 부차는 모든 정예군을 동원하여 부초산夫椒山에서 월나라 군대를 쳐부수고 보복을 하였다.

월왕 구천은 군사 오 천과 함께 회계산에 들어가 굳게 지켰다. 오나라 군대는 이를 완전히 포위하였다. 누구의 눈에도 승패는 분명했다. 구천은 수치를 참으며 "저는 오나라의 신하가 되고, 처는 노비가 되겠습니다"라고 항복의 뜻을 전했다. 오나라 장군 오자서伍子胥가 "하늘이 월나라를 오나라에게 주시는 겁니다. 월나라를 용서해서는 안됩니다"라고 반대하였으므로, 한 번은 그 제의를 무시하였다. 그러나 월나라 대신 종種이 오나라 재상에게 뇌물을 보내어 중개를 부탁하자, 오자서가 "지금 월나라를 멸망시키지 않으면 분명히 후회하게 될 것입니다. 구천은 어진 군주이고 그 곁에는 좋은 신하인 범려와 종이 있습니다. 만일 용서하여 본국으로 돌려보낸다면 반드시 배반할 겁니다"라고 간하는 것도 듣지 않고, 부차는 마침내 포위를 풀었다.

그 뒤 구천은 '회계의 수치'를 씻기 위해 자기 몸을 괴롭히며 복수심을 키웠다. 언제나 곁에 마른 쓸개를 두고 누울 때나 일어날 때나 쳐다보고 또 핥았다. '와신상담臥薪嘗膽'의 '쓸개를 핥다'라는 '상담'의 명언은 『사기』의 「월왕구천세가」에 나온다. 월나라로 귀환한 구천이 복수를 달성하기까지 인내하는 모습을 묘사한 장면이다. 그런데 그에 앞서 오나라의 부차가 부친의 복수를 맹세하여 각이 진 장작 위에 누워서 몸을 괴롭혔다는 '와신'의 이야기는 『사기』의 어느 곳에도 적혀 있지 않다. 그것은 뒷날 『십팔사략十八史略』에서 덧붙인 말이다.

구천은 몸소 밭을 갈고 부인은 몸소 베를 짰으며, 고기를 먹지 않고 알록달록한 의복을 입지 않았다. 현자의 의견에 귀기울이고 빈민을 구제하며, 죽은 이를 조문하고 월나라 백성과 고생을 같이하였다. '와신상담'은 목적을 달성하기 위해서 몸을 괴롭히고 마음을 아프게 하여 어떠한 고생도 꾹 참아내는 것을 비유한 말이다. 이때 구천은 글자 그대로 '인忍'한 글자로 견뎌내었다.

월나라는 오나라에 대해 오로지 고분고분한 자세를 취하였다. 구천은 회계산의 수치를 참고서 쓰디쓴 쓸개를 맛보기를 칠 년이나 하였다. 구천의 은인자중隱忍自重도 한계에 이르렀다. "오나라를 정벌하여야 한다"는 목소리가 월나라 지식인과 백성들 사이에서 일어났다. 이것을 억누르고 "오왕 부차는 북상해서 제齊나라와 진晉나라를 정벌하여 패권을 장악하고자 하는 야심이 있습니다. 그 싸움에서 오나라가 국력을 소모하는 시기까지 잠시 기다려야 합니다"라고 진언한 사람은 월나라 대부 봉동逢同이었다.

오왕 부차는 봉동의 예측대로 제나라로 군대를 출동시키려 하였다. 이때 오자서가 "아직 불가합니다"라고 반대하였다. 월나라의 존재는 오나라에게 내장 속의 질병과 같이 엄중하지만, 이에 비교하면 제나라 따위는 기껏해야 피부병인 버짐에 지나지 않으므로, 월나라를 먼저 쳐야만 한다는 것이 오자서의 의견이었다. 부차는 그 의견을 물리치고 제나라를 정벌하여 큰 승리를 거두었다. 그런 다음 오자서를 책망하였으나, 도리어 오자서로부터 "기뻐 마십시오"

라고 훈계를 받았다. 이후 부차는 오자서를 점점 멀리하게 되었다.

그래서 부차는 오자서를 제나라에 사신으로 내보냈다. 오자서는 이미 오나라의 멸망을 예견하고 있었으므로, 동행한 아들을 제나라 대부 포숙鮑叔에게 맡기고 단신으로 귀국하였다. 그것을 알고 부차에게, "자서는 제나라에다 자기 자식을 맡기고 제나라와 내통하여 반란을 꾀하고 있습니다"라는 참언을 넣는 자가 나왔다. 그 결과 이제 갓 귀국한 오자서의 집에 부차가 보낸 사자使者가 들이닥쳤다. 사자가 내민 것은 촉루屬鏤라는 이름의 검이었다. 그 칼로 죽으라는 부차의 명령이었다. 오자서는 하늘을 우러러 탄식하고 소리 높여 웃고는, 부차에 대한 울분을 털어놓았다. "부차야, 너의 아버지가 패업을 이룬 것도 네가 왕위에 오른 것도 모두 나의 덕택이다. 너는 내게 오나라의 반을 주려고까지 하였으나 나는 받지 않았다. 그렇거늘 지금 너는 나를 죽이려 하는가. 아아 내가 없어지면 너는 홀로 설 수 없는 주제이거늘. 어리석은 자야."

오자서는 본래 오나라 출신이 아니라 초나라 사람이다. 초나라 평왕平王에 의해 부친 오사伍奢와 형 오상伍尙이 살해된 이후에 망명하여, 걸인마냥 유랑한 끝에 오나라에 와서 공자公子 광光에게 그 인격과 학식을 인정받았다. 오자서는 광을 오왕으로 만들려고 오나라 요왕僚王을 암살하였다. 그리하여 공자 광이 오왕 합려가 되자, 오자서는 염원했던 복수를 완수하기 위해서, 부친과 형을 죽였던 조국 초나라로 공격해 들어가 초나라의 수도 영郢을 함락시켰다. 그리고는 그때 이미 죽은 사람이던 평왕의 무덤을 파헤치고 시체를 끄집어내어 채찍으로 삼백 대나 때렸다고 한다. 신장 칠 척, 무용武勇이 탁월하고 모략을 좋아하였으며, 성격은 강직하면서 과단성이 있었다. 합려는 오자서를 신뢰할 만한 일등 공신으로 여겨, 자신이 없는 뒷날 부차의 장래를 오자서에게 부탁하였다. 부차를 향한 오자서의 거듭된 간절한 간언은 충심을 다한 것이었으나, 이 지경에 이르러서는 어찌할 도리가 없었다.

오자서는 또 사자에게 말을 남겼다. "내 묘에는 반드시 가래나무梓를 심어주오. 나무가 크게 자랐을 때 그것으로 오왕 부차의 관짝을 만들게 하기 위해서요. 그리고 내 눈알을 뽑아내어 도성의 동문에 걸어주시오. 그 눈알로 월나라 군대가 침공해 들어와 오나라를 멸망시키는 것을 또렷이 보겠소." 말을 마치자 칼을 두 손으로 굳게 잡고 기합 소리와 함께 자기 목을 잘랐다. 그 자초지종을 들은 부차는 크게 분노하여 치이鴟夷, 즉 말가죽 부대에 오자서의 유해를 싸서 양자강에 던져버렸다고 한다. 이것이 『사기』 「오자서열전伍子胥列傳」에 기록된 영웅 오자서의 최후였다.

오자서를 죽인 후 오왕 부차는 패도의 야심을 불태워, 제후와 회맹하기 위해 정예병을 이끌고 지금의 하남성 기현杞縣 봉구封丘인 황지黃池로 향하였다. 오나라 수도에는 노약자만 남아, 태자 우友가 지키고 있었다. 이런 시기를 이제나저제나 기다리고 있던 월왕 구천은 명장 범려에게서 "이제 좋습니다"라는 답변을 이끌어내자, 대군을 출동시켜 오나라 수도를 습격해서 태자 우를 죽였다.

황지에서 제후와 맹약을 맺고 급거 본국으로 귀환한 부차는 구천에게 상당히 많은 예물을 보내고 화평을 맺었다.

이미 오나라 군대의 정예병 가운데 대부분이 북진 정벌로 없어지고 오나라 국력이 아주 피폐해 있음을 간파한 월나라는 다시 군대를 일으켜 삼 년에 걸쳐 오나라 수도를 포위하고 마침내 오나라를 멸망시켰다. 회계의 수치를 당한 이래 실로 이십이 년 간의 고생 끝에 구천은 그 수치를 씻은 것이다.

구천은 오왕 부차가 회계에서 자신의 목숨을 구해주었던 일을 상기하여 부차를 용서해주려고 생각하였다. 그러나 범려는 "회계의 일은 하늘이 월나라를 오나라에게 내려주었어도 오나라가 받지 않은 것입니다. 지금은 하늘이 오나라를 월나라에게 주었습니다. 월나라가 어찌 하늘에 거역하겠습니까"라고 구천에게 간하였다. 결국 부차는 스스로의 얼굴을 흰 천으로 덮고 "나는 저 세상에서 오자서를 만나볼 면목이 없다"고 말하고, 오자서의 충언을 듣지 않았던 것을 부끄러이 여겨 자살하였다. 기원전 473년의 일이었다. 공자가 죽은 지 육 년이 지난 해였다.

한편 회계의 수치를 씻는 일에 전력을 쏟았던 범려는 그 목적을 달성한 지금, 더 이상 월나라에 대해서도 구천에 대해서도 아무런 미련이 없었다. 범려는 월나라를 버리고 제나라로 망명하였다. 구천은 "월나라의 반을 쪼개어 드리겠소. 그래도 귀국하지 않는다면 죽이겠소"라고, 범려가 있는 제나라로 유혹 반 협박 반의 말을 사자를 보내 전했다. 범려는 거부하고 받아들이지 않았다. 구천이 곤란과 고생은 같이할 수는 있어도 태평 시대를 함께 지낼 수는 없는 인물임을 간파하고 있었기 때문이다.

일찍이 고생을 같이한 월나라 대부 종에게 범려가 "나는 새가 다 없어지면 좋은 활은 감춰지고, 교활한 토끼가 죽으면 사냥개는 삶아진다蜚鳥盡良弓藏, 狡兔死走狗烹"는 속담을 적어 보내어, 월나라를 떠나도록 권유하였던 것도 그 때문이었다. 범려의 예언은 적중하여, 구천을 위해 온 몸을 다 바쳤던 대부 종은 마침내 구천에 의하여 자살을 강요받는다.

제나라의 해변에서 아버지와 아들들이 힘을 합쳐 농경에 힘쓰고 부지런히 일해 재산을 쌓았다는 범려에 대한 소문이 보고되자, 제나라 왕은 범려를 재상으로 영접하려 하였다. 그러나 범려는 다시 권력의 자리에 오르는 어리석음을 반복하는 것은 재앙의 근원일 뿐이라 하여 거절하고, 모아두었던 재산을 마을 사람들과 벗들에게 나누어준 뒤, 지금의 산동성 정도현定陶縣에 해당하는 도陶로 떠났다. 도 땅은 교통의 요지로 물자 유통이 편리하였다. 거기서 도주공陶朱公이라고 자칭한 범려는 농경과 목축에 힘쓰는 한편 물가의 변동을 주시하면서 교묘하게 물자를 유통시켰으므로, 금세 수만 금의 부를 쌓을 수가 있었다. 『사기』「월왕구천세가越王句踐世家」는 두말할 나위 없이 월나라 연대기이긴 하지만, 그 결말을 범려에 대한 이야기로 맺고 있는 것은 다소 아이로니컬하다.

　도주공이라 자칭하여 경제 활동에 힘을 쏟던 시절에, 범려에게는 세 명의 아들이 있었다. 여행에 나선 차남이 초나라 수도에서 잘못해서 사람을 죽이고 감옥에 갇히는 사건이 일어났다. 범려는 막내아들에게 거액의 금을 가지고 초나라의 유력자를 만나보게 해서 차남을 석방시키려 했으나, 장남이 자신이 가겠다고 고집을 부렸으므로, 막내아들 대신에 장남을 초나라에 보내 일을 처리하게 하였다. 그런데 조금만 있으면 석방될 참에, 장남은 돈이 아까워서 일을 깨끗하게 처리하지 못하였고, 마침내 차남은 초나라에서 살해되고 말았다. 범려는 앞일을 잘 예측하는 사람이었다. 막내아들의 경우는 돈에 대한 고생이라곤 알지 못하고 자랐으므로 아무리 돈을 써도 태연하겠지만, 돈을 모으는 고통을 아버지와 함께 맛보아온 장남으로서는 바로 이때라고 할 중요한 시기에 돈 쓰기를 아까워하리라고 생각하여 막내아들에게 심부름을 보내려 한 것이었다.

　범려는 제나라의 해변에 살고 있었을 때 호를 치이자피鴟夷子皮라

고 하였다. 비록 원수 오나라의 장군이었지만 말가죽 부대에 둘둘
말려 양자강에 내던져진 오자서에게서 대장부의 기상을 보고 그의
마지막을 애석하게 여겼던 것이리라. 범려는 오자서나 월나라 대부
종과 같은 비참한 최후를 맞지 않고, 상인으로 철저하여 사업에 성
공하고 도 땅에서 천수를 다할 수 있었다. 출처진퇴出處進退의 탁월
함은 『사기』 전체에 등장하는 영웅과 현자 가운데 범려보다 더 뛰어
난 사람이 없었다.

　사마천은 『사기』 「월왕구천세가」의 '태사공은 말한다'에서 구천
과 범려를 칭송하였다. "우 임금의 후예인 구천에 이르러 육신을 괴
롭히고 마음을 집중하여 마침내 강대한 오나라를 멸망시키고, 북상
하여 그 병력의 위엄을 중원의 여러 나라에 보여, 주나라 왕실을 존
중하고 패왕이라 칭하였다. 구천은 현인이라고 말할 수 있다. 아마
도 우 임금의 유열遺烈을 이어받았으리라. 범려는 세 번 나라를 바
꾸었으나 모두 영예를 누렸으며 이름을 후세에 전하였다. 군주와
신하가 모두 이렇게 현명하다. 세상에 드러나지 않고자 하여도 그
럴 수 있으랴"라고.
　그런데 『사기』 「오자서열전」에서 '태사공은 말한다'로 시작하는
오자서에 대한 비평은 다소 취향을 달리 하고 있다. "인간의 원한이
란 얼마나 극심한 것인가. 군왕이 된 사람조차 신하에게 원한을 사
서는 안된다. 하물며 같은 신하의 반열에 있는 자의 경우에는 더욱
말할 것이 없다. 만일 오자서가 부친 오사와 함께 죽어버렸다면 하
찮은 벌레와 마찬가지였으리라. 그렇게 하지 않고 작은 의리에 구
애되는 일 없이 커다란 치욕을 씻었으므로 그 명성이 후세에까지
남게 된 것이다. 정말로 비감한 일이다. 오자서가 양자강의 언저리

에서 고난을 겪고 도중에 걸식을 하며 생활하였을 때, 한시라도 초
나라 수도 영에서 일어난 일을 잊을 수 있었을까. 그렇기에 수치를
참고 커다란 공적을 이룬 것이다. 용기 있는 대장부가 아니고서 어
찌 이런 일을 할 수 있었으랴." 여기서 원한의 철학을 강론하는 사
마천은 오자서에게 자신의 생각을 전이하고 있다. 그 점에서 오자
서는 사마천의 분신이었다. 냉정하고 지적인 범려의 삶은 매력적이
기는 하지만, 『사기』는 범려를 위해 열전의 한 장章을 배당하지는
않았다. 수치를 참으며 살아남아 대의를 다한 오자서에게서 진정으
로 용기 있는 자의 모범을 발견해낸 사마천은, 그 속에서 스스로 그
러해야 할 마음과 모습을 뚜렷이 보았던 것이리라.

합종연횡
—소진과 장의

춘추 시대는 약육강식, 하극상下剋上의 시대다. 주나라 왕실은 여전히 존속하고 있었으나, 이름뿐이고 아무런 힘도 없었다. 크고 작은 이십여 나라로 나뉘어 제후들이 다투고 있었는데, 전국 시대에 이르러 진秦·한韓·조趙·제齊·위魏·연燕·초楚의 일곱 나라에 흡수 병합되었다. 이 칠웅七雄이 자국의 존망을 걸고 치열한 싸움을 전개한 것이 전국 시대다.

칠웅 가운데서 진나라는 서북의 궁벽지에 있었으나 점차 국력을 키워 부국강병의 내실을 거두어, 다른 여섯 나라로부터 호랑이와 늑대의 나라虎狼之國로서 두려움을 사기에 이르렀다. 다른 여섯 나라는 진나라에 대항하여 공격과 수비의 동맹을 맺는 '합종合從'의 책략을 취할까, 그렇지 않으면 진나라에 귀속하여 자국의 존립을 보존하는 '연횡連衡'의 책략을 취할까의 두 가지 가운데 택일을 강요당하였다. 그때 '합종'의 책략을 주창하여 활약한 자가 소진蘇秦이고, '연횡'의 책략을 취하여 육국 공수 동맹攻守同盟을 분쇄하려 한 사람이 장의張儀였다. 둘 다 귀곡鬼谷 선생의 문하에서 권모술수의 학을 익혀, 혀끝 세 치에 자기 두뇌의 모든 것을 걸었던 사내들이었다.

소진은 동주東周가 도읍으로 삼았던 낙양 출신. 전국 시대에 들어
와서도 낙양은 왕도이기는 하였으나, 이미 사양길에 접어든 천자가
과거의 영광 속에 잠들어 있을 뿐, 활기를 잃은 지방 도시로 전락해
있었다. 귀곡 선생의 문하를 나선 소진은 벼슬을 살고자 여러 나라
로 유세하며 돌아다녔는데, 어디서도 상대해주지 않아 입에 풀칠조
차 못하고는 고향 낙양으로 되돌아왔다. 소진의 초라한 행색을 보
고서 형제와 형수들은 비웃으면서 이렇게 말하였다. "부지런히 일
하지 않고 혀끝 세 치로 먹고 살려 하지만 세상은 그렇게 물렁물렁
하지 않아요. 그런 행색으로 전락한 것은 당연하다고 할 것이야."
이것이 세간의 상식이었다.

가족들로부터 허랑한 놈으로 취급당했다고 해서 그대로 세간의
상식에 맞춰 살아갈 소진은 아니었다. '꿈이여 다시 한번'이라고 방
안에 틀어박힌 채 굳은 의지로 힘써 독서에 몰두했다. 그때의 독서
체험 가운데 그는 서주西周의 명재상이라고 불렸던 태공망太公望 여
상呂尙이 저술한 『주서음부周書陰符』라는 책과 조우하였다. 소진은
지금의 내게 필요한 책은 이것이라고 생각하였다. 아무리 권모술수
에 뛰어나고 변설이 멋지다고 하여도 상대방 심리의 움직임을 읽어
낼 수 없다면 상대를 말로 설복시킬 수 없다. 인간의 내면 심리의
움직임은 반드시 인간의 외면인 표정이나 행동으로 나타나므로 그
기미를 포착하는 일이 사람의 마음을 읽는 기술이라고 가르치고 있
는 것이 『주서음부』였다. 한 해 동안 소진은 이 책의 연구에 몰두하
였다. 그 결과 고안해낸 것이 이른바 '췌마揣摩'라는 기법이었다.
지금도 잘 사용하는 '췌마억측揣摩臆測'이라는 말이 있다. 다른 사람
의 심리 깊숙한 곳에 있는 것을 헤아려서 읽어내는 일종의 독심술
이다. 이것을 자유자재로 사용할 수 있게 갈고 닦은 소진은 전국 유

세에 다시 나섰다. 이번에는 자신이 있었다. 소진은 '합종' 책을 설파하여 조나라에서 등용되었다. 이제는 초강대국으로 발돋움하여 천하 통일을 호시탐탐 노리는 진나라의 야망을 저지할 수 있는 길은 여섯 나라 제후의 공수 동맹밖에 없다고 하는 것이 소진의 설이었다.

제가 가만히 천하의 지도를 살펴보건대, 제후의 땅은 진나라보다 다섯 배나 큽니다. 제후의 군졸을 헤아리건대 진나라보다 열 배나 많습니다. 여섯 나라가 하나가 되어 힘을 아울러서 서쪽을 향하여 진나라를 공격한다면, 진나라는 반드시 무너질 것입니다. 서쪽을 향하여 섬긴다면 진나라의 신하가 되겠지요. 남을 분쇄하는 것과 남에게 분쇄되는 것, 남을 신하로 삼는 것과 남의 신하가 되는 것을 어찌 동일하게 논할 수 있겠습니까.

이렇게 조나라 왕을 설득하고서, 소진은 말을 이어서 '종친從親'의 계책, 즉 '합종' 동맹을 제안하였다.

그러므로 가만히 대왕을 위해 계략을 도모하건대, 한·위·제·초·연·조가 하나로 종적인 유대를 맺어 진나라를 등지는 것보다 나은 것이 없습니다. 천하의 장군들과 재상들로 하여금 원수洹水 언저리에 모이게 하여 인질을 교환하고 백마를 잡아서 맹세하여 약속을 굳히도록 하십시오.

이렇게 말한 소진은 다시 여섯 나라 가운데 어느 한 나라가 진나라의 공격을 받게 되면 다른 다섯 나라가 군사 행동을 일으키는 책락을 구체적으로 올렸다. 조나라 왕은 감탄하여 수레 일백 대, 황금 일천 일鎰, 흰 옥 백 쌍, 수놓은 비단 일천 필을 준비시켜 소진에게 주어, 다른 다섯 나라를 설득하도록 하였다.

소진은 한나라로 들어갔다. 그는 한나라가 약소국인 까닭에 이제까지 자주 진나라에게 굴종해왔던 사실을 알고 있었으므로, 그 왕에게 "차라리 닭의 부리가 될지언정 소의 뒤꽁무니는 되지 말라寧爲鷄口 無爲牛後"는 유명한 속담을 인용해서 이렇게 설득하였다.

제가 듣건대, 상스런 속담에 '차라리 닭의 부리가 될지언정 소의 뒤꽁무니는 되지 말라' 는 말이 있습니다. 지금 서쪽을 향하여 공손히 손을 모으고 굴복하여 진나라의 신하 노릇을 하는 것이 어찌 소의 뒤꽁무니와 다르다 하겠습니까. 대왕께서 이토록 현명하시고 또 강성한 군사를 가지고서도 소의 뒤꽁무니라는 오명을 받게 된다면, 대왕을 위하는 저는 부끄럽게 여길 것입니다.

'닭의 부리가 될지언정 소의 뒤꽁무니는 되지 말라' 는 속담은, 작은 집단의 두령이 될지언정 커다란 집단의 뒤꽁무니에 붙어가는 인간이 되지는 말라는 비유로 사용되고 있다. 소진의 말에 따르면, 한나라의 대왕이 강력한 군대를 지니고 있으면서 진나라에게 굴종하는 것은 너무나 애석하다는 뜻이 된다. 이것을 듣고 대국 콤플렉스로 골머리를 앓고 있던 한나라의 왕은 소진의 '합종' 책에 나라 전체를 들어서 따르리라고 답하였다. 이런 식으로 그는 다른 제후들에게도 차례차례로 공수 동맹에 참가하도록, 그 나라의 정세와 그 나라 왕의 심리를 췌마억측하여 교묘하게 설득하였고 어느 경우나 다 계획대로 되었다.

마침내 여섯 나라가 합종하여 공수 동맹을 맺자, 소진은 그 동맹의 의장인 재상의 지위를 획득하였다. 혀끝 세 치라고는 하여도 거기에 모든 것을 걸었던 사내의 꿈은 멋지게 실현되었다. 소진이 얼마나 득의양양했을지 상상할 수 있으리라.

그 뒤 소진은 여섯 나라를 동분서주해서 팔면육비八面六臂의 대활약을 벌이며 호랑이 같고 늑대 같은 진나라를 상대로 힘을 겨루어, 전란이 끊일 줄 몰랐던 중국에 십오 년이라는 긴 기간 동안 평화를 가져왔다.

어느 때인가 소진은 고향 낙양을 지나게 되었는데, 그 행렬이 왕의 위세를 능가할 형세였다. 이전에 소진을 바보 취급하였던 주나라의 왕은 길을 청소하고 그를 맞았고, 지난날 소진의 무능함을 비웃었던 형수들도 얼굴을 숙이고 먹을 것을 바쳤다. 소진이 형수에게 어째서 그렇게 굽실굽실하느냐고 묻자, "당신이 지위가 높아지고 대단한 부자가 되었기 때문이지요"라고 정말로 솔직한 대답을 하였다. 그러자 소진은 탄식하면서 "나는 똑같은 사람인데 가난할 때에는 나를 경시하더니 부귀해지자 친척이 나를 경외하는구나. 하물며 일반 사람들이야 오죽하랴. 만일 내게 낙양의 성곽 바깥에 두 이랑의 밭만 있었더라도 어찌 여섯 나라의 재상 인印을 허리에 찰 수 있었으랴"라고 말하고, 즉시 천금을 풀어 일족과 친구들에게 나누어주었다고 한다.

장의는 위나라 출신. 소진과 함께 귀곡 선생에게 사사하여 권모술수의 유세술을 배웠으나, 그 학력은 소진을 능가하였다. 전국 유세를 하러 나서서, 우선 초나라 재상의 식객이 되었다. 어느 날 재상이 가보로 삼는 옥구슬을 분실하는 사건이 일어났다. 식객이었던 장의는 혐의를 받아, 고문을 당한 끝에 초주검의 몰골로 쫓겨났다. 고향에 돌아온 장의에게 아내는 탄식하며 말하였다. "독서하여 유세술 따위를 공부하지 않았다면 이런 꼴은 당하지 않았을 것을. 이제 적당히 그만두세요." 그러자 장의는 입을 크게 벌려 보였다. "내 혀를 보라, 아직 있는가." 아내가 웃으면서 "있어요"라고 답하자, 장의는 "됐어"라고 한마디 내뱉았다. 혀끝만 있다면 그것으로 충분하다. 다시 이 혀를 써먹어 사내로서 이름을 날려 보이겠다고 장난스럽게 자신의 마음가짐을 말하였다. 그 태도가 얄미워 보일 정도였다.

그 무렵에 소진은 이미 '합종' 책으로 여섯 나라의 공수 동맹을 맺고 영광의 자리에 있었다. 장의는 자기보다 능력이 모자란다고 여겼던 소진에게 선수를 빼앗긴 분한 마음을 꾹꾹 눌렀다. 소진 녀석이 '합종'이라면 내 편에서는 그것을 깨부술 '연횡'으로 나가보리라고 생각하였다. 하지만 장의는 '연횡'의 진원지가 되어야 할 진나라에 자신을 팔 기회를 잡지 못하고 있었다.

소진은 장의가 유세가로서 가공할 만한 재능을 지니고 있다는 사실을 잘 알고 있었다. 더욱이 여섯 나라의 동맹이 성립했어도, 강력한 진나라가 공세를 취하면 '합종' 책은 와해의 위기에 직면할 가능성이 충분하며, 그렇게 되면 자신은 여섯 나라 동맹의 재상이라는 영광된 자리를 잃어버리게 되리란 것도 알고 있었다. 그 사이에 진나라가 장의를 등용하지 않으리란 보장이 없다. 그 사람만큼 현명한 지식인이라면 진나라의 재상이 된다 해도 기이하지 않을 그릇이다. 그리하여 소진은 장의를 진나라에 들여보내되, 여섯 나라의 동맹에 공세를 걸어오지 못하도록 진나라 내부에서 일을 꾸몄다.

진나라로 향하기는 하였으나, '연횡' 책을 설변하려 해도 그를 진나라 왕과 회견하도록 거들어주는 자가 아무도 없었다. 설령 추천해주는 자가 있어도 막대한 선물이 필요한데, 그것도 없다. 어떻게 하면 좋은가 궁리하고 있는 장의를 보고, 마침 운 좋게도 같은 곳에 묵고 있던 사내가 지원해주겠다고 자청하였다. 황금과 옷감 등의 선물로부터 시작해서, 장의가 타고 갈 수레와 말까지 준비해주겠다고 한다. 장의의 재능에 매료되어 어떠한 자금도 아깝지 않다고 말한다.

이렇게 해서 장의는 진나라 왕을 알현할 수가 있었다. 그 뒤 불을 토하듯이 '연횡' 책을 설파하는 장의의 혀는 뜨겁게 타올랐다. 진나라 왕은 장의를 중용하였고, 그는 마침내 진나라 재상의 지위를 손 안에 넣었다.

사실 장의에게 지원금을 내주도록 사내에게 명한 사람은 소진이었다. 소진이 몰래 조달한 돈으로 진나라의 재상이 되었다는 사실을 알게 된 장의는 신음하였다. 장의는 동창인 소진의 배포를 읽었다. 그는 사내에게 "소진 군이 있는 한 내가 무얼 하겠소"라는 말을 전하게 하였다. 장의는 십오 년 간의 평화 상태를 진나라 측에서 지켜주었다.

하지만 장의는 언제까지고 소진에게 조종당하고 있을 사내는 아니었다. 착착 '연횡' 책의 실적을 올려, 여섯 나라의 공수 동맹에 균열을 일으키려고 획책하였다. 그렇게 하지 않으면 자기 자신이 진나라에서 실각할 것은 눈에 보듯 뻔하였기 때문이다. 공수 동맹의 울타리가 헐거워지자 소진의 입장은 차츰 난처해졌다. 만년에 소진은 조나라에 더 있기 어렵게 되자 제나라로 망명하여 거기서도 무임소장관 격의 지위에 임명되어 총애를 받았다. 그런데 제나라의 중신들 가운데 질투하는 자가 있어서, 자객을 시켜 소진을 암살하려 하였다. 소진은 간신히 목숨을 건지기는 하였으나 빈사의 중상을 입었다. 병문안을 온 제나라 왕에게 거친 숨을 몰아쉬면서 유언을 하였다. "저에게 수레로 찢는 형벌을 가하고서 저자거리에 선포하십시오. 소진은 연나라를 위해 제나라에서 난을 일으켰다라고." 제나라 왕은 그 유언대로 소진의 시체를 수레로 찢는 형벌에 처해서, 연나라를 위해 난을 일으킨 자의 본보기를 보이는 것이라고 성안에 퍼뜨렸다. 결과는 금방 나타났다. 자객이 득의만면하여 포상을 받겠다고 나타났다. 제나라 왕은 그를 그 자리에서 죽였다.

소진의 최후는 비참하였으나, 그가 사후를 예견해서 유체를 욕보이면서까지 책사로서의 초지를 관철해내었다는 것은 훌륭하다고 하지 않을 수 없다.

장의는 그로부터 팔 년 뒤에 고국 위나라의 재상이 되어 그 지위에 있는 채로 죽었다. 진나라에 있으면서 연횡책을 주장하여 동분서주하였기에, 위나라도 초나라도 이미 진나라에 복속해 있었다. 하지만 장의는 진나라의 신하들로부터 점차 참언을 들쓰게 되자, 신변의 위험을 느끼고는 스스로 위나라의 재상이 되기를 희망해서 진나라를 떠났던 것이다. 장의의 죽음은 기원전 309년의 일로, 진나라의 천하 통일의 분위기는 차츰 무르익고 있었다.

사마천은 『사기』 「소진열전蘇秦列傳」에서, 일개 서민에서 몸을 일으켜 여섯 나라의 '합종' 동맹이라는 목표에 도달한 것은 소진의 지혜가 남들보다 뛰어났기 때문이라고 일단 칭찬하였다. 그러나 「장의열전張儀列傳」에서는, 소진이 나쁘게 이야기되는 것은 장의가 자기보다 먼저 죽은 소진의 단점을 폭로하여 '연횡' 정책에 이용한 탓이라고 말하였다. 혀끝 세 치로 살았던 사내들이 간교한 지혜를 부

리다가 저지른 비열한 작태를 폭로한 것이다. 아무리 그들의 지혜
가 뛰어나다 하더라도 사마천은 합리주의에 철저하여 혀끝 세 치에
생명을 걸었던 사내들에게 그리 호감이 가지 않았던 듯하다. "이 두
사람은 진실로 경위傾危의 지식인이로다"라고 평하여, 두 사람 모두
나라를 기울게 만들 위험한 인물들이었다고 단언한 것이 무엇보다
도 그 증거이다.

계명구도
―맹상군과 풍환

　전국 시대도 중반을 넘긴 시기가 되면 식객을 수천 명이나 거느린 왕족과 공자公子가 여러 제후의 나라에 나타난다. 제나라의 맹상군孟嘗君, 조나라의 평원군平原君, 위나라의 신릉군信陵君, 초나라의 춘신군春申君이 그 대표적 인물들이다. 사마천은 『사기』의 열전편에서 이 네 사람에게 각각 한 편씩을 배당하여 그 사적을 상세하게 전하고 있다.

　이 시기가 되면 난세의 형세는 더욱 엄중해진다. 먹느냐 먹히느냐, 남을 제압하느냐 남에게 제압당하느냐 하는 험난한 정세였다. 덕행이나 학문의 좋고 나쁨으로 인간을 평가해서 인재를 등용할 수 있는 한가로운 시대가 아니었다. 한 가지 기예나 한 가지 재능만이라도 탁월한 인간이라면, 아무리 덕행이나 학문이 모자란다고 해도 식객食客으로 두고서 일단 유사시에 써먹어야겠다는 생각이 윗자리에 선 자들을 지배하고 있었다. 식객의 편에서 보면 특기나 특성이 존중받게 되었으니, 개성을 충분히 발휘할 수 있는 시대가 도래한 것이 된다.

　맹상군 등 네 명의 공자가 위급한 때를 대비하여 많은 식객들을 초청하였으므로, 천하의 인사는 이 네 공자의 막하에 모두 모였다고 일컬어진다.

 『사기』「맹상군열전孟嘗君列傳」의 기록을 보면, 맹상군이 식객을 초청하는 방식은 이러하였다.

 맹상군이 식객을 대면할 때에는 등뒤에 장막을 치고 서기를 대기시켜 두고서, 식객의 친척들에 대하여 물어보아 그 내용을 기록하게 하였다. 식객이 대면을 마치고 나가면, 맹상군은 곧바로 식객의 친척들에게 빠짐없이 사자를 보내어 예물을 주었다. 이러한 방식은 어떤 식객에 대해서도 동일하였고 게다가 교묘하였으므로, 식객들은 누구나 다 자신이야말로 맹상군으로부터 각별한 애호를 받고 있다고 생각하였다.

 뛰어난 식객을 얼마나 많이 데리고 있느냐에 따라 네 공자의 평판이 좌우되었으므로, 이러한 식객 초빙술에 대해서는 맹상군 이외의 다른 세 공자도 부심하였음에 틀림없다.
 맹상군의 예를 보면, 식객이 된 뒤의 대우에는 상중하의 세 단계가 있었던 듯하다. 맹상군의 식객 가운데 풍환馮驩이라는 사내가 있었다. 가진 것이라고는 손자루를 노끈으로 묶은 한 자루의 장검뿐. 너무도 초라한 행색이었다. 내게는 이러이러한 특기가 있다고 말하여 자신을 팔아먹는 것이 식객들의 상투적인 수단이었으나, 풍환은 달랐다. 맹상군이 선비를 좋아한다는 명성을 듣고 있었으므로 잠시 보살펴주셨으면 한다는 것이 그가 한 말이었다. 맹상군은 우선 그를 하급 숙사에 머물도록 하였다. 그런데 열흘이 지나자 유일하게 몸에 지닌 물건인 장검을 두드리면서, "장검아, 돌아갈까보다. 나에게는 생선을 먹여주지 않는구나"라고 노래하였다. 그렇다면, 하고는 맹상군은 그를 생선 반찬이 나오는 중급 숙사로 옮겨주었다. 거기서도 얼마쯤 지나자 장검을 두드리면서 "장검아, 돌아갈까보다. 나에게는 바깥에 나갈 수레도 없구나"라고 노래하기 시작했다. 그래서 또 맹상군이 수레가 나오는 상급 숙사로 옮겨주었으나, 풍환은 여전히 장검을 두드리면서 "장검아, 돌아갈까보다. 나는 아직 집도 없구나"라고 노래하였다.

맹상군은 기가 찼다. 하지만 그 이상의 대우는 해줄 수 없었으므로 그냥 내버려두었다. 한 해가 지났으나 풍환은 그곳을 떠나지도 않았고, 그렇다고 해서 특별히 일하지도 않았다. 그런데 이 풍환이 뒷날 대활약을 하여 맹상군을 위기에서 구했으므로, 평소 아무것도 하지 않고 빈둥거린다고 해서 식객을 결코 바보 취급해서는 안될 판이었다.

'계명구도鷄鳴狗盜'라는 말은, 변변한 특기도 없다고 생각되던 식객이 크게 쓸모가 있어서 눈 씻고 다시 보게 되었다는 이야기에서 나온 말이다.

계명이란 닭 울음 소리를 잘 흉내내는 광대, 구도란 개처럼 다른 집에 몰래 숨어 들어가기를 잘하는 도둑. 광대와 도둑은 별볼일없는 인간이라고 간주되지만 큰일이 있을 때 제법 쓸모가 있다는 이야기로, 아무리 형편없는 인간이라도 시기와 경우에 따라서는 크게 쓸모 있는 법이라는 의미로 '계명구도'라는 말이 사용된다.

맹상군이 진秦나라의 소왕昭王(기원전 307년~기원전 251년 재위)에게 초빙되어 진나라로 향했을 때의 일이다. 일찍부터 소왕은 평판 높은 맹상군을 재상으로 영입하고 싶어했다. 이것을 알게 된 진나라 신하들은 반대하였다. 아무리 어진 맹상군이라고는 해도 제나라 왕의 일족인 공자. 진나라의 재상이 되어서도 제나라의 일을 우선시하게 된다면 그 이상 진나라로서 위험한 인물은 없다는 것이 반대의 이유였다. 소왕은 이 의견을 납득하고는 생각을 바꾸어, 훗날을 위하여 맹상군을 붙잡아두었다가 계략을 써서 죽이기로 하였다. 이 무렵의 사정을 『사기』「맹상군열전」은 이렇게 적고 있다.

이에 소왕은 그만두었다. 그리고는 맹상군을 가두고서 계략을 써서 죽이려고 하였다. 맹상군은 사람을 시켜 소왕이 총애하는 첩에게 자신을 풀어주라고 소왕에게 청하게 하였다. 그 애첩은 "나는 맹상군이 가진 흰 여우 갖옷을 얻고 싶어요"라고 말하였다. 맹상군은 흰 여우 갖옷을 한 벌 가지고 있었는데, 값이 천금이나 되어 천하에 둘도 없는 것이었다. 그러나 진나라에 들어와 이미 소왕에게 바쳤으므로, 달리 흰 여우 갖옷이 없었다. 맹상군은 걱정되어 자기 식객들에게 두루 방법을 물어보았지만, 아무도 시원하게 대답하지 못했다. 그런데 가장 아랫자리에 개처럼 도둑질 잘하는 사람이 있었는데, 그가 말했다. "제가 흰 여우 갖옷을 구하겠습니다." 그날 밤에 그는 개처럼 진나라 왕궁의 창고에 숨어들어가 맹상군이 전에 소왕에게 바쳤던 흰 여우 갖옷을 꺼내어 왔다. 그것을 진왕이 총애하는 첩에게 바치자, 그 애첩이 맹상군을 위해 소왕에게 말을 해주었고, 소왕은 맹상군을 풀어주었다. 맹상군은 감옥에서 풀려나자, 그대로 말을 달려 달아났다. 봉전封傳, 즉 통행증을 고치고 이름과 성을 바꾸어 함곡관函谷關을 빠져나가기로 했다. 야반에 함곡관에 도착했다. 뒤늦게 소왕은 맹상군을 풀어준 것을 후회하고 그를 찾았다. 그러나 벌써 떠나고 없었으므로, 즉시 사람을 시켜 역마다 말을 바꾸어 몰아 그를 뒤쫓게 하였다. 맹상군은 함곡관에 도착했지만, 관소關所의 법에 따르면 닭이 울어야 행인을 내보내도록 되어 있었다. 맹상군은 추격하는 사람들이 곧 도착하지 않을까 염려되었다. 그런데 식객의 끝자리에 닭 울음 소리를 잘 내는 사람이 있었다. 그가 닭 울음 소리를 내자 다른 닭들도 전부 울었다. 그래서 봉전을 보이고 관문을 나섰다. 그들이 관문을 나간 잠시 뒤에 진나라 추격병들이 과연 함곡관에 도착했다. 그러나 이미 맹상군이 관문을 나간 뒤라서 그대로 돌아갔다. 처음에 맹상군이 이 두 사람을 식객의 무리에 두었을 때, 다른 빈객들이 모두 수치스럽게 여겼다. 그런데 맹상군이 진나라에서 난국에 처했을 때에는 결국 이 두 사람이 그를 살려내었다. 그 뒤부터는 빈객들이 모두 탄복하였다.

이것이 '계명구도'의 고사다.

여우 겨드랑이에 있는 얼마 안되는 흰 털을 뽑아 모아서 만든 아름다운 갖옷을 '호백구狐白裘'라 하고 그것이 천금의 값어치가 있는 천하에 둘도 없는 명품이란 사실을 안 것도, 함곡관이라는 험한 관문이 중국에 있다는 사실을 안 것도, 이 『사기』의 한 단락을 고등학교 때에 한문 교과서에서 배운 후이다. 아무리 다른 사람들로부터 천대받고 비하되어도 뛰어난 기예나 기능이 한 가지만 있더라도 인간은 존경하여야 한다고 가르쳐준 것 또한 이 '계명구도'의 고사였다.

장검을 두드려 불평을 토로한 풍환의 이야기로 돌아가자. 진나라는 제나라를 지탱하고 있는 인물이 맹상군이라는 것을 알고서, 맹상군의 위세는 군왕을 능가하므로 그가 결국은 왕을 대신하여 실권을 장악하려 한다는 중상모략을 제나라 왕의 귀에 들어가게 하였다. 제나라 왕은 진나라의 음모대로 즉시 맹상군을 재상 직에서 파

172

면하였다. 이것을 보고 수천 명의 식객들은 모두 맹상군 곁을 떠나 갔다. 다만 한 사람만 남았는데, 그가 풍환이다.

그는 실의에 빠져 있는 맹상군에게 말하였다. "진나라에 가려는 데, 수레를 한 대 빌려주시오. 틀림없이 당신의 지위를 회복시키고 영지도 더 넓어지게 하겠소. 어떻소." 맹상군의 승낙을 얻은 풍환은 서쪽 진나라로 향하였다. 그는 진나라 왕을 알현하여 이런 의견을 올렸다. "지금 천하의 강국은 동쪽의 제나라와 서쪽의 진나라 둘. 둘 다 자웅을 결정하지 않으면 안되는 숙적 사이입니다. 무릇 제나라가 천하에서 존중받고 있는 것은 맹상군이 있기 때문입니다. 공교롭게도 그 맹상군을 제나라는 파면시키고 말았으므로, 맹상군은 제나라 왕에게 원한을 품고 있습니다. 지금이야말로 진나라는 제나라의 내부 사정에 밝은 맹상군을 영입하여 제나라의 공략에 이용하여 천하를 제패하여야 합니다." 진나라 왕은 즉시 맹상군을 초빙하는 사자를 파견하기로 하였다.

진나라의 사자보다 앞질러 제나라로 돌아온 풍환은 제나라 왕을 알현하여 이렇게 설득하였다. "진나라의 사자가 맹상군을 영접하러 출발하였다고 들었습니다. 맹상군이 진나라의 재상이라도 된다면 제나라로서는 쉽지 않은 사태가 벌어지게 되니, 제나라가 위기에 직면하리란 것은 눈에 보듯 뻔합니다. 이 사태를 피하려면 우선 맹상군을 재상의 지위에 다시 앉히고, 그에게 영지를 더해주어야 합니다. 그렇게 하면 진나라의 야망을 꺾을 수가 있습니다." 맹상군을 다시 등용하여야 한다고 풍환은 강조하였다.

제나라 왕이 풍환의 정보를 확인하려고 국경에 첩자를 내보내 알아보자, 확실히 진나라 사자가 국경에 도착해 있다는 정보가 들어왔다. 제나라 왕은 즉시 맹상군을 복직시키고, 나아가 일천 호의 땅을 더 주었다. 진나라의 사자는 이 사실을 알자 단념하고 돌아갔다.

제나라의 재상에 복직한 맹상군은 본래의 식객들을 다시 불렀다. 타산적인 자들이어서 그들은 다시 돌아왔다. 맹상군이 이것을 보고 긴 한숨을 내쉬면서 말하였다. "저 무리들은 내가 지위를 잃자 나를 버리고 돌아보려 하지 않더니, 무슨 낯짝으로 이제 나를 만나려고 한단 말인가. 침을 뱉어서 모욕을 주고 싶다." 이 말을 들은 풍환은 맹상군의 잘못된 생각을 다음과 같이 말하여 바로잡았다.

생명이 있는 것에 반드시 죽음이 있는 것은 만물의 필연적인 법칙입니다. 부귀한 몸이 되면 선비들이 많이 모이고 비천한 몸이 되면 벗이 적어지는 것은 필연적인 이치입니다. 당신은 아침에 저자 거리로 향하는 사람들을 보신 일이 있겠지요. 새벽녘에는 앞을 다투어 저자의 문을 헤집고 들어가지만, 저물고 난 뒤에 그 사람들은 저자 따위는 전혀 돌아보려고도 하지 않습니다. 그것은 아침을 좋아하고 저녁을 싫어해서가 아닙니다. 저녁의 저자에는 기대할 만한 물품이 없기 때문입니다. 당신이 재상의 지위를 잃자 식객들이 모두 떠나버렸습니다만, 그들을 원망하여 식객을 처우하는 길을 막아버려서는 안됩니다.

이 말을 듣고 맹상군은 마음 깊이 풍환에게 경의를 표하여 두 번 절하고, "삼가 가르침을 따르겠습니다"라고 답하였다고 한다.

『사기』「맹상군열전」은 그 많은 분량을 풍환이나 '계명구도'의 식객들이 활약한 모습을 전하는 데 쏟고 있다. 그것은 유명한 인물이든 무명의 인물이든 가리지 않고 한 가지 기예나 한 가지 재능만이라도 뛰어난 사람들이 역사의 무대에 등장하여 역사의 한 순간을 움직이는 형태로 자기의 역할을 다할 수 있었던 것이 전국 시대였다고 보는 인식이 역사가 사마천에게 있었기 때문이다.

　사마천이 살았던 한 무제의 시대는 이미 그렇지 않았다. 개인이 자신의 지혜와 기능을 완전히 발휘하여 역사 무대에 도약해 나올 여지가 점차 좁아졌다. 황제의 절대 권력은 높은 장벽이 되어 가로막아 섰고, 관료 통제 체제가 인심의 활달한 움직임을 봉쇄하였다. 불기不羈의 재주, 즉 어디에고 구속되지 않는 재주를 지녀 내면의 목소리에 충실하였기 때문에, 사마천은 그 두텁고 높은 절대 권력의 장벽에 부딪쳐 깨어짐으로써 절망의 생애를 보내지 않으면 안되었다. 그만큼 『사기』「맹상군열전」에는 위아래가 서로 통하는 인간 관계에 대한 동경심이 담겨 있다. 다시 말해 싸늘하게 식은 관료 지배 체제의 인간 관계와는 달리 피가 흐르고 진심이 서로 통했던 인간 관계의 시대에 대한 뜨거운 동경심이 거기에는 담겨 있다. 나는 그렇게 보고 싶다.

완벽 / 문경의 사귐
―인상여와 염파

‘문경의 사귐_{刎頸之交}’이라는 말이 있다. 그것은 설령 목이 잘린다고 하여도 수치로 여기지 않을 만큼 친밀한 교우 관계를 말한다. 사마천의 『사기』「염파·인상여열전_{廉頗藺相如列傳}」에 묘사된, 조_趙나라의 대장군 염파_{廉頗}와 그 나라 대신 인상여_{藺相如}의 고사에서 나온 말이다.

염파는 조나라의 대장군으로서 조나라 혜문왕_{惠文王} 16년에 전국 시대의 강대국인 제나라를 치고 진양_{晉陽} 땅을 빼앗아 진작에 그 용맹한 명성을 제후들 사이에 날렸다. 그에 비하여 인상여는 조나라 환관의 우두머리인 무현_{繆賢}을 보필하는 신하였는데, 어떤 사건에서 활약한 공적이 인정되어 대신까지 올라간, 이른바 벼락출세한 사람이었다. 역전의 용장으로 조나라 제일 공신을 자임하고 있던 염파 장군이, 지혜로운 사람이기는 하지만 벼락출세한 자인 인상여를 좋게 생각하지 않았다고 해도 전혀 괴이하지 않다. 곧잘 있는 일이다. 염파는 처음부터 인상여를 천한 자라고 깔보았다.

어떤 사건이란 무엇인가. ‘화씨의 구슬_{和氏之璧}’을 둘러싸고 진_秦나라와 조나라 사이에 전개된 허허실실의 외교 사건이 그것이다. 이 구슬은 오랫동안 초나라에 전해져왔던 천하무쌍의 보물로 그때 조나라 혜문왕의 손안에 있었다. 명문가의 증빙으로 삼으려고 이것을 탐내었던 사람이 신흥국 진나라의 소왕素王이다. 진나라의 위신을 걸고서라도 탈취하겠다고 생각한 데서부터 사건이 발생하였다.

소왕은 혜문왕에게 '화씨의 구슬'과 진나라의 열다섯 개 성을 교환하고 싶다고 청하였다. 열다섯 개의 성이라고 하면 대단한 영지였기에, 진나라의 본심을 알 수가 없었다. 그렇다고 해서 딱 잘라 호랑이와 늑대의 나라인 진나라의 청을 무시할 수도 없었다. 회답을 재촉받아 곤궁에 빠진 혜문왕은 무현이 천거한 무명의 인상여에게 감연히 '화씨의 구슬'을 지참케 해서 특명의 전권 대사로 진나라로 향하게 하였다.

혜문왕이 국보인 '화씨의 구슬'을 인상여에게 맡긴 것은 "우리 조나라가 구슬을 진나라에 주어도 진나라가 우리에게 성을 주지 않는다면 잘못은 진나라에 있는 것이 됩니다. 일단 구슬을 가지고 가서, 성이 손안에 들어오지 않는다면, 어떻게든 구슬을 온전히 해서 돌아오겠습니다"고 하는 인상여의 진언에 따른 것이었다.

인상여로부터 '화씨의 구슬'을 건네받은 진나라 소왕은 크게 기뻐하였다. 즉시 궁녀나 좌우의 사람들에게까지 두루 보이자, 모두 만세를 외치며 경하하였다. 이때 진나라 왕에게는 열다섯 성을 할양하면서까지 구슬과 교환할 의사가 전혀 없었다. 그 마음을 간파한 인상여는 "구슬에 흠이 있으니 가르쳐드리겠습니다"고 말하고 '화씨의 구슬'을 진나라 왕에게서 되돌려 받아서는 기둥을 등지고 섰다. 그리고는 분노로 곤두선 머리털이 관모를 밀치는 무시무시한 형상으로, 자신의 머리와 함께 구슬을 기둥에 부딪쳐 부숴버리겠다고 위협하였다. 이렇게 해서 인상여는 구슬을 온전히 지켜서 돌아올 수 있었다. 이 고사로부터 '완벽完璧'이라는 말이 생겨나 오늘날도 사용되고 있다. 이때의 공적으로 인상여는 일약 대신이 되었다.

인상여에게 당한 진나라는 무력 행사로 나와 조나라를 토벌하였고, 조나라는 어쩔 수 없이 진나라 소왕과 민지澠池에서 화평의 맹약을 맺었다. 이때 강화 조약에 임하는 혜문왕을 곁에서 모셔서, 진나라와 호각으로 논전하여 약소국이기는 하지만 조나라의 면목을 훌륭하게 지켜낸 인물이 인상여다.

그 모습을 사마천은 이렇게 전하고 있다.

마침내 조나라 왕은 진나라 왕과 민지에서 회합하였다. 술자리가 무르익자 진나라 왕이 말하였다.

"조나라 왕께서 음악을 좋아하신다고 풍문으로 들은 바 있소. 오십현금을 한 곡조 타주실 수 있을지."

조나라 왕은 오십현금을 탔다. 그러자 진나라의 비서관이 앞으로 나와 "모년 모월에 진나라 왕은 조나라 왕과 회맹하고 술자리에서 조나라 왕에게 오십현금을 타게 했다"라고 기록하였다.

이번에는 인상여가 앞으로 나와 말하였다.

"조나라 왕은 진나라 왕께서 민요를 잘하신다고 풍문으로 들은 바 있으십니다. 질장구를 왕께 올릴 테니, 그것으로 한 곡조 불러 즐겁게 해주십시오."

진나라 왕은 부아가 나서 승낙하지 않았다. 그러자 인상여는 무릎을 꿇고 질장구를 바치며, 진나라 왕에게 청하였다. 하지만 진나라 왕은 질장구를 두들기려 하지 않았다. 인상여는 말하였다.

"진나라 왕과 저와의 거리는 불과 다섯 걸음. 제 목의 피를 진나라 왕께 쏟아버리겠소이다."

진나라 왕의 신하들이 인상여를 베어버리려 하였으나 인상여가 눈을 부릅뜨고 꾸짖자 그들은 움찔하였다. 진나라 왕은 투덜거리면서 질장구를 한 번 두드리며 노래하였다. 인상여는 뒤돌아서서 조나라의 비서관을 가까이 불러 "모년 모월 진나라 왕은 조나라 왕을 위해 질장구를 쳤다"라고 기록하게 하였다.

다시 진나라 신하들이 말하였다.

"조나라 왕은 열다섯 성을 바쳐 진나라 왕의 건강을 빌어주시오."

그 말을 받아서 인상여가 말하였다.

"진나라 왕은 수도 함양을 조나라에 바쳐서 조나라 왕의 건강을 빌어주시오."

진나라 왕은 연회가 파할 때까지 끝내 조나라 왕을 굴복시킬 수가 없었다. 조나라 쪽에서도 군대를 많이 배치하여 만일에 대비하였으므로, 진나라는 군사를 함부로 움직일 수가 없었다.

이렇게 민지의 회견에서 조나라는 진나라에게 신하의 예를 취하지 않았을 뿐 아니라, 오히려 처음부터 끝까지 진나라를 압도하였다. 강자를 두려워하지 않는 인상여의 늠름한 태도가 모든 것을 결정한 것이다. 혜문왕이 인상여의 공로를 대단하다고 여긴 것은 두말할 필요가 없다. 귀국하자마자 인상여를 상경上卿으로 삼았으니, 그 지위는 염파 장군보다도 높았다.

염파로서는 이 지위의 역전이 달갑지 않았다. 고작 혀끝만으로 지혜와 용기를 떨친 것뿐 아닌가. 근본을 말하자면 천한 몸의 벼락출세자. 이런 자가 나보다 위에 서다니 괘씸하다는 생각이 들었다. 그래서 염파는 인상여를 모욕주려고 별렀다. 이를 눈치챈 인상여는 염파의 모습을 아주 먼 발치에서 보기만 해도 수레를 피하여, 그가 먼저 앞을 지나가게 하였다. 조정에서 자리를 함께할 기회가 있으면, 서열을 다투지 않아도 되도록 병이라 칭하고 결석하였다.

이것을 본 인상여의 측근들 가운데는 주인을 비겁자라 보고 떠나는 자마저 나왔다. 그때 비로소 인상여는 왜 자기가 비겁자로 보일 만큼 염파를 피하여왔는가, 그 고통스런 흉중을 털어놓아 떠나는 부하들을 굳게 만류하였다. 『사기』의 「염파·인상여열전」은 이 이야기를 다음과 같이 기술하고 있다.

인상여는 이렇게 말하였다. 진나라 왕의 위세에도 불구하고 나는 그를 그의 조정에서 질타하고 그의 신하들을 모욕하였소. 그런 내가 아무리 우둔하다고 할지라도 유독 염 장군을 두려워할 리 있겠소. 그러나 생각건대, 강한 진나라가 감히 우리 조나라를 공격하지 못하는 것은 오직 우리 두 사람이 있기 때문일 뿐이오. 만일 지금 우리 두 호랑이가 다툰다면, 형세상 둘 다 무사할 수 없을 거요. 내가 이렇게 행동하는 것은 국가의 위급함을 먼저 생각하고 개인적 원한은 뒤로 돌리기 때문이오.

염파 장군보다도 훨씬 두려운 진나라 왕을 질타했을 정도의 담대한 인상여가 가장 염려했던 것은, 국내에서 자기와 염파가 내분을 일으켜 둘 다 쓰러지게 되는 일이었다. 두 사람이 있기에 진나라는 조나라를 한 수 높은 강적으로 보고 있는 것이다. 개인적 원한 따위는 그 다음 문제이고, 지금 중요한 것은 국가를 위급 사태로부터 지키는 일이다. 인상여는 비록 자신이 비겁한 놈으로 간주되더라도, 염파 장군과 싸우는 사태로 가는 것만은 조나라의 장래를 위해 피하지 않으면 안된다고 생각하였던 것이다.

이 사실을 전해 들은 염파 장군은 윗옷을 벗고 가시나무 채찍을 등에 지고서 빈객의 손에 이끌리어 인상여의 문에 이르러 개인적인 원한을 품은 죄를 사과하였다. 두 사람은 그 이후 '문경(목을 벤다는 뜻)의 사귐을 하였다'고 사마천은 기록하였다. "당신을 위해서라면 언제라도 목을 베어 죽어 보이겠다"고 하는 강한 우정으로 맺어졌던 인상여와 염파는 그 뒤 수 년 동안 협력하여, 동방의 강국 제나라를 공격하고 이웃의 위나라를 격파하며, 적국 진나라와 싸워서 어느 경우에나 승리를 거두었다.

진나라의 백기白起가 장평長平에서 조나라 군대를 격파하고 그 병사 사십오만을 산 채로 묻었던 것은 기원전 260년. 진나라 시황제가 천하를 통일하기 이십 년 전의 일이었다. 그 장평의 싸움이 일어나기까지 삼 년 간, 장평에 주둔하면서 진나라 군사를 말뚝을 박아두듯 저지하였던 것은 염파 장군이었다.

그 무렵 조나라에서는 혜문왕이 죽고 그 아들 효성왕孝成王이 뒤를 이었다. 인상여도 병석에 있었다. 이미 인상여와 염파의 단짝 시대는 지나갔다. 효성왕은 장평 땅에 보루를 높게 쌓고 진나라 군사를 접근하지 못하게 하던 염파를 파면하였다. 진나라 첩자가 퍼뜨린 말, 즉 진나라가 두려워하는 것은 늙은 장군 염파가 아니라 젊은 조괄趙括 장군이라고 하는 유언비어에 현혹된 결과였다. 이때 인상여는 병을 무릅쓰고 '문경의 벗' 염파를 그만두게 해서는 안된다고 효성왕에게 간하였다. "명장의 아들이라는 것만으로 왕께서 조괄을 기용하시는 것은, 안족雁足(현받침)을 풀로 붙여두고 거문고를 타려는 것과 같습니다. 염파를 파면해서는 안됩니다." 효성왕은 듣지 않았다. 그래서 조나라는 이 장평의 싸움에서 패하였다. 그때까지 '문경의 벗'이 힘을 합하여 가까스로 유지해왔던 조나라는 장평의 패전을 고비로, 전국 시대의 다른 나라들과 마찬가지로 멸망의 길을 걷게 된다.

그 뒤의 인상여에 대해 사마천은 아무 언급도 하지 않았다. 아마도 쇠멸 직전에 놓인 고국의 운명을 생각하면서 병으로 죽지 않았나 생각된다. 한편 염파 장군은 자신을 버린 고국에 정나미가 떨어져, 자기의 무용을 살려 써줄 주군을 찾아 방랑한 끝에 초나라로 흘러들어가 죽었다.

'문경의 사귐'은 전국 말기, 강대국 진나라에 대해 한걸음도 양보하지 않고 최후의 저항을 시도하였던 약소국 조나라에 뜻하지 않게 피어났던 아름다운 환상의 꽃이었을지 모른다. '문경의 사귐'이 아무리 굳고 아무리 강했다 하더라도 결국 약소국의 운명은 뻔한 것이었다. 그러기에 더욱, 굳세고 아름다운 꽃의 운명은 설령 환상과 같이 짧았다고 하더라도, 줄곧 이야기되지 않을 수 없었던 것이다.

자신의 지력과 용기를 다하여 고국을 위해 목숨을 걸었던 인상여, 사마천은 그가 좋았다.

선비란 존재는 원래 겁 많고 의지가 약해 용기를 내려고 하지 않지만, 죽음을 각오하면 반드시 용기가 끓어 오르게 마련이다. 인상여는 '화씨의 구슬'을 되돌려받아 손에 쥐고 기둥을 노려보면서 진나라 왕의 신하들을 질타하였을 때, 필경은 자신이 죽음을 당하리란 것을 알고 있었다. 그는 죽을 각오가 되어 있었다. 그렇게 인상여를 평가한 사마천은 "죽는 일이 어려운 것이 아니라 죽음에 처하는 일이 어렵다"고 말한다. 진정으로 용기 있는 행위란 무엇인가. 사마천은 이릉 사건을 당하여 죽음에 처하여 살아가는 일을 진지하게 생각했음에 틀림없다. 결론은 "죽는 일은 어려운 것이 아니다.

죽음에 처하는 일이 어렵다”였다. 오직 사마천이기에 할 수 있는 명
언이다.

대장부 한 번 가서 다시 돌아오지 않아라
──형가와 예양

"선비는 자신을 알아주는 사람을 위해서 죽고 여자는 자기를 좋아하는 사람을 위해서 화장을 한다"라고 말한 것은 『사기』「자객열전刺客列傳」에 나오는 예양豫讓이다. 예양을 국사國士로서 대우한 사람은 지백智伯이었다. 그때까지 예양이 섬긴 주인은 그러하지 않았다. 그저 보통 사람 취급이었다. 지백이야말로 '자신을 알아주는 사람'이었다.

그 지백을 살해한 것이 조趙나라 양자襄子다. 한韓과 위魏 두 나라와 계략을 짜고서 약소국 군주인 지백을 멸망시키고, 그 토지를 세 나라가 나누어 가졌다. 어지간히 원한을 품었던 듯하여, 조나라 양자는 지백의 두개골에 옻칠을 하여 술잔으로 삼았다. 『사기』의 원문에는 "그 머리에 옻칠하여 마시는 그릇으로 삼았다"라고 되어 있는데, 죽은 이의 뼈를 꺼리는 중국의 풍습으로 볼 때 그것에 술을 담았을 리가 없으므로, 호자虎子 즉 변기로 만들어 욕보였다고 하는 설이 있다.

그 사실을 알게 된 예양은 주인의 원수를 갚기 위해 나섰다. 우선 이름을 바꿔 죄수처럼 가장하고, 양자가 거처하는 조나라 궁전의 변소에서 벽칠을 하는 잡역 인부가 되어, 비수를 숨기고 다니면서 양자를 찔러 죽일 기회를 엿보았다. 하지만 변소에 들어간 양자가 불온한 공기를 눈치채고, 거기에 숨어 있던 예양을 체포하였다. 이 때 양자는 예양의 의협심에 감동하여 그를 풀어주었다. 이렇게 해서 원수 갚기는 한 번 실패하였다. 그러나 예양은 포기하지 않았다. "자신을 알아주는 사람을 위해서 죽는" 태도를 바꿀 뜻은 눈꼽만치도 없었다.

이번에는 남들이 자기를 알아보지 못하도록 얼굴에 옻칠을 하여 문둥이 행세를 하고 숯을 삼켜 목소리를 망가뜨렸다. 무시무시한 집념이다. 놀랄 만한 의지다. 예양의 처자조차도 이 사람이 예양의 변신한 모습이라고는 알지 못하였다.

이렇게 하여 어떤 다리 밑에 숨어서 그 위를 지나가는 양자의 마차를 기다렸다. 양자의 마차가 왔다. 예양이 뛰어나가기 전에 말이 놀랐다. 다시 예양은 양자 앞에 끌려왔다. 이번에는 용서하지 않고 자결을 명하였다. 죽음은 애당초 각오한 바였다. 예양은 말하였다. "저는 본래 죽어 마땅하오. 하지만 바라건대 그대의 옷을 칼로 쳐서 원수 갚는 뜻을 다하였으면 하오"라고. 씩씩하게 죽겠소. 하지만 마지막 부탁으로 그대가 입고 있는 옷을 빌려주시오. 부디 그것을 칼로 쳐서 내 복수의 의지를 완수하고자 하오. 예양의 소원은 수락되었다. 옷을 손에 든 예양은 검을 빼어 들고 세 번 껑충 뛰어올라 춤추며 허공에 오른 옷을 치고는 마침내 그 검에 엎어져 죽음을 맞았다.

『사기』의 「자객열전」은 춘추 전국기에 활동한 용감한 테러리스트의 군상을, 시대를 따라가면서 그 심경과 행동의 핵심에 있는 것들을 회화풍으로 적확하게 묘사해간다. 그들의 정념에 공통된 것은 의義이다. 나 자신을 위해서가 아니라 내 가치를 알아주는 사람을 위해서 희생을 마다 하지 않는 정신의 운동이다. 의리에 목숨을 걸고 살았던 그 정념의 아름다운 불꽃에 사마천은 매료되었던 것이리라.

연燕나라 태자 단丹을 위해 진나라로 가서 뒷날의 시황제를 도륙하고자 하였던 형가荊軻도, 『사기』「자객열전」의 마지막을 장식하기에 적합한 테러리스트였다.

형가는 위衛나라 사람. 유랑 끝에 연나라에 와서 검의 달인으로 이름 높은 전광田光에게 재능을 인정받아 그 식객이 되었다. 평소에는 무뢰배와 교제하여 술을 줄창 마시는 형가였으나, 어딘가 고고한 분위기를 풍기는 침울한 용모의 청년이었다. 그는 노래를 좋아하였다. 축筑이라는 악기를 자유자재로 연주할 수 있는 고점리高漸離와 완전히 의기투합하여, 그의 연주에 맞추어 큰소리로 노래하였다. 하지만 혼자가 되면 검의 기예를 닦고 독서에 몰두하였다. 술을 마시고 고성방가하는 형가는 방약무인傍若無人하였으나, 어딘가 언제나 깨어 있는 침착함을 함께 지닌 불가사의한 인물이었다. 지적인 테러리스트라는 표현이 이만큼 잘 어울리는 인물은 다시 없었다. 전광은 형가를 한 마리 준마로 여겼다. 죽기 합당한 장소와 기회를 얻으면 반드시 거기로 달려갈 준마라고 주시하였다.

마침내 그 기회가 왔다. 때는 기원전 227년, 진나라에서 정政이 왕위에 오른 지 이십 년을 경과하였는데, 한나라와 조나라를 멸망시킨 여세를 몰아 그 다음 진나라 왕이 표적으로 삼은 것은 연나라였다. 진나라 대군은 역수易水까지 육박해왔다. 연나라의 운명은 바람 앞의 등불이었다. 진나라는 약소국 연나라가 싸워 이길 수 있는 상대가 아니었다. 그것을 가장 잘 알고 있던 사람은 연나라의 태자

단이었다. 인질로 진나라에 있으면서 고생했던 경험이 있는 만큼, 진나라의 무서움과 냉혹함을 몸에 스미도록 잘 알고 있었다.

태자 단은 진나라 대군이 짓밟기 전에 자객을 보내 진나라 왕을 죽이는 일 이외에 달리 방법이 없다고 생각하였다. 그 일로 자문을 받은 전광이 태자 단에게 추천한 사람이 형가였다.

전광은 이미 늙어 있었다. 이 늙은 검사劍士는 자신의 힘으로는 큰일을 완수할 수 없음을 알고 있었다. 형가에게 의뢰한 것은 그 때문이었다. 하지만 그가 그저 노마駑馬로 전락해버린 것은 아니었다. 태자 단으로부터 국가 대사를 다른 사람에게 새어나가지 않게 해달라는 말을 듣고서, 태자로 하여금 의심을 품게 만든 자신에 대하여 수치를 느꼈다. 준마에게 일을 부탁한 전광은 준마의 면전에서 단검을 뽑아 자결했다.

형가는 태자 단에게 조금도 은덕을 느끼지 않았다. 다만 "자신을 알아주어" 큰일을 부탁하고 목숨을 바친 전광의 죽음을 헛되이 해서는 안될 일이었다. 의로움의 정념. 이것만은 억제할 수 없었다.

태자 단은 형가를 상경上卿의 지위에 올려, 술과 미녀를 베풀어서 그를 위로하였다. 형가는 그때도 깨어 있었다. 형가는 이미 전광을 위해서 죽음을 결의하고 있었다. 태자 단을 위해서도 아니며 연나라를 위해서도 아니었다.

숙고 끝에 마침내 형가는 일어섰다. 그는 그때 진나라에서 연나라로 망명해 있던 번오기樊於期 장군의 목과, 연나라에서 가장 비옥한 땅이라고 일컬어지는 독항督亢의 지도를 받았으면 한다고, 태자 단에게 청하였다. 그것이 없으면 진나라 왕을 만나기란 불가능하다고 숙고 끝에 결론을 내렸기 때문이었다. 이 이야기를 알게 된 번어기는 "내 목을 바쳐 원한을 씻을 수 있다면 기쁘게 바치리라"고 말하고는 당장에 스스로의 목을 쳤다.

상복喪服으로 몸을 두른 서너 명의 사람들이 역수易水의 물가까지 형가를 전송하였다. 그 속에 고점리도 섞여 있었다. 이별을 맞아 고점리는 축을 타고 형가는 노래하였다.

바람은 쓸쓸하고 역수는 차가워라
대장부 한 번 가서 다시 돌아오지 않으리

역수를 건너 불어오는 바람은 매섭게 차가웠다. 형가가 부르는 높은 곡조는 듣는 이의 마음을 아프게 찔렀다. 고점리가 타는 축의 소리는 지극히 맑아서, 듣는 이의 마음에 스며들었다. 이것이 최후가 되리라는 생각이 두 사람의 마음에 번뜩였다. 노래를 다 부르자 형가는 역수를 건넜다. 그 뒷모습은 눈물로 희미해진 고점리의 시야로부터 가물가물 흐려져, 이윽고 점이 되어 사라졌다.

함양의 도성에서 진나라 시황제를 알현한 형가는 번어기의 머리가 든 상자와 독항의 지도를 내밀었다.

머리를 이리저리 살펴보고 나서 진나라 왕은 둘둘 말려져 있는 독항의 지도를 펼쳤다. 두루마리 끝에는 태자 단이 형가에게 준 비수가 숨겨져 있었다. 그것이 번쩍 하고 빛났을 때 형가는 재빨리 진나라 왕의 소매를 붙들고, 비수를 잡아 상대의 가슴팍을 찔렀다. 순간 진나라 왕은 몸을 피했다. 마침 곁에 있던 시의侍醫가 지니고 있던 약 상자를 즉각 형가에게 던졌다. 그것이 맞았다. 그 틈에 진나라 왕은 칼을 빼어 형가의 왼쪽 다리를 베었다. 만사 끝이었다. 몸의 여러 곳에 상처를 입은 형가는 웃으면서 기둥을 등지고 발을 내던져 털썩 주저앉고서는 진나라 왕을 저주하였다. 좌우의 사람들이 앞으로 나서서 형가를 찔러 죽였다.

성이 난 진나라 왕은 바로 그 해에 대군을 연나라로 출동시켜, 열 달 만에 수도 계성薊城을 함락시켰다. 그로부터 오 년이 못 되어 연나라는 진나라에게 멸망당했다.

연나라가 멸망한 다음해(기원전 221년), 천하 통일을 거의 달성하고 진나라 왕 정政은 이름을 고쳐 명실공히 중국 최초의 황제, 즉 시황제가 되었다. 시황제는 다시 자객의 손에 걸릴까 두려워하여 태자 단과 형가의 동료를 철저히 추적하였다. 도망한 고점리는 이름을 바꾸고 고용인이 되어 송자현宋子縣에 숨었다. 그러는 사이에 주인에게 음악을 아는 자로 인정받아, 사람들 앞에 나서서 축을 연주하게 되었다. 고점리가 축을 연주하며 노래하자, 그것을 듣고 눈물 없이 떠나는 손님이 한 사람도 없었다.

그 소문은 이윽고 시황제의 귀에 들어갔다. 불러와 보고는 그가 고점리임을 알았으나, 그의 뛰어난 기예를 아껴서 죽이지 않고, 눈을 찔러 앞을 못 보게 해서 축을 타도록 시켰다. 고점리는 납 덩어리를 축 속에 붙였다. 시황제의 곁에서 축을 연주하게 된 기회를 잡아, 축을 쳐들어 시황제를 목표로 내려쳤다. 그러나 눈이 먼 고점리는 손길을 제대로 놀리지 못해 맞힐 수가 없었다. 시황제는 즉각 고점리를 사형에 처하였다.

기구한 인연으로 맺어진 두 벗이 시황제의 목숨을 노리는 자객으로 죽어갔다. 뜻을 다하지 못하고 거꾸로 죽음을 당한 것은 정말로 원통하였음에 틀림없다. 그 원한 때문에 혼백으로 화한 뒤에도 소멸하지 않고 공중을 떠돌았으리라. 그 정념의 격렬함을 사마천은 『사기』의 「자객열전」에 적어서 전하였다. "선비는 자신을 알아주는 사람을 위해 죽는다." 고점리는 형가를, 형가는 전광을 알게 되지 않았더라면, 그러한 기구한 운명을 겪을 일도 없었으리라. "선비는 자신을 알아주는 사람을 위해 죽는다"는 말을 사마천은 거듭 「자객열전」 속에 적고 있다. 더욱이 이 「자객열전」은 「화식열전貨殖列傳」 「유협열전遊俠列傳」 「혹리열전酷吏列傳」과 달라서, 열전편 전체의 뒷부분이 아니라, 전국 시대의 대미를 장식하여 진나라 「이사열전李斯列傳」의 앞에 놓여 있어 흥미를 끈다. 재산을 늘리는 이치에 밝았던 상인을 비롯하여 유협과 혹리의 무리들은 한 왕조에서도 많이 나왔지만, 국가의 명운을 걸고 의리에 살고 의리에 죽어간 테러리스트는 강대한 진한秦漢 제국 성립 이후의 시대로 들어와서는 이미 존재하지 않게 되었다. 그 감개가 사마천을 지배하고 있었다.

　『사기』 「자객열전」의 마지막에서 사마천은 "조말曹沫부터 형가荊軻까지 다섯 명의 자객 가운데 비록 의로움을 성취한 자도 있고 성취하지 못한 자도 있기는 하지만, 어느 경우든 모두 의로움의 의지가 분명하였다. 그들이 그 의지를 속이는 일 없이 이름을 후세에 드리운 것은 정말 이유가 없지 않다"라고 말하였다. 이것은 스스로의 의지를 믿어서 배반하는 일이 없었던 사람들에게 보내는 아름다운 찬사다. 의리에 살고 의리에 죽어 후회하는 일이 없었던 혼백에 대한 그 무엇보다도 아름다운 언사였다.

분서갱유

——이사 · 여불위와 시황제

사마천은 진나라 시황제의 풍모를 묘사하여, "벌처럼 높은 코, 비둘기처럼 두툼한 가슴, 들개처럼 용맹스런 목소리"였다고 하였다. 그것은 세계에 군림하였던 독재자에게 제법 걸맞은 풍모였다.

진나라는 중국의 서북 한랭지에 위치하였다. 그렇기에 옛 문화의 전통에 젖는 일과는 거리가 멀어, 거칠기 짝이 없는 야성의 기운이 넘치는 나라였다. 물산이 풍부한 서쪽 촉의 비옥한 토지를 손안에 거두고, 그곳을 경영하여 뽑아낸 재력으로 부국강병의 내실을 다져, 중원의 여러 나라들이 호랑이와 늑대의 나라라고 두려워하는 존재가 되었다. 시황제의 출현은 이러한 진나라에 가장 적합한 풍모를 갖춘 황제의 출현을 의미하였다.

시황제의 실제 부친은 『여씨춘추呂氏春秋』를 저술한 여불위呂不韋였다. 여불위가 예뻐하였던 용모 단정한 무희가 시황제의 부친인 진나라의 왕자 자초子楚의 눈에 들어 그 부인이 되었는데, 그때 이미 무희는 여불위의 자식을 잉태하고 있었다.

자초가 진나라의 인질로서 조나라에 맡겨져 부자유스러운 처지에 있었을 때의 일이다. 여불위는 자초의 처지를 듣고 대상인 특유의 앞날을 내다볼 줄 아는 안목으로 "이 기이한 재화는 비축해둘 만하다"고 외쳤다. 잘 나갈 물건이다, 사두자, 라고 여불위는 저도 모르게 말을 내뱉았던 것이다. 전 재산을 쏟아붓는 한이 있더라도 반드시 자초를 진나라 왕의 후계자로 만들겠다고 생각하였다. 자초가 여불위의 여자에게 연연하게 된 것은 물론 여불위가 조나라에서 냉대받던 자초에게 접근한 뒤의 일이었다.

당시 진나라의 국왕은 소왕昭王이었는데 차남 안국군安國君이 태자로 있었다. 안국군에게는 아들이 스물 남짓 있었으나, 모두 소실小室의 자식이었다. 자초도 그 가운데 한 사람이었다. 정처正妻 화양華陽 부인에게는 아이가 없었다. 그 점에 주목한 여불위는 화양 부인에게 진귀한 물품을 헌상하여 환심을 사고서는, 자초가 조나라에서 얼마나 화양 부인을 흠모하고 부인의 적적함을 헤아려 동정하고 있는지를 화양 부인에게 계속 주지시켰다. 이윽고 소왕이 죽고서 왕위에 오른 안국군은 왕비 화양 부인의 소원을 받아들여 자초를 태자로 앉혔다. 여불위도 재상으로 초빙되어, 낙양 십만 호의 토지를 영유하는 신분이 되었다.

모든 것은 여불위의 계산대로 되었다. 자초의 문호가 크게 되면 그만큼 자신의 문호도 크게 되는 것이라고 일찍이 자초에게 호언하였던 그대로 일이 진행되었다. 이윽고 재위 1년 만에 안국군이 죽자 자초가 왕위에 올랐고, 자초가 재위 3년 만에 죽자 실은 여불위의 씨였던 그 아들 정政이 뒤를 이었다. 불과 열세 살 때의 즉위였으나, 여불위가 후견인으로서 재상의 지위에 있었으므로, 반석 위였다. 이 사람이 뒷날 진나라의 시황제이다.

여불위의 피를 받은 시황제는 국가 경제를 전망할 줄 아는 날카로운 지력과, 신흥 부르주아지의 자유롭고 활달한 패기를 나면서부터 지니고 있었다.

도량형의 균일화, 사통팔달의 도로 정비, 화폐의 통일 등은 전국 시대의 난세에 질린 부르주아지의 바람이었다. 그것을 전국에 호소한 시황제에게 그들은 천하 통일을 기대하고 일제히 자금을 대었다. 진나라가 강대국으로 부상하였던 것은 당연한 이치였다.

다만 한 가지, 장성한 시황제가 볼 때 기분 나쁜 존재는 여불위였다. 위나라의 신릉군, 제나라의 맹상군 등이 그러하였듯이, 여불위도 그 막하에 전국의 유능한 인재들을 초빙해 그 수가 삼천 명에 달하는 위세였다.

남편 자초의 장례식을 끝내고 자기 아들의 왕위 계승을 완수한 여인은 태후가 되어, 외로운 잠자리를 푸념하는 신세가 되었다. 어느 때부터인가 예전부터 친했던 여불위와 다시 관계를 시작하였으나, 여불위는 태후와 나누는 밀통이 발각될까 두려워하여, 거대한 남근의 소유자인 노애嫪毐를 자기 대신 권하고는 몸을 빼었다. 노애에게 푹 빠진 모태후는 두 아들까지 낳았다. 그 두 사람의 밀통을 알게 된 시황제는 노애를 효수하여 시체를 두 대의 수레에 묶어 찢고 노애의 두 아들도 처형하였다. 조사가 진전됨에 따라 사건의 배후에 여불위가 있었던 사실이 규명되어, 시황제는 그를 영유지인 하남河南에 칩거하도록 명하였고, 얼마 뒤 다시 촉 땅으로 이주하라고 명하였다. 여불위는 자신이 걸어가야 할 어두운 운명의 길을 보는 듯한 기분이었다. 주저 없이 독을 마시고 죽음의 길을 선택하였다. 시황제가 스물네 살 때의 일이다. 여불위는 마지막까지도 자기가 실제 아버지라는 사실을 고백하지 않고, 늠름하게 성장한 아들의 훌륭한 지휘를 감내하면서 주저 없이 목숨을 끊었던 것이리라.

여불위의 사후에 진 시황제를 보좌하여 진나라가 천하 통일을 이루게 한 인물이 이사李斯였다.

본래 이사는 초나라 상채上蔡(지금의 하남성 상채현)의 가난한 집에서 태어났다. 젊은 시절 초나라 시골의 아전으로 일하고 있던 무렵의 일. 변소의 인분에 떼 지어 몰려든 쥐들은 사람이 가까이 가면 도망치지만, 창고의 곡물을 먹고 있는 살찐 쥐들은 사람이 가까이 가도 도망갈 기색이 없는 것을 보고, "사람의 어질고 못남은 비유하자면 쥐와 같다. 어디에 처하는가에 달려 있을 따름이다"라고 말하면서 탄식하였다고 한다. 사람이 훌륭한가 그렇지 못한가는 요컨대 그 사람이 처해 있는 곳에 의해 결정되는 법이라고 깨달은 이사는 순자荀子의 문하에 들어가 제왕학帝王學을 배웠다.

이사는 학업을 닦은 뒤 서쪽 진나라로 들어가 여불위의 하급 관리가 되었다가 이윽고 그 현명함을 사랑받아 진나라 왕의 시종직에 추천되었다. 이렇게 시황제의 측근이 되자, 재빨리 그는 '합종' 책을 취하는 나라들의 반진反秦 동맹을 타파하기 위한 모책을 진언하였다. 각국에 첩자를 잠입시켜 매수 공작을 함으로써 제후와 대신을 이간시키고 내부의 혼란을 틈타서 진나라의 대군을 진격시켜 단숨에 멸망시킨다는 책략이었다. 이사의 이 의견이 그대로 채택되어 멋진 성공을 거두었다. 이렇게 천하 통일에 나선 진나라는 한나라를 시작으로 조·위·초·연 나라를, 그리고 마지막으로 동방의 강대국 제나라를 공격하여 멸망시킴으로써 마침내 전국 시대의 난세를 수습하였다. 때는 진시황이 서른여덟 살이던 기원전 221년의 일이었다. 그 사이에 이사가 올린 책략은 전부 들어맞아서 그는 법무장관을 거쳐 재상에까지 승진하였다.

천하 통일을 완수한 시황제는 전국을 서른여섯 개 군으로 나누고 다시 군을 몇 개의 현으로 나누어, 군마다 황제가 임명한 행정 장관·군사령관·감찰관을 두는 새로운 봉건 제도를 완성하였다. 그 것이 후세에 주나라의 고대 봉건제와 구별하여 군현제郡縣制라고 부르는 행정 제도였다. 그 구상을 세워 중앙 집권의 내실을 기할 것을 꾀한 사람이 다름아닌 이사다. 이사가 죽은 뒤로도 이 군현제는 1911년에 청조가 멸망할 때까지 각 왕조의 지지를 얻어 존속하였다.

주나라의 고대 봉건제를 이상으로 여기는 유학자들이 이 급격한 개혁에 찬성할 리가 없었다. 새 체제에 대한 불만과 비판의 소리가 연이어 일어났다. 이때 이 비판의 소리를 봉쇄하기 위하여 이사는 의약·농업 등 실학 서적을 제외한 나머지 제자백가諸子百家의 사상서는 모두 불태우고, 오늘날의 정책에 옛날 일을 끌어다 대어 트집 잡는 무리는 일족 주살의 형에 처하자고 진언하였다. 이 진언은 채택되어 실행에 옮겨졌다. 실생활에 쓸모 없는 책은 전부 몰수되어 불태워지고, 시황제의 정책을 비방한 학자 사백육십여 명이 산 채로 한꺼번에 매장되었다. 이것이 저 악명 높은 '분서갱유焚書坑儒'다.

시황제는 거대한 권력을 움켜쥐고, 패자로서 세계의 중심에 버티고 앉았다. 중국에서 처음으로 황제라 칭하는 사람이 바로 나라는 강한 자부심이 시황제라는 칭호에 그대로 나타나 있다. 두려워할 것이라고는 아무것도 없고, 바라는 것이라면 손에 넣지 못할 것이 없는 존재였다.

분서 사건 다음해부터 시황제는 위수渭水의 남쪽 기슭에 아방궁阿房宮이라는 장대하고도 아름다운 궁전을 건설하기 시작하였다. 위수에는 낭하를 걸쳐두어, 궁전에서 함양의 도성까지 왕래할 수 있게 하였다. 바라는 것은 즉각 실현되었다. 만능의 군주는 신처럼 모든 것을 수중에 넣었다. 그러나 다만 한 가지, 자신의 것이면서 뜻대로

할 수 없는 것이 있었다. 그것은 자신의 생명이었다. 수명만큼은 어떻게 할 수 없었다.

그만큼 무수한 목숨을 태연히 빼앗아 세계의 절대자가 된 시황제가 가장 두려워했던 것은 아이로니컬하게도 죽음이었다. 시황제는 죽음이라는 말을 입에 담는 것조차 두려워했다고 사마천은 적었다. 하지만 살아 있는 한, 인간이라면 누구도 피할 수 없는 것이 늙음이며 죽음이다.

시황제는 죽음의 공포로부터 도망하기 위해 불로장수의 선약仙藥을 구하였다. 만년이 될수록 미친 듯이 그것을 구하였다. 그런 황제에게도 선인仙人이 되려는 바람과는 정반대로 확실하게 죽음이 다가왔다. 더구나 그 죽음은 시황제로서는 가장 꺼림칙한 형태로 들이닥쳤다. 기원전 210년 여름 7월, 남방 순행 뒤의 귀로에 지금의 산동성에 있는 평원진平原津까지 와서, 마침내 병으로 쓰러져 죽음을 맞았다. 향년 오십 세. 여행길에서 맞이한 죽음이었다. 시황제에게 원한을 품은 자들이 그의 죽음을 알고 반란을 일으킬 염려가 있었다. 창을 개폐하여 온도를 조절할 수 있는 온량거輼輬車에 황제의 시신을 담은 관을 안치하고, 환관을 그 수레 곁에 시종하게 하면서 식사를 날라들여서, 이르는 곳마다 황제의 죽음이 발각나지 않게 하였다. 그렇지만 한여름 7월의 무더위 속에서 황제의 시체는 썩은 냄새를 풍기기 시작하였다. 그 때문에 뒤따르는 수레에다 소금에 절인 생선을 잔뜩 실어서 그 냄새를 속여야 하였다.

사마천은 『사기』 「진시황본기秦始皇本記」에서 이 언저리의 광경을 실로 집요하게 묘사하였다. 이것이 절대자의 최후의 모습이었다고 사마천은 말한다. 「진시황본기」에 기록된 위대한 절대자의 행적 전

체는 쨍쨍 내리쬐는 여름 햇볕을 받아 시체 특유의 이상한 냄새를
흩뿌리면서 함양을 목표로 쉬지 않고 달려가는 검은 온량거의 모습
속에 수렴되었다. 이때 이사의 운명 또한 그 비참한 망자의 장례 행
렬 속에 수렴되어갔다. 은밀하게 추진된 장례 행렬을 지휘하느라
바쁘고 후계자를 둘러싼 음모에 정신이 없어서, 이사는 그것을 눈
치채지 못했을 뿐이다.

사면초가
——항우와 유방

　'사면초가四面楚歌'란 주위의 모든 사람으로부터 공격을 받아 고립무원孤立無援의 상태에 떨어진 것을 말한다. 『사기』「항우본기項羽本紀」에 보이는 말이다.

　유방劉邦이 이끄는 한漢나라 군대에게 몰려 지금의 서주시 근교인 해하垓下에서 항우項羽가 성벽을 높이 쌓고 틀어박혀 있을 때의 일이다.

　그 성을 몇 겹이고 포위한 한나라 군대의 진영에서, 항우에게는 고국이자 같은 편이어야 할 초나라의 노랫소리가 들려왔다. 거병한 이래 초나라 출신으로 초나라 자제들이 떠받쳐주어서 줄곧 싸워왔던 항우에게 이것은 뼈에 사무쳤다. "한나라가 이미 초나라를 취한 것일까. 어찌 초나라 사람이 저리도 많단 말인가." '사면초가'는 이렇게 항우를 놀라게 하고 고립감을 심화시켰다. 상황은 이미 항우에게 절망적이었다.

　그날 밤 항우는 군막 속에서 최후의 주연을 개최하였다. 곁에는 이제까지 한시도 떨어진 적이 없었던 애인 우희虞姬와 애마 추騅가 있었다. 항우는 노래하였다.

힘은 산을 뽑고 기운은 세상을 덮거늘
시운이 불리하여 추가 가지 않누나
추가 가지 않으니 어찌할건가
우야 우야 너를 어찌하랴
力拔山兮氣蓋世
時不利兮騅不逝
騅不逝兮可奈何
虞兮虞兮奈若何

　궁지에 몰린 영웅의 절망적 심경이 이 즉흥가에 담겨 있다. 확실히 항우는 산을 뽑을 정도의 힘을 지녔고 넓은 세상을 죄다 뒤덮을 정도로 기개가 넘치는 희대의 영웅이었다.

　진 시황제가 회계산에 순행하고 돌아오는 길에 절강浙江을 건너 항우가 태어난 고향 가까이를 지나게 되었을 때, 숙부 항량項梁과 함께 구경하던 소년 항우는 '이제 곧 저 녀석을 대신해주리라'는 말을 입밖에 내뱉았다. 다급해진 항량은 "함부로 지껄이는 게 아냐. 일족이 모두 죽임을 당할 판이야"라고 재빨리 그 건방진 조카의 입을 막았다고 한다. 여기서도 항우의 직선적이고 거친 성격이 잘 드러난다. 조부 항연項燕을 죽인 진나라에 대한 미움이 진 시황제의 순행을 눈앞에 보는 젊은이의 가슴에 치밀어올랐던 것이다.

　"저 녀석을 대신해야지" 하는 말 그대로, 항우는 스물네 살 때 항량과 함께 거병한 이래로 "힘은 산을 뽑고 기운은 세상을 덮는" 격렬한 기개로 반진反秦 연합군 대장군으로서 늘 진두에 서서 백전연승, 사자분신獅子奮迅의 활약을 했다.

　하지만 지금은 다르다. 항우의 애마 추가 움직이려고 하지 않는다. 해하에 와서 준마의 발이 멈췄다. 이것은 시세가 자신의 편을 들지 않게 된 탓이라고 항우는 생각하였다. 하늘이 나를 팽개쳐버렸다. 이렇게 생각한 항우는 사랑스런 우희를 향하여, 지금 나는 무력하기만 하다고 호소한다.

항우는 되풀이해서 노래하였다. 그 노래에 맞춰 우희도 따라 불렀다. 노래를 부르고 난 항우의 뺨에 눈물이 흘렀다. 좌우의 사람들도 모두 울어, 얼굴을 드는 사람이 없었다.

그 뒤 우희는 어떻게 되었나. 사마천은 한마디도 언급하지 않는다. 그 자리에서 우희가 자결하여 선혈이 뚝뚝 떨어진 곳에서 저 가련한 우미인초虞美人草의 꽃이 피었다고 전하게 된 것은, 송나라의 문인 증공曾鞏이 그 사실을 노래한 뒤부터의 일이다.

그날 새벽에 정예 팔백 기를 데리고, 항우는 한나라 군의 포위망을 돌파하였다. 다음날 한나라 대군의 추격이 집요하게 계속되었다. 항우는 한나라 장군 한 명을 도륙하고 일백수십 명의 군사를 쓰러뜨리며, 오강烏江 기슭에 겨우 도착하였다.

오강을 건너면 그곳은 항우의 고국 강동江東이다. 오강의 정장亭長이 기슭에 배를 붙여두고 기다리고 있었다. 정장이 항우에게 알렸다.

"강동은 작다고 하지만 땅이 사방 일천 리이고, 백성의 수가 십만 명이니, 다시 왕이 되시기에 충분합니다. 대왕께서는 속히 건너십시오. 지금 오직 제게만 배가 있습니다. 한나라 군사가 이르러도 건널 수가 없을 겁니다."

이 말을 듣고 항우는 기뻤다. 그러나 웃으며 답하였다.

"하늘이 나를 망쳤거늘, 내가 어찌 강을 건너랴. 더구나 나는 강동의 자제 팔천 명과 함께 강을 건너서 서쪽으로 향했지만, 지금은

한 사람도 돌아가는 자가 없다. 설령 강동의 부형이 불쌍히 여겨 나
를 왕으로 삼는다 해도, 내가 무슨 면목이 있다고 그들을 만나보겠
느냐. 설령 그들이 아무 말 하지 않는다고 해도, 나 스스로 마음이
부끄럽지 않으랴.”

이렇게 말을 마치자 정장에게 애마를 주고, 자신은 맨 걸음으로
한나라 군사가 밀려드는 쪽으로 되돌아가서 장렬한 최후를 마쳤다.

당나라 시인 두목杜牧은 이 고사를 역사시로 만들어, 만일 항우가
오강에서 정장의 권유에 따랐다면 강동에서 군사를 길러 권토중래
捲土重來할 기회가 있었을 텐데 애석한 일이라고 노래하였다. 어쩌면
그랬을지도 모른다.

항우도 오강을 건너서 강동으로 돌아가 권토중래를 기약할 심산
이었다. 엄중한 해하의 포위망을 돌파해온 것은 확실히 그 때문이
었다. 하지만 오강의 정장에게서 따뜻한 말을 듣자 항우에게는 수
치스런 마음이 고개를 들었다.

강동의 부형에게 면목이 없다. 항우는 정장의 청을 거절하였다.
여기서 사마천은 항우의 섬세한 심경을 읽을 수 있도록 묘사해두었
다. 영웅의 미의식이 수치심의 발동 속에 묘사되어 있다. 이것은 사
마천의 미학이기도 하였다. 멋진 거부의 의지가 수치심에서 나왔음
을 잘 파악하였기에 아름다운 것이다. 영웅에 걸맞게 격렬히 불타
오르는 기개를 지녔던 항우가 얼핏 보여주는 인간적인 부드러움과
유약함에서, 사마천은 영웅 파탄의 미학을 포착하고 마음이 끌렸던
것이리라.

‘홍문鴻門의 연宴’에서도 끝내 유방을 죽이려 하지 않았던 인물이
항우였다.

이때 항우와 유방은 같은 초나라 군대의 반진反秦 연합군에 속해

있었다. 항우는 사십만의 주력 군단을 이끌고 북방을 공략하고, 유
방은 십만의 별동대를 데리고 곧바로 관중關中으로 진격해들어가,
두 군대가 모두 진나라 수도 함양을 함락시킬 것을 목표로 하고 있
었다.

함양의 도성에 제일 먼저 들어간 것은 유방의 군단이었다. 즉시
진나라 왕 자영子嬰의 항복을 받아들였다. 무혈 입성이었다.

유방은 진나라의 보물에는 손을 대지 않고 궁중의 창고를 봉인하
였으며, 함부로 여인을 범하고 사람을 죽이는 일을 엄하게 금하였
다. 그리고서 교외인 파상灞上으로 일단 퇴각하여 항우의 주력 군단
이 도착하기를 기다리기로 하였다. 그 모두가 병력에서는 도저히
항우 군대의 적이 못된다고 간파한 군사軍師 장량張良이 올린 계책
에 따른 것이다. 천성적으로 술과 여자를 좋아했던 유방이었기에,
성찬을 눈앞에 두고 그냥 물러나왔으니 성에 차지는 않았으리라.

유방에게 함양 입성을 한 발 뒤진 항우는 격노하였다. 유방이 진
나라 보물을 독점하여 관중에서 패권을 잡았다는 정보가 들어왔기
때문이다. 함곡관을 돌파하여 관중으로 달려들어온 항우는 홍문에
포진하였다. 지금 서안시西安市의 교외이다. 유방 군단을 적으로 삼
은 포진이었다.

항우의 격노를 유방에게 전한 자가 있었다. 숙부 항백項伯이었다.
장량과는 협객 시절의 동지로서, 지난날 장량이 목숨을 구해준 은
의가 있었다. 장량은 유방에게 권하여 홍문으로 출두시켰다. 일백
기 남짓의 수행원들만 데리고서였다. 항우에게 신하의 예를 취하였
다. 주연이 벌어졌다. 이때 항우는 이미 유방을 용서하고 있었다.
죽일 기분은 없었다.

'홍문의 연'에는 여러 인물들이 등장한다.

항우의 군사 범증范增은 이 기회에 유방을 제거하려고 생각하였다. 자주 항우에게 신호를 보내지만, 항우는 조금도 응하지 않는다. 범증은 항장項莊을 연회석에 들여보낸다. 항장은 검무를 추면서, 뽑아든 검으로 유방을 찔러 죽일 궁리. 항백은 이것을 보고 검무에 가담하여, 적장 유방을 항장의 검으로부터 지킨다.

이 살벌한 형국을 알아차리고 장량은 장막 바깥에 있던 번쾌樊噲를 불러들여 항우에게 알현시킨다. 노기를 띤 머리털이 하늘을 찌를 듯 일어선 무시무시한 형상의 번쾌. 하사받은 큰 술잔을 단숨에 들이켠 뒤 방패를 엎어서 날 돼지고기 덩어리를 얹어 찢어 먹고는, 방약무인하게 항우를 욕하였다. 이것으로 흥이 식어 검무는 중단되고 다시 주연이 시작되었다.

'홍문의 연'은 연기자가 총집합해 있다는 점에서 흥미롭다. 만만찮은 개성들이 갖가지 생각을 품고서 임기응변을 하면서 일으키는 갈등이 극적이라서 재미있다. 더구나 천하 통일의 성패가 걸려 있어 무대는 더욱 긴박하다.

측간에 갔던 채로 유방은 연회석에 돌아오지 않고 파상灞上으로 도망쳤다. 항우는 천재일우千載一遇의 기회를 놓쳤다.

함양에 입성한 항우는 유방과는 대조적이었다. 진나라 왕 자영을 피의 제물로 바치고, 궁중 곳간의 봉인을 뜯어 진나라 보물을 훔쳤으며, 후궁의 미녀를 범하고 궁전에 불을 놓았다. 함양의 수도는 전부 타버렸다. 단번에 항우는 인기를 잃었다. 격정이 시키는 대로 내맡겼던 그 우쭐함 때문에 항우는 그런 사실을 눈치채지 못하였다.

본래 항우의 집안은 대대로 초나라의 장군을 배출해온 집안이었다. 조부 항연이 진나라 장군 왕전王翦에게 살해되는 불행이 있어서, 항우는 숙부 항량의 손에서 자랐다. 영락하였다고 하지만 귀공자다. 진나라에 대한 복수심은 무시무시했다. 항량은 소년 항우에게 읽기 쓰기를 가르치고 검을 익히게 하였으나 조금도 진보가 없었다. 항량이 성을 내자, "글씨 쓰기는 자기 이름을 쓸 수 있으면 충분합니다. 검은 한 사람의 적을 쓰러뜨릴 뿐이니 배울 필요가 없습니다. 만 명의 적을 도륙하는 기술을 배우고 싶습니다"라고 답하였다. 병법을 배우게 하자 흥미를 갖고 공부하였으나, 요점만 파악하면 된다 하고 그 뒤는 팽개쳐버렸다. 요컨대 항우는 무언가를 배워서 아는 것이 싫었다. 항량의 말에 귀를 기울이지 않았듯이, 부하의 의견도 듣는 일이 없었다. '홍문의 연'에서도 범증의 신호를 무시하고 자기 생각대로 유방을 살려주었다.

진 시황제의 순행 행렬을 보고 자기도 모르게 "이제 곧 저 녀석을 대신해야지"라고 내뱉었던 항우는, 그때부터 자신의 격정에 떠밀려서 인생을 살았다. 진실로 항우는 격정의 영웅이었다. 그 격정에 물들어버리면 항우 휘하의 군단은 불꽃으로 타올라서 반드시 승리를 거두었다. 그러나 때로는 그 격정의 무서움에 부하들은 부들부들 떨어, 귀중한 인재가 그의 곁에서 사라져갔다. 격정이 항우를 패배로 내몰았던 것이다.

사마천은 진솔하고 대담하며 그러면서도 인정에 약한 파탄의 영웅에게 호의를 품고는 있었으나, 항우의 약점에 대해서도 가차없는 비판을 가했다. 항우는 전쟁의 승리에 자만하여 옛 현인의 말과 옛 역사의 사례를 배우지 않았다고 한다. 무력만으로 천하를 경영하여 패망하였거늘 하늘이 자신을 파멸시켰다고 생각한 것은 결정적인 오류였다고 사마천은 그를 지탄한다.

한편 유방은 패현沛縣의 이름없는 농민의 아들로 태어났다. 패현이란 현재의 강소성 동산현銅山縣의 서북부에 해당한다.

유방은 코가 우뚝하고 용안龍顔이었다고 한다. 용안이 무언지는
알기 어렵지만, 용처럼 가늘고 길며 위엄에 찬 얼굴 생김이었으리
라. 그 얼굴에는 멋진 수염이 자라 있었고, 왼쪽 허벅지에는 일흔두
개의 점이 있었다. "어질어서 사람을 사랑하고 즐겨 베푸는" 면이
있었기에, 어느 때부터인가 마을에서 인기 있는 사람이 되었다.

장년 서른 살이 되어 사수泗水의 정장亭長이라는 말직에 있었는
데, 술과 여자를 좋아하여 놀기만 할 뿐이고 일에는 전념하지 않았
다.

유방은 함양으로 노역을 나가다가 진 시황제의 성대한 행렬을 눈
앞에 보고, 큰 한숨을 내쉬며 말하였다.

"아아, 대장부라면 마땅히 이와 같아야 하리."

남자로 태어난 바에는 이렇게 되지 않으면 안된다는 탄성을 내뱉
았던 것이다. 이 장면은 항우와는 전혀 달랐다.

하지만 그 용모가 용안이고 허벅지에 일흔두 개의 점이 있었듯
이, 유방에게는 천자의 기운이 감돌았다.

시황제는 함양에 있으면서 "동남쪽에 천자의 기가 있다"고 그 기
운을 감지하고서는, 동남쪽 땅으로 향하였다고 한다. 동남쪽 땅이
란 바로 패현이 있는 방향을 가리킨다. 유방은 그 말을 듣고, 이것
은 자신의 일이라고 느껴, 뒷날 여태후呂太后가 되는 아내에게조차
말하지 않고 즉시 망현芒縣의 솟바위가 많은 산택山澤 지역으로 몸
을 숨겼다. 시황제에게 들킬까봐 두려워해서였다.

그런데 여태후의 말에 따르면, 유방이 있는 곳에는 반드시 구름
기운이 감돌고 있었으므로 유방을 찾아내는 데 아무 힘도 들지 않
았다고 한다. 용안이든 구름 기운이든 모두가 용이 점지한 아들이
라는 전설로 장식된 유방의 출생과 걸맞은 이야기다. 중국에서 용

은 옛날부터 천자의 상징이었다. 패현의 자제들도 이 이야기를 듣고 유방의 부하가 되었다.

그로부터 얼마 지나지 않아 진섭陳涉과 오광吳廣이 반진反秦 폭동의 도화선에 불을 붙여 군사를 일으켰다.

패현의 서기書記 소하蕭何와 옥리獄吏 조삼曹參 등이 미리 짜고 유방을 부추겨, 패현의 반란군 지도자로 떠받들었다.

이리하여 패나라 반란군 장수로서 초나라의 반진 연합군과 합류, 항우와 함께 함양 공략에 나섰다.

'홍문의 연' 뒤에 관중의 패왕이 된 항우가 논공행상論功行賞을 하였는데, 유방은 불만이었다. 항우가 유방을 한왕漢王으로 삼아 지금의 사천성 파·촉의 벽지에 가두어두었기 때문이다.

유방이 항우와 자웅을 겨루어야 한다고 생각하게 된 것은 이때부터다. 유방은 불리한 상황에 놓이면 우세한 상황으로 바뀌기까지 참을성 있게 기다리는 자세가 있었다. 몇 번인가 서로 밀고 당기는 격렬한 승부가 있었지만, 사 년 간을 파·촉 땅에서 기다렸다.

기회는 찾아왔다. 항우에게 반감을 품은 게릴라의 봉기로 동분서주하게 된 항우의 군대가 점차 피로한 기색을 보이기 시작하였다.

기원전 203년 여름 8월, 그 약점을 찔러 형세를 역전시킨 유방은 항우와 정전 협정을 맺었다. 중국을 둘로 나누어 항우가 동반부를, 유방이 서반부를 지배하기로 하였다.

그런데 유방은 정전 협정이 체결되어 초나라로 군대를 퇴각시키고 있던 항우가 방심한 틈을 타서 뒤에서 습격하였다. 분명히 협정 위반이다. 그리고 유방은 항우를 해하로 몰아넣었다. 여기서 '초한 전쟁'은 종말을 고하고 한 왕조가 성립한다. 유방은 한나라의 고조高祖가 되어 천하에 군림하였다.

유방은 뒷날 자신이 항우를 이기고 천하를 취할 수 있었던 이유를 이렇게 말하였다.

"장막 속에서 모책을 짜내어 천 리 바깥의 승리를 결정짓는 점에서 나는 자방子房에게 못 미친다. 국가를 진정시키고 백성을 안도시키며 병참 노선을 확보하는 일에서 나는 소하에게 전혀 미치지 못한다. 백만의 군병을 정렬하여 싸우면 반드시 이기고 공격하면 반드시 취하는 것을 두고 말하면 나는 한신韓信의 맞수가 아니다. 그들은 모두 걸물들이다. 나는 그들을 잘 활용할 수 있었을 뿐이다. 그런데 항우에게는 범증 한 사람만 있었을 뿐이고, 그조차도 잘 활용하지 못하였다." 자방이란 장량을 두고 하는 말이다.

확실히 유방에게는 뛰어난 부하가 많았고 그 특성을 잘 알아 적절하게 부릴 수 있는 능력이 있었다. 승리를 거두면 공 있는 자에게 아낌없이 포상하여 사람의 마음을 사로잡았다. 집단 관리의 능력에서 볼 때 격정적인 항우보다 훨씬 탁월한 점을 지니고 있었던 것이다. 항우처럼 자신의 힘을 과신하지 않았으므로, 남의 의견에 귀를 잘 기울였다.

함양에 항우보다 먼저 진입하였을 때에도 장량의 진언을 받아들여 관중에서의 평판을 높였다. '홍문의 연'에서 탈출을 꾀하였을 때의 일. 유방은 측간에서 그냥 도망하기 전에 항우에게 인사하고 가는 것이 어떨까 하고 주저하였다. 번쾌가 말하였다. "큰 행동은 사소한 잘못을 돌아보지 않고, 큰 예는 작은 겸양謙讓에 마음을 흩뜨리지 않습니다." 중요한 행동 앞에서는 자잘한 잘못을 고려할 필요가 없으며, 커다란 예의 앞에서는 작은 겸양 따위는 문제삼을 필요가 없다는 정도의 의미이다. 당신은 도마 위의 생선이 아닙니까. 인사 따위는 필요 없습니다. 이렇게 말하는 번쾌의 간언을 받아들였으므로, 가까스로 유방은 목숨을 건질 수 있었다.

처음에 유방은 천하를 차지하겠다는 의식이 없었다. 자신은 그렇게 엄청난 그릇이 못된다고 생각하였다. 그 점은 처음부터 진 시황제를 대신하리라고 생각하여 천하를 차지하겠다는 의식을 뚜렷이 지녔던 항우와 달랐다. 그러한 그릇이 못된다고 하는 자각이 거꾸로 어느새 유방을 천하를 차지할 인물로 만든 면이 있다.

유방은 미천한 출신이지만 나면서부터 "어질어서 남을 사랑하고 즐겨 남에게 베푸는" 덕을 지니고 있었다. 그 때문에 자연히 유방을 흠모하고 그를 키워주려고 하는 인재가 주위에 모여들었다. 나머지는 시절의 형세가 유방을 천자로 만들었다. 유방은 운이 강한 사내였다.

사마천은 『사기』에서 「고조본기高祖本紀」 앞에 「항우본기」를 두었다.

본기本紀란 세계의 중심 인물인 제왕의 연대기이다. 그 본기에 제왕이 아닌 항우의 사적을 넣어둔 것 자체가 역사서의 구성으로서는 이례적인 것이다. 실은 그 점에 사마천의 현실적이자 단호한 역사관이 드러나 있다.

진나라를 멸망으로 이끈 제일 공로자는 항우라고 사마천은 보았다. 항우는 '홍문의 연'을 전후한 수 년 동안 세계의 중심 인물이었다. 그리고 진나라가 멸망한 뒤 중국 통일을 위해 분주한 공로는 유방보다 뛰어났다고 보아, 사마천은 그러한 이례적인 조치를 취한 것이다.

더욱이 항우는 한 왕조에게는 적대자였다. 그러한 인물의 사적을 한 왕조의 창시자인 유방의 연대기 앞에 둔 것이므로 대담한 시도였다. 또 있다. 「항우본기」에는 냉혹하고 비정한 유방의 일면이 묘사되어 있다. 항우에게 대패한 팽성彭城 싸움에서의 일. 유방은 항우 군대의 추격을 뿌리치기 위해 마차에 태워 가던 사랑하는 자식을 둘이나 수레에서 떨어뜨려, 조금이라도 수레의 속도를 빠르게 하려 했다고 한다. 과연 사마천도 이것을 「고조본기」에 적는 것은 꺼렸지만, 「항우본기」에는 빠짐없이 적어두었다.

만일 『사기』가 자기 스스로 적어 남겨두고자 하였던 야사가 아니라 한나라 왕조의 공적인 역사 편찬 계획에 따라 집필된 것이라면, 그러한 구상을 세우는 일도, 그러한 기사를 적는 일도 금지되었으리라. 패배의 영웅 항우가 『사기』 속에 안심하고 잠들어야 할 이유는 여기에 있다.

배수의 진 / 국사무쌍
—— 한신과 장량

한신韓信과 장량張良은 둘 다 한나라 고조 유방을 도와 왕조 창업의 대사업을 달성한 공신이었다. 『사기』에서 한신의 전기는 「회음후열전淮陰侯列傳」에, 장량의 전기는 「유후세가留侯世家」에 기록되어 있다. "장막 속에서 모책을 짜내어 천 리 바깥의 승리를 결정짓는 점에서 나는 자방에게 못 미친다. 백만의 군병을 정렬하여 싸우면 반드시 이기고 공격하면 반드시 취하는 것을 두고 말하면 나는 한신의 맞수가 아니다"라는 명 평가를 내린 것은 다름아닌 한 고조였다.

기원전 202년, 항우를 파멸시키고 제위에 오른 유방이 낙양의 남궁에서 축하연을 열었을 때 뭇 신하들 앞에서, 자신과 노고를 같이 해온 공신들에 대한 감사의 뜻을 담아 피력한, 지기知己로서의 말이었다.

한신과 장량은 그 출처진퇴 어느 하나를 거론해보아도 이만큼 대조적인 인물이 또 없을 정도로 진기한 대조를 이룬다. 한신이 회음후淮陰侯라 불린 것은 현재의 강소성에 있는 회음현 출신으로, 뒷날 마지막에 그 지방의 왕으로 봉해졌기 때문이다. 하지만 출신에 대해 아무것도 알 수 없는 점으로 보면 미천한 출생이었음에 틀림없는 듯하다.

한신은 모친이 죽었어도 장례식을 치를 수 없을 만큼 가난하였다. 그래서 시신을 등에 지고 회음의 한 구릉에 올라가 높고 툭 트인 곳에 묘를 만들었다. 그때 한신은 어머니의 묘에 대고 맹세했다. "지금은 그저 넓기만 하고 황량한 곳입니다만, 조금만 참아주십시오. 언젠가 제가 세상에 나가서 이름을 드날려 이곳에 일만 호 이상의 집을 만들어서 보여드리겠습니다." 여기서 보이는 기상은 매우 장대하지만, 이 무렵 한신은 가난한 데다가 별 볼일 없었다. 물건을 팔아 생계를 꾸리지도 못하고, 언제나 남에게 빌붙어서 먹고 마시는 형편이었다.

한신이 남의 사타구니 밑을 기어 지나갔다는 유명한 이야기도 이 회음에서의 일이다. 그 부근의 부랑아로 한신을 바보 취급하는 자들이 있었다. 어느 날 한신을 에워싸고 욕지거리를 해대었다. "네 놈은 큰 덩치에 긴 칼을 차고 모양만 내고 있지, 알맹이는 겁쟁이야."

"자 죽일테면 죽여봐라. 못 하겠다면 내 사타구니 사이를 기어 지나가봐."

그러자 한신은 그 사내를 노려보다가는, 납죽 엎드려서 사내의 사타구니 아래를 기어 지나갔다.

북적북적 모여 있던 사람들은 모두 한신을 비겁자, 겁쟁이라고 욕하였다. 한신은 묵묵히 굴욕을 참았다. 장대한 뜻이 있어 일시의 굴욕을 감내할 수 있었던 것이다.

이것도 그 무렵의 일. 한신이 회음 성시城市의 부근에서 낚시를 하고 있었다. 솜을 물에 빨고 있는 아주머니가 배를 쫄쫄 굶고 있는 한신의 모습을 보고, 솜 빼는 일이 끝날 때까지 수십 일 간을 매일같이 한신에게 밥을 주었다. 언젠가 반드시 갚겠다고 한신이 사의를 표하자, 아주머니는 화를 내며 야단쳤다.

"대장부가 스스로 벌어 먹을 수 없다니. 나는 왕손王孫을 불쌍히 여겨 밥을 준 것이오. 보답받길 기대해서 그렇게 했겠소." 여기서 말하는 대장부란 제구실을 하는 사내. 왕손이란 왕공·귀족의 자제에게 사용하는 호칭. 이제까지 누구도 한신을 제구실을 하는 사내로 취급해준 사람이 없었다. 하물며 왕손이라고 불러주는 일 따위는 한 번도 없었다. 아주머니만은 그렇게 불러준 것이다. 가난하지만 장래가 기대되는 청년이라고 여겨 격려하는 뜻에서 한 말이었다. 한신은 마음을 굳게 먹었다.

장량은 한韓나라 사람이다. 조부와 부친 모두 재상을 역임한 일이 있는 한나라 명문의 출신이었다.

장량의 부친이 죽은 지 꼭 이십 년 되는 해에 진나라는 한나라를 멸하였다. 당시 장량은 어렸으나, 한나라를 위해 진나라에 원수를 갚겠다고 결의하였다. 아우가 죽었어도 장례를 치르지 않고, 모든 가산을 내어 진나라 왕을 찔러 죽일 사람을 구하였다.

진 시황제가 동방으로 순행할 때, 지금의 하남성 원양현原陽縣 남쪽인 박랑사博浪沙에서 장량이 고용한 역사力士가 무게 이백 근의 철퇴를 시황제를 향해 내던졌다 그러나 맞지 않아 저격에 실패하였다. 격노한 시황제는 범인을 추적하였다.

장량은 할 수 없이 이름을 바꾸어 하비下邳, 지금의 강소성 비현邳縣에 숨었다.

그러던 어느 날이었다. 장량이 하비의 어느 다리 부근을 산책하

고 있자니, 아주 허름한 옷을 걸친 노인이 장량의 눈앞에서 일부러
신발을 다리 아래로 떨어뜨리고는 "이놈아 가져와라"라고 말하였
다. 노령인 것을 보아 참고서 신발을 주워 올라오자 노인은 "신겨
라"라고 말했다. 장량이 무릎을 꿇고 신겨주자 노인은 일단 웃고 떠
나갔으나, 다시 돌아와서 이렇게 말하였다. "이놈아, 한 가지 가르
쳐주겠다. 닷새 뒤 이른 아침에 여기서 나를 만나라." 닷새 지나 장
량은 아침 일찍 나가보았는데 노인은 이미 와 있다가 장량을 꾸짖
었다. "노인과 약속하고서 늦게 오는 것은 무슨 일이냐. 꺼져라. 다
시 닷새 뒤 아침 일찍 만나자." 장량은 닷새 뒤에 닭 울음 소리와 함
께 일어나 나가보았으나 노인에게 또 선수를 빼앗겼다. 그로부터
다시 닷새 뒤에 만나기로 하였다. '어디 이번에야말로' 하며 장량은
한밤중에 나갔다. 잠시 있자니 노인이 왔다. 기뻐하면서 "당연히 그
래야지"라고 말하고 책 하나를 끄집어내었다. 태공망 여상呂尚의 병
법서였다. 장량은 기이하게 여겨 반복해서 소리내어 읽었다. 헤어
질 즈음에 노인은 "이것을 읽으면 천하에 왕 노릇할 사람의 사부가
되리라"라고 말하였다. 예언한 대로 뒷날 장량은 유방의 명 군사軍
師가 된다. 이래서 장량은 하비의 협객 무리 속에 들어갔다. 항우의
숙부 항백이 사람을 죽이고 장량의 도움으로 몸을 숨길 수 있었던
것은 이 협객 시절의 일이었다.

　장량의 목적은 오로지 진나라에 대한 보복에 있었다. 진나라 말
기의 대란을 당하여 거병한 장량은 우연히 유留 땅에서 유방을 만
나, 그 커다란 재능과 도량에 감동하여 진나라 타도를 목표로 행동
을 같이하게 된다. 일단 유방의 막하에 참가하자 지모를 유감없이
발휘하여 궁지에 처한 유방을 자주 구하였다. 그러나 한 번도 스스
로 진두 지휘를 하는 일이 없었다. 오로지 책상 위에서 전략 계획을

짜서 천 리 바깥의 싸움을 승리로 이끌었다. 삼국 시대의 제갈공명보다 뛰어났으면 뛰어났지 뒤지지 않는 희대의 명 군사였다.

'홍문의 연'에서 유방을 호랑이 굴에서 탈출시킨 것을 비롯하여, 용장 경포黥布와 팽월彭越을 유방의 막하로 부르고, 한신을 제나라 왕에 임명해서 한나라의 별동대로 삼아 항우를 포위하는 전술을 써서 항우 군단을 괴멸시킨 것은 모두 장량의 탁월한 지모에 의한 것이었다.

한편 회음에서 의지를 불태우던 한신은 진나라 말의 대란이 시작되자 일찌감치 항우 군단에 몸을 의탁하여 항우의 시중꾼으로 발탁된다. 그리고 시중꾼이라는 측근의 입장을 이용하여 자주 계책을 올려 중용되기를 구하였으나 항우는 도무지 상대해주지 않았다. 한신은 틀렸다고 단념하고서 마음을 바꾸어 한나라 군대에 귀속하였다. 유방이 파·촉 땅에서 한왕으로 있었던 시기다.

한신이 유방 휘하에 들어가 임명된 것은 손님 접대역. 이때 무슨 일인가로 법에 저촉되어 같은 죄목의 열세 사람과 함께 참수형에 처해지게 되었다. 처형의 순서가 한신에게 돌아왔다. 그때 한신은 얼굴을 쳐들고, 마침 거기에 있던 유방의 심복 하후영夏侯嬰에게 말하였다. "주상은 천하를 얻으려 하지 않으시는가. 어째서 대장부를 베는가." 주상이신 유방은 천하의 평정을 바라고 있지 않은가, 그런데 어째서 대장부인 나를 베는 것이냐. 한신은 뒷날 '배수의 진'을 쳐서 전황을 역전시켰던 사내다. 생사를 건 이 탄복할 만한 발언에 하후영은 완전히 반하였다. 죽이지 않고 살려주고 도리어 유방에게 천거하였다.

당시 한나라 승상으로 유방의 신뢰를 가장 많이 받고 있던 소하도 한신의 재능을 꿰뚫어보고 천거하였으나 유방은 도무지 등용하려 하지 않았다. 이 무렵 파·촉 땅에 죽치고 있는 유방에게 정나미가 떨어진 휘하 장교 수십 명이 도망했다. 한신도 도망쳤다. 이 소식을 듣고 소하는 뒤쫓았다. 유방이 내 오른팔 소하마저 도망쳤는가 생각하여 낙담하고 있던 차에 소하가 돌아왔다. 이유를 다그치자, 다른 장교들은 아무래도 좋으나 한신이야말로 '무쌍無雙의 국사國士'로서 그를 잃고서는 천하를 취할 수 없다고 생각했으므로 뒤쫓아가서 데리고 돌아왔다고 말한다. 유방은 소하에게 이렇게까지 말을 듣고서는 마음이 여려졌다. 단번에 한신을 대장군으로 발탁하였다. '국사무쌍.' 한 나라에 두 사람이 있을 수 없는 그런 훌륭한 인물이라는 말은 여기에서 태어났다.

그 뒤 야전 총사령관으로서 한신은 종횡무진 활약하였다.

한·초의 싸움이 격렬하였던 기원전 200년, 한나라의 지대支隊 수만 명의 군사를 이끌고 한신은 조趙나라로 진격하였다. 조나라는 좁은 길의 출구에 성을 쌓고 대군 이십만을 집결시켜 기다렸다. 조나라의 성과 가까운 지점에 이르자, 한신은 우선 기병 이천 명에게 붉은 색의 깃발을 들려 조나라 군대의 움직임이 내려다보이는 산그늘에 숨겨두었다. 이어서 일만의 군사를 발진시켜 성 앞쪽의 강을 건너게 해서 이른바 '배수의 진'을 치게 하였다. 마지막으로 한신 스스로 본대를 이끌고 조나라 군을 치러 나섰는데, 도중에 패배를 가장하여 도망치기 시작해 '배수의 진'을 펴고 있는 군대와 합류하였다.

조나라 군대는 한신의 포진을 보고 얕보았다. 단숨에 눌러버리겠다고 전군이 출격하였다. '배수의 진'을 친 한신의 병사들은 애당초 퇴로가 끊겨 있었다. 필사적인 싸움이었다. 마침내 조나라 대군이 퇴각하기 시작하였다. 그 틈에 산그늘에 숨어 있던 기병이 텅 빈 조나라 성에 들어가 붉은 깃발을 세웠다. 그것을 보고 조나라 군사는 완전히 혼란에 빠졌다. 이렇게 하여 한신은 대승리를 거두었다. 성패를 걸고 사태에 맞부딪쳤던 '배수의 진' 덕분이었다.

한신의 군단이 중국 동북부를 진압하여 유방 군단과 협공하는 형세로 항우의 군단을 괴멸로 몰고간 것은 그로부터 얼마되지 않은 뒤의 일이다.

유방은 한나라의 고조가 되자, 초나라의 광대한 영지를 나누어 한신을 초왕에 봉하였다. 하지만 늘 마음놓을 수 없는 존재로 여겨 두려워한 것이 이 한신이었다. 하지만 한신의 편에서는 경계심이 전혀 없었다. 출처진퇴에 신중하지 않으면 안될 가장 중요한 시기에 모반의 혐의를 받고 말았다. 그 때문에 초왕에서 보통의 영주에 해당하는 회음후로 격하되었다. 이에 불만을 가진 한신은 사 년 뒤 수도에서 마침내 무모한 쿠데타를 일으켜 허무하게 살해되고 말았다. 이것이 '국사무쌍'이라 일컬어졌던 영웅 한신의 최후였다.

유방은 천하 통일을 이루자, 군사 장량의 공적을 높이 평가하여 제나라 왕에 봉하고 삼만 호의 영지를 주었다. 그러나 장량은 공을 자랑하지 않고 겸허하였다. 사퇴하면서 이렇게 말하였다.

"처음에 저는 하비에서 몸을 일으켜 주상과 유 땅에서 만났습니다. 이것은 하늘이 저를 폐하에게 준 것입니다. 폐하는 저의 계책을 이용하여 다행히 시기에 적중하였습니다. 바라건대 유 땅에 봉해지면 충분합니다. 감히 삼만 호에는 합당치 못합니다."

이렇게 해서 희망대로 장량은 유후留侯에 봉해졌고, 그 뒤로도 제왕의 스승으로 추앙되어 천수를 다하였다. 장량에게는 무엇보다도 원수 진나라를 타도하여 목적을 다했다는 자족감이 있었다.

하비의 다리에서 장량에게 병법서를 준 노인이 은자隱者였다고 한다면, 장량에게는 젊은 시절부터 은자를 향한 동경심이 있었다고 보아도 좋으리라. 전란의 실상을 자세히 보아온 장량은 인간의 존재 그 자체에 대해 공허감을 느끼게 되었던 것일까, 만년에는 유 땅에 은둔하면서, "지금 나는 혀끝 세 치로 제왕의 스승이 되어 일만 호의 영지를 받고 열후의 반열에 들어 있다. 일개 서민으로 전락한 일이 있던 몸으로서 이 이상의 영달은 다시 없을 것이다. 이것으로 충분하다. 뒷날은 신선 적송자赤松子처럼 선계에서 노닐고 싶다"라고 하여 양생술養生術에 힘썼다고 한다.

흥미롭게도 처음에 사마천은 장량에 대하여 용맹스럽고 장대한 대장부의 형상을 상상하였던 듯하다. 그런데 그의 초상을 보고서는 여인으로서도 미인에 속할 만한 용모인 점에 놀랐다고 한다. 그 장량이 궁지에 빠진 고조를 그때마다 구해낸 공적은 그 자신의 지모에 의한 것이었지 하늘이 준 행운은 아니었다고 사마천은 보았다.

한신에 대한 비평은 자못 준엄하다. 한신이 도를 배워 겸양해서 만일 공적이나 재능을 자만하지 않았더라면 그렇게 실각하지 않고, 한나라 왕실에 기여한 혁혁한 훈공으로 주 왕조의 주공周公·소공召公, 그리고 태공망 등 창업을 보필했던 제후들처럼 자자손손 제사를 받게 되었을 것을, 안타깝게도 천하 통일 뒤의 안정기에 출처진퇴를 그르쳐 무모한 쿠데타를 일으켰으니, 일족이 주살당하게 되는 불행한 운명에 처해진 것은 당연한 결과가 아닌가. 확실히 사마천의 말 그대로였을 것이다.

곡학아세
—급암과 공손홍·장탕

『사기』의 열전편에서 여기 거론하는 두 인물, 공손홍公孫弘과 장탕張湯은 한 무제의 유능한 관료로서 활약하였다. 이른바 사마천과 동시대인이다.

이 두 사람의 고급 관료를 통박한 인물이 있다. 급암汲黯이다. 『사기』의 「급·정열전汲鄭列傳」에 등장한다. 급암은 황로黃老의 학문을 닦아 경제 때 태자세마太子洗馬 즉 황태자의 시종이 된 이래로, 경제·무제의 두 대에 걸쳐 벼슬하였다. 급암이 의관을 바로하여 조정에 서면, 황제도 신하도 경박한 말을 하지 못하였다. 그만큼 위엄에 가득 차 있었다.

급암은 학문을 대단히 좋아하였고, 게다가 풍모가 좋은 협객 체질의 호걸이었다. 황태자 시절부터의 시종이라는 점도 있어서 무제가 가장 어려워한 이가 이 사람이었다. 거침없이 충고하여 무제를 종종 화나게 만들었고, 무제가 중용하였던 승상 공손홍과 정리廷吏 장탕을 붙잡아서는 예절이고 인사도 없이 매도함에 거리낌이 없었다.

급압은 황로黃老의 학문을 체득하고 있었으므로, 대신의 지위에 있는 자가 민정에 임할 때에는 청렴한 태도를 유지하는 것이 좋다고 보았다. 나머지는 차관부터 서기에 이르기까지 확실한 인재를 골라 직무를 맡겨, 큰 맥락만 짚어주고 세세한 일에는 일절 간섭하지 않는 방침으로 일관하였다.

무제 이전의 두 황제, 즉 문제와 경제는 황로의 학문을 존숭하여 일부러 꾸미지 않는 '무위無爲'의 통치 방침을 취하였다. 이 방침을 좋다고 여겨 답습한 것이 급암이다. 그는 인간 세계의 커다란 약속들을 존중하고, 법률 조문 따위에는 그다지 구속되는 일이 없었다. 기회 있을 때마다 법률을 세세하게 만들고 유교 도덕의 명분에 집착하였던 무제의 시대가 되어서도 무위로 교화하는 방침을 밀고 나갔던 급암의 이러한 태도는 오히려 두드러져 멋이 있었다.

이를테면 무제의 흉노 강경 정책을 정면으로 반대한 것도 급암이다. 그는 주변 이민족과는 화친 조약을 맺어야지, 국력의 소모에 연결되는 군사 행동을 일으키는 대외 정책은 어리석은 위정자가 하는 짓이라고 생각하였다. 무제는 흉노 정벌에 기를 써서 사방의 이민족을 회유하는 일에 필사적이었으므로, 당연히 두 사람의 의견은 대립하였다.

공손홍은 일개 유학자의 몸으로 무제의 '현량방정賢良方正' 정책에 따라 등용되어, 무제의 총애를 입어 일국의 재상으로까지 영달한 인물. 뒷날 평진후平津侯의 작위를 받아 제후의 반열에 들었다. 『사기』에서는 「평진후·주보열전平津侯主父列傳」에 그 전기가 기재되어 있다.

그는 제나라 치천菑川 사람. 지금의 산동성 등현滕縣 출신이었다. 집안이 가난하여 해변에서 돼지를 쳐서 생계를 꾸렸다. 그러한 생활 때문이었을까, 마흔 살을 넘겨서 비로소 『춘추』에 관한 종합적인

공부에 착수하여 주로 춘추 공양학에 따라 유교를 닦은 만학晩學의
지식인이었다.

그 공부 자세와 계모를 지성으로 섬기는 효행이 인정되어 치천의
관아로부터 학자로 추천되었다. 원광 5년(기원전 130년)의 일이다.
이때 수도에 초빙된 다른 학자들과 함께 시사時事 문제 시험을 치렀
는데, 성적은 아래쪽이었다. 그런데 공손홍의 답안이 무제에게 제
출되자 의외로 무제의 마음에 들어 일등으로 끌어올려졌다. 불러다
보니 예순 살이기는 하지만 용모와 자태가 단아하였다. 게다가 답
변에 실수가 없었으므로 즉각 박사의 관직에 임명하였다.

하지만 자력에 의한 만학의 비애. 당시 시경학詩經學의 전문가로
명성이 높았던 원고생轅固生도 '현명하면서 양식 있는' 자로서 공손
홍과 함께 초빙되었는데, 그 원고생 앞에서 공손홍은 얼굴을 맞들
수 없는 상태였다. 『사기』의 「유림열전」은 원고생이 공손홍에게 이
렇게 말했다고 전한다.

원고생이 말하였다. "공손씨, 올바른 학문에 힘써서 할 말을 제
대로 말하시오. 학문을 왜곡하여 세상에 아첨하지 마시오."

올바른 공부를 닦아서 해야 할 말을 말하라. 학문을 왜곡하여 세
상에 아첨해서는 안된다고 하는 의미이다. 공손홍은 '곡학아세曲學
阿世'의 무리로 간주되어 원고생으로부터 조롱조의 아픈 충고를 받
았던 것이다.

하지만 당시 무제는 유교에 마음을 기울이고 있었으므로, 유학자
이면서 잘 알랑거리는 공손홍을 차츰 중용하여 마침내 승상의 지위
에 앉혔다.

　　재상이 되어서도 공손홍은 늘 삼베로 짠 조촐한 의복을 걸치고 식사 때는 고기 한 접시를 취할 정도의 생활을 했다. 계모가 돌아가 시자 효심을 다하여 정중하게 장례지내고, 유교의 형식대로 삼년상을 치렀다. 조정에서 어전 회의가 열리면 공손홍은 언제나 판단의 근거가 될 자료를 개진하는 데 그쳐 무제가 친히 결단하도록 꾀하였고, 남들과 직접 대면하여 논쟁하는 일이 결코 없었다. 변론에는 착오가 없었고, 관청의 사무에 능숙했으며, 게다가 유학의 학식으로 표현을 장식하였으므로 무제는 대단히 기뻐하여 공손홍을 중용하였다고 한다.

　　이 공손홍에 대해 급암은 "내심에 성실함이 없는 주제에 다만 지혜 있는 척하여 군주의 비위를 맞추고 있다"고 비웃었다. 이것은 지금의 검찰총장 자리에 있던 장탕에 대해서도 마찬가지였다. "도필刀筆의 관리들은 여하튼 법조문을 비정하게 적용하고, 사람을 교묘하게 탄핵해서 죄에 빠뜨려, 본래의 모습으로 되돌아갈 수 없게 하고 있다. 백성한테 이기는 일만을 솜씨 좋다고 여기고 있다"는 것이 장탕에 대한 급암의 매도였다. 그럼에도 불구하고 무제는 점점 공손홍과 장탕을 존중하였다. 그들 두 사람도 급암을 마음속으로 미워하였다.

　　『사기』「혹리열전酷吏列傳」에 따르면 장탕은 두杜 땅 사람. 현재의 서안시 출신이며, 부친은 시청의 보좌역에 해당하는 승丞을 맡고 있었다고 되어 있다.

　　장탕이 아직 어린애였던 어느 날, 혼자 빈집을 지키고 있었다. 부친이 돌아와 보니 식용으로 장만해두었던 고기를 쥐가 물어간 뒤였다. 부친은 화가 나서 장탕을 채찍으로 때렸다. 부친의 처사가 너무

분하였던지, 장탕은 쥐구멍을 파헤쳐 쥐와 고기를 찾아내서는, 쥐를 붙잡아 혼내주고 구술서를 만들어 신문하고 논고를 하였다. 그리고 남은 고기를 증거로 판결문을 갖춘 뒤, 결국 쥐를 기둥에 묶어 찔러 죽이는 책형磔刑에 처하였다. 그 판결문을 본 장탕의 부친은 노련한 옥리獄吏와 꼭 닮은 것에 경탄하여, 그 후로는 법률 문서를 모두 자식에게 대신 작성하게 하였다고 한다. 무서운 아이였다. 어릴 때 이미 장래 검찰총장인 정리廷吏가 될 자질의 편린을 보여주었던 것이다.

처음에는 장안 도성의 관리가 되었으나, 무릉茂陵의 경찰청장인 위尉로 승진하였고, 다시 황제 비서관인 사史가 되어 무제의 직접 명령에 따라 형사 사건의 취조를 맡아보게 되었다. 진황후陳皇后 등이 관계되었던 무제 저주 사건을 담당하여, 사건의 전모를 철저히 밝혀 일당을 깡그리 처단하였다. 이 일로 무제는 장탕을 유능하다고 인정해서 궁중 고문관인 태중대부太中大夫로 발탁, 조우趙禹와 함께 법령 편찬의 일을 맡게 하였다. 기원전 130년의 일로 사마천이 열여섯 살이던 때이다. 장탕은 법령의 제정에 임하여, 아주 준엄한 규정을 만들어 관리들을 충실한 근무 규정 아래 얽어매려고 노력하였다.

그 뒤 법무 장관인 정위廷尉가 된 장탕은, 중대 사건의 판결을 내릴 경우에 고전의 말을 논거로 원용하려고 『상서』와 『춘추』에 밝은 젊은 학자를 비서관으로 활용하였다. 그 무렵 무제가 유교의 학문에 매력을 느끼고 있음을 알고 있었기 때문이다. '곡학아세'라 할 때, 장탕이 한 일이 바로 그 말 그대로였다. 장탕은 기소된 안건에 대하여 무제가 엄중히 처벌하려는 의향을 지녔을 때에는 비정하고 준렬한 부하의 손에 그 안건을 맡겼고, 반대로 무제가 무죄로 해주려는 의향을 지녔을 때에는 공평하고 관대한 부하에게 그 안건을 맡겼다.

기원전 121년, 한 제국은 대동원령을 내려 흉노로 출병하였는데, 때마침 화산華山 동쪽의 평원에 홍수와 한발이 일어났다. 국고는 바닥이 나버렸다. 이때도 장탕이 활약하였다. 무제의 취지를 잘 알아차리고 한 일이었는데, 백금白金으로 만든 경화硬貨와 오수전五銖錢이란 동전을 주조하고 소금과 철을 전매할 것을 건의하여 국가 재정의 구제에 착수하였다. 하지만 결국은 이 정책을 수행하기 위해 온갖 법조문을 원용하여 백성들에게 교묘히 죄를 덮어씌워 착취하였다. 장탕이 입궐하여 국가 재정의 재건에 관해 보고하자, 무제는 저녁까지 식사도 잊고 이야기에 귀를 기울일 정도였다. 당시의 승상 이채李蔡는 그저 자리만 차지하고 있을 뿐이었고, 천하의 정무는 모두 장탕에 의해 결정되었다.

하지만 모처럼의 새 정책도 만족할 만한 성과를 거두지 못한 채, 백성의 생활을 위협하는 혹독한 법 아래서 불온한 공기가 조성되었다. 백성들은 모두 장탕을 원망하였으나, 무제는 그가 병이 들자 친히 병상을 찾아 위문하였다.

그런 장탕을 무제의 면전에서 자주 질책한 사람이 급암이다. "그대는 대신이면서 위로는 선제·경제의 훌륭하신 과업을 펼쳐 일으키는 일이 없고, 아래로는 천하 백성들의 사악한 마음을 억제하는 일도 없다. 국가를 평안히 하고 백성을 부유하게 하는 일도, 감옥에서 죄인을 없애는 일도 하지 못한다. 나쁘다고 알고 있는 일을 열심히 행하고, 형편없이 세세한 법조문을 만들어서는 그것을 수완으로 여기고 있다. 이런 짓을 하고 있으면 그대의 집안은 후사가 끊길 게 분명하다."

급암은 때때로 장탕과 격론하였다. 장탕이 언제나 시시콜콜한 법조문 해석을 무기로 삼아 비정한 논리를 전개하면, 급암은 단호히 반박하여 높은 이상을 고수하였다. 그러나 장탕의 변론을 굴복시킬 수가 없었으므로 분노에 사로잡혀 매도하는 말을 쏟아부었다. "천하 사람들은 생각하기를, 도필의 관리는 공경公卿 벼슬을 할 수 없다고 여긴다. 과연 그러하다." 세간에서는 '도필의 관리'를 대신으로 삼지 말라고들 한다. 정말로 그 말 그대로이다. "필경 장탕이리라, 천하 사람들로 하여금 발을 겹쳐 서게 하고 눈을 내리깔게 만드는 자는." 천하 사람들이 조심조심 걷고 툭하면 내리뜨는 눈을 하도록 공포 정치를 해대는 자는 이 장탕 놈임에 틀림없다.

급암의 예언대로 장탕은 물자를 매점했다는 이유로 고발되어 자살하였다. 그의 형제와 자식들은 장탕을 후하게 장사지내고 싶었으나, 장탕의 모친은 "내 아들은 천자의 대신이면서 추접스러운 악평을 받고 죽었다. 후하게 장례지낼 것까지 없다"라고 말하였다. 결국 그 시신은 소달구지로 옮겼고, 관은 만들었지만 관을 넣는 곽槨은 없었다고 한다.

사마천은 공손홍이나 장탕과 같은 이른바 '도필의 관리'를 미워하였다. 유학자로 몸을 일으켜 승상의 지위에까지 오른 공손홍에게서는 자신이 전부 책임을 지겠다는 정치적 태도를 찾아볼 수 없다. 올바른 학문을 닦지 않고 학문의 진리를 굽혀서 권력에 아부한 공손홍이 '곡학아세'라고 비난받았다 해도 어쩔 수 없다. 사실 그 말 그대로라고 사마천은 보았다.

또 무제의 뜻에 순종하는 데 급급하여 무턱대고 법조문을 자잘하게 만들어 공포 정치를 행하고 백성의 생활을 위협한 장탕을 사마천은 혹리 가운데 최악의 인물이라고 보았다. '도필의 관리'는 유능한 관리이기는 하지만 절의節義가 부족하고, 그 때문에 권력의 의향에 극도로 민감하다. 더욱이 자기의 몸은 언제나 안전권에 두고서 간교한 술책을 부리고 남을 함정에 빠뜨리는 비정함이 있다. 이 '도필의 관리'를 중용하여 사회에 어두운 그림자를 드리운 것은 무제 그 사람이었다. 사마천은 이상주의자 급암의 매도와 조소를 통해 공손홍과 장탕을 통렬하게 비판했는데, 그런 비판은 그 자체가 사마천의 무제에 대한 비판이었다는 점을 간과해서는 안될 것이다.

야랑자대
──장건

'야랑자대夜郎自大'라는 말이 있다.『사기』「서남이열전西南夷列傳」에 나오는 것으로, "우물 속 개구리, 큰 바다를 모른다"라는 정도의 의미이다. 야랑夜郎이란 중국의 서남부 지대에 위치한 이민족의 나라이다. 무제의 사명을 띠고 연독국身毒國(인도)으로 가는 길을 찾아 나섰던 한나라 사신이 야랑을 거쳐 전滇나라에 도착하였을 때의 일이다. 전나라 국왕이 "한나라와 우리 나라는 어느 쪽이 더 큰가"라고 물었다. 그 자리에 야랑의 국왕도 동석하여 같은 질문을 반복하였다. 자기들의 나라는 자잘한 소부족 국가에 불과하거늘, 그것을 모르는 탓에 광대한 한 제국을 자신들의 나라와 비교한 것이다. 분수를 모르는 짓이었다. 자신의 나라야말로 대국이라고 마음속 깊이 믿고 있었던 것이다. 이것이 '야랑자대'라는 말이 나온 고사다.

한나라 조정에 야랑과 전나라를 비롯한 서남이족의 크고 작은 나라들에 관한 정보를 최초로 가져온 사람은 위대한 모험가 장건張騫이었다.

한 무제가 가장 애먹었던 것은 두말할 것도 없이 흉노 정책이었다. 흉노는 중국의 북서부에 펼쳐진 광대한 사막과 초원 지대에서 유목을 생업으로 한 날쌔고 사나운 부족으로, 자주 장성長城을 넘어 한민족을 위협한 역대의 숙적이었다. 이미 기원전 3세기 후반에 흉노는 강력한 통일 국가를 형성하고 있었다.

한나라 군대가 흉노 토벌에 곤욕을 치른 것은 그 지역이 한랭한 건조 지대였기 때문만이 아니었다. 기마술에 뛰어난 이 유목 민족은 말을 타고 달리면서 활을 쏘는 일에 능란하고 고유의 전술도 가지고 있었기 때문이다.

한 무제는 몇 번이고 대규모 원정군을 투입하였으나 끝내 흉노를 완전히 굴복시킬 수는 없었다. 그래서 등장하게 된 것이 대모험가 장건이다.

무제는 한 제국과 마찬가지로 흉노에게 원한을 품고 있었던 대월지국大月氏國에 눈을 돌려, 그 나라와 동맹을 맺어 흉노를 봉쇄하는 대책으로 나온 것이다. 무제는 이 사명을 장건에게 맡겼다.

『사기』 열전편 가운데 장건의 열전은 독립적으로 구상되어 있지 않으나, 『사기』의 「대원열전大宛列傳」 속에 장건의 사적이 상당히 자세하게 기록되어 있다. 「대원열전」은 "대원의 일은 장건에 의해 알려졌다. 장건은 한중漢中 사람이다"라는 서두로 시작하고 있다. 한중이란 현재의 섬서성 남부 지방. 거기서 장건은 태어났다.

무제가 즉위한 건원 원년(기원전 140년)에서 얼마되지 않은 시기에 장건은 낭관郎官 즉 시종관 견습이 되었다. 대월지와 제휴하려고 생각한 무제는 이 사명을 완수할 유능한 인재를 널리 모집하였다. 장건은 시종관 견습의 하위직에서 지원하여 사절이 되었다. 무제의 적극적 인재 등용책의 하나였다.

장건은 기원전 138년, 일백 명의 종자를 동반하여 농서隴西에서 출발하였으나, 즉시 흉노에게 체포되어 선우單于 앞으로 이송되었

다. 장건은 흉노의 여인을 아내로 맞아 자식을 낳고 십 년의 세월을 보낸 뒤에, 감시가 허술한 틈을 타서 가족과 함께 대원으로 탈출하였다. 대원국은 진작부터 한나라와 통상하기를 희망하고 있었으므로 장건의 일행을 환영하였고, 안내인을 붙여서 강거康居로 보냈다. 강거국은 다시 목적지인 대월지국으로 전송하였다.

하지만 대월지국은 새 땅으로 옮겨가서 흉노에 대한 옛 원한을 잊고 있었을 뿐 아니라, 너무 멀리 떨어진 동방의 나라인 한 제국에 그리 관심을 보이지 않았다. 장건은 한 해 남짓 머무른 뒤에 목적을 완수하지 못하고 천산남로天山南路를 통하여 귀환 길에 올랐다. 귀로에 장건은 다시 흉노에게 체포되어 일 년 남짓 억류된 뒤, 새로운 선우의 즉위로 소란스런 틈을 타서 탈출에 성공하여 한 제국으로 돌아왔다.

무제는 장건을 태중대부太中大夫 즉 궁중 고문관에 임명하였다. 장

건은 사명을 달성하지는 못하였으나, 그의 대여행으로 대원·오손
烏孫·강거·대월지·엄채奄蔡·안식·대하大夏(박트리아) 등의 나
라들이 서방에 연이어 존재한다는 사실을 알게 되어, 중국으로서는
새로운 세계에 대한 시야를 열게 되었다는 의미에서 커다란 성과가
있었다.

　장건의 견문기는 무제에 대한 보고서 형태로 그 일부가『사기』
「대원열전」에 남아 있다. 견문기는 여러 나라의 풍속 생활과 산물,
군세에까지 미치고 있다.

　장건의 보고는 다시 계속되었다. 대하에 갔을 때 사천성 남부의
공邛에서 만들어진 대나무 지팡이와 촉에서 짠 천을 보았는데, 그것
들은 연독국에서 사온 것이었다고 들었으므로, 연독국은 촉에서 그
리 멀지 않으리라고 진술하였다. 그러니 촉에서부터 연독국에 이르
는 길을 택하면 흉노에게 저지당하지 않고 연독국을 경유하여 서방
여러 나라에 빨리 이를 수 있지 않겠는가 하고 진언하였다.

　장건의 보고에 무제는 기뻐하였다. 여러 나라에 선물을 보내어
이익을 미끼로 입조入朝하게 할 수 있다면 평화적인 수단으로 복속
시킬 수가 있고, 아울러 한 제국의 위엄을 널리 퍼뜨릴 수가 있다고
생각하였기 때문이다. 무제는 즉시 촉으로부터 정찰을 위한 사절을
네 갈래 길로 동시에 출발시켜 연독국에 이르는 길을 찾게 하였다.
그렇게 하여 그 도중에 전나라나 야랑 따위의 크고 작은 이민족 나
라들이 존재하고 있음을 알았다. 이것은 큰 수확이었다.

　장건은 부장部將으로서 대장군 위청을 따라 흉노 정벌에 나간 일
이 있는데, 그는 사막 속에서 물과 풀이 있는 곳을 알고 있었으므로
군사들의 허기를 면하게 할 수 있었다. 이것은 대여행의 경험을 활
용한 것으로, 이 공로로 그는 박망후博望侯라는 작위를 하사받았다.

원삭 6년(기원전 123년)의 일이었다.

그 다음해 근위 사단장인 위위衛尉가 된 장건은 이광 장군과 함께 흉노 토벌에 나섰으나 실패. 한나라 군대에 심대한 손해를 입힌 죄로 작위를 박탈당하고 평민이 되었다.

기원전 115년, 서방 여러 나라들에 지대한 관심을 보이던 무제는 다시 장건을 시종관의 우두머리인 중랑장中郎將으로 등용하고는 오손을 비롯한 이웃 여러 나라와의 교류를 협의하기 위하여 단원 삼백 명으로 편성된 사절단의 전권 대사로 그를 파견하였다. 당시 오손은 세 개의 파로 갈려 내분 상태여서 한나라와 통상을 맺을 여유가 없었으나, 그곳을 거점으로 장건은 대원·강거·대월지·대하·안식·연독국 등 여러 나라에 부사副使를 파견하였다. 그렇게 해두고 장건은 오손의 사절단 수십 명과 함께 말 수십 필을 가지고 우선 귀국하였다. 이 기회에 한 제국의 광대함을 오손에 인식시키고자 하였던 것이다.

장건은 귀국 후 외무 담당 경卿의 지위를 수여받아 아홉 명의 대신 반열에 들었으나, 일 년 남짓 뒤에 죽었다.

장건은 신체가 강인하고 마음이 넓은 인물로, 사람을 깊이 신뢰하여 이민족한테도 사랑받는 인간성을 가지고 있었다고 한다. 그렇지 않고서는 십여 년에 이르는 미지의 세계를 향한 파란만장한 대여행이 불가능하였으리라. 강인한 육체, 이민족한테도 사랑받는 개방적 성격, 게다가 세심하면서도 굽힐 줄 모르는 사명감. 이러한 모험가·대여행가로서의 자질이 보통 사람이라면 불가능한 일을 가능하게 하였던 것이다.

사마천은 『사기』 「대원열전」에서 장건에 관한 기사의 결말을 다음과 같이 맺었다.

오손의 사절은 한나라의 인구가 많고 풍요로운 모습을 보고 귀국하여 이를 보고하였다. 그래서 오손은 점점 더 한나라를 존대하게 되었다. 그 뒤 장건의 사후 일 년 남짓 되어, 장건이 대하 등에 나누어 파견하였던 사절들이 모두 각국 사람들을 데리고 돌아왔다. 그래서 서북 여러 나라들이 비로소 한나라와 교류하게 되었던 것이다. 하지만 이 통로를 개척한 사람은 확실히 장건이었다. 그 뒤의 사절들은 누구나 박망후 장건의 이름을 언급하여 외국에 대한 성의의 징표로 삼았고, 외국은 그것으로 그들을 신용하였다.

『사기』「서남이열전」에 따르면, "서남이의 군장君長은 열을 헤아릴 수 있다. 그 중에서 야랑의 나라가 가장 크다. 그 서쪽에는 미막靡莫 따위의 부족이 살고 있으며, 그 수도 열을 헤아릴 수 있다. 그 중에서 전나라가 가장 크다. 전나라의 북쪽에 있는 오랑캐의 군장도 열을 헤아릴 수 있다. 그 중에서 공도邛都가 가장 크다. 이들은 모두 망치 모양으로 상투를 틀고 밭을 경작하면서 촌락을 이루어 생활하고 있다"고 기록되어 있다.

야랑은 현재의 귀주성 서부, 전은 현재의 운남성, 공도는 현재의 사천성 남부에 해당한다.

무제는 원수 원년(기원전 122년), 장건의 대하 견문을 따라서 현재의 사천성으로부터 운남·미얀마를 경유하여 연독국에 이르는 교통로를 탐색하는 사절단을 파견하기로 결정하였다. 이렇게 해서 사천성의 네 갈래 길로부터 연독국에 이르는 교통로를 찾으러 나선 사절은 지금의 곤명昆明 부근에 버티고 있던 만족蠻族의 방해를 받아 살해되어 목적을 달성할 수 없었으나, 이때 비로소 한나라는 전나라와 교섭하게 되었다.

그때 무제가 장건과 상담한 끝에 사절로서 파견한 사람은 왕연우王然于·백시창柏始昌·여월인呂越人 등이었다. 그들이 전나라에 도착하자 전나라 왕 상강嘗羌은 사절을 머무르게 하고, 그들에게 십수 명을 붙여주어 연독국에 이르는 길을 찾을 수 있도록 길 안내를 시켰으나, 곤명 부근에서 길을 저지당하여 어느 한 사람도 연독국에 다다를 수 없었다.

다시 전나라로 돌아온 사자들을 향하여, 전나라 왕이 야랑의 왕과 함께 물은 내용이 한 제국과 자기 나라들의 크기 비교였다. 이것이 '야랑자대'의 고사라는 점은 이미 서술하였다. 『사기』「서남이열전」의 기사에 따르면 '전자대滇自大여야 하겠지만, 전나라보다도 야랑 쪽이 변경의 지명에 걸맞다는 점과, 말의 뉘앙스로 보아도 '전자대'라 하기보다는 '야랑자대'라 하는 쪽이 맛깔스럽기 때문이리라.

그야 어떻든 간에, 그 질문을 받았던 한나라 사절은 전나라의 넓이를 알지 못한 채 귀국해서는 "전나라는 대국입니다. 친하게 지내도록 힘쓰는 것이 좋겠습니다"라고 무제에게 보고하였다. 이 이후로 무제는 전나라를 단념하였다고 한다.

전나라와 야랑의 왕이 한나라에 복속하여 조공을 바치게 된 것은 이로부터 십 년이 지난 무제 원정 6년(기원전 111년), 남방의 최강국이던 남월南越을 한나라가 원정하여 승리를 거두어 한 제국의 우월성을 증명한 결과였다.

뜻이 크면 무엇을 두려워하리
―굴원과 계포

굴원屈原은 중국문학사에 시인으로서의 이름을 맨 처음 새긴 인물이다.

굴원이 근심과 분노의 마음을 담아서 지은 「이소離騷」라는 장편 서정시를 비롯하여, 후세에 그것의 영향 아래 만들어진 작품들을 모아서 편찬한 『초사楚辭』는 그 제목에서 알 수 있듯이, 남방 양자강 중류 지역에 위치한 초나라에서 발생한 고대 민요의 음조를 계승한 사화집詞華集이었다.

『초사』는 북방 황하 유역에서 발생한 가요의 부류를 집대성한 『시경』과 함께 중국문학의 2대 원형을 이룬다. 한랭 지대의 혹독한 생활 풍토를 배경으로 한 『시경』이 대체로 사실적·현실적인 문학인 데 비하여, 아열대의 풍토에서 발생한 『초사』는 공상적·낭만적인 문학이었다.

굴원은 그 『초사』 속에 개인으로서는 최초로 이름을 남긴 인물이자 가장 위대한 시인이다. 그는 『초사』의 대표 시인에 걸맞게 용솟음치는 정열을 내면에 지녀서, 향기 높고 아름다운 서정시를 다수 남겼다.

굴원, 그의 이름은 평平이라고 한다. 전국 시대 중엽, 합종이다 연

횡이다로 떠들썩하던 난세에 초나라 왕가의 혈족인 소昭·굴屈·경
景 삼대 귀족 가문 가운데 굴씨 가문에서 태어났다.

초 회왕懷王 때 좌도左徒가 되었는데, 좌도는 왕의 시종장이라는
직책이다. 박문강기博聞强記하고, 역사에 밝았으며, 문장과 언어에
통달해 있었다. 조정에서는 왕을 보필해서 국사를 도모하여 법령을
내고, 외교면에서는 빈객을 접대하고 제후를 응대하였으므로, 왕의
각별한 신임을 받았다.

그 무렵 중국의 전 영토는 초·제·한·위·연·조에다 서북부
의 강대국 진나라를 합한 일곱 나라로 분할되어 있었다. 그 중에서
진나라는 일찌감치 사천성의 부를 장악하여 부국강병책에 힘썼으
므로 제일의 강국이 되어 있었다. 그 다음은 지금의 산동성 일대에
나라를 구축하였던 제나라, 그리고 양자강 북안부터 화남 지방에
걸쳐서 광대한 영토를 지닌 초나라였다.

당시 진나라에서는 혀끝 세 치에 생명을 걸었던 연횡책의 주창자
장의가 재상의 지위에 있었다. 진나라의 침략을 두려워한 나머지
여섯 나라는 종적으로 나라를 연결하여 서북의 진나라에 대항한다
는 합종책이라 하는 공수 동맹을 맺고 있었다. 이 공수 동맹에 균열
이 생기도록 여섯 나라를 이간시키고, 각국의 왕과 대신들의 반목
을 획책한 것이 장의였다. 장의는 유언비어를 사용하여 각 나라의
반진파反秦派를 쫓아내고 진나라와 동맹하는 것이 얼마나 이로운가
를 유세하며 돌아다녔다.

여섯 나라의 공수 동맹이 맺어져 있다고는 해도 각국의 국가 이
익이 우선하는 것은 당연하였다. 장의는 그 점에 착안하여 여섯 나
라가 합종 동맹을 파기하고 진나라와 제휴하도록 상당히 달콤한 미
끼를 많이 준비해두었다.

굴원은 초나라의 완강한 반진파 총수였다. 호랑이와 늑대처럼 난폭하고 탐욕스런 진나라의 침략으로부터 조국을 지키기 위해서 제나라와 동맹 관계를 강화하지 않으면 안된다고 생각하였다. 굴원이 스스로 제나라에 사절로 갔던 것도 그 때문이었다.

굴원이 없는 기회를 놓치지 않고 장의는 초나라에 마수를 뻗쳐왔다. 당시 초나라의 왕은 회왕이었다. 회왕에게 장의는 궤변을 펼쳤다. 초나라가 진나라와 화친하고 제나라와의 동맹을 파기하는 것이 초나라로 볼 때 얼마나 이득인가를 열변을 토하며 설명했다. 초나라의 국가 이익에 연결되는 좋은 미끼도 준비했다. 그것은 초나라가 친진親秦 노선으로 전환하면 진나라 영토 가운데 초나라에 가까운 상商과 어於 지방 사방 육백 리의 비옥한 땅을 초나라에 할양하겠다는 제안이었다.

장의는 굴원과 대립하고 있던 상관대부上官大夫 근상靳尙, 왕자 자란子蘭, 회왕의 총희寵姬 정수鄭袖에게 미리 금품을 뿌려 농락해두었다. 이것이 회왕의 정책 변경에 효과를 보았다. 회왕은 국가 이익을 우선한다는 명목으로 합종 동맹을 이탈하여, 장의의 계산대로 진나라와의 제휴로 전격적으로 돌아섰다.

근상의 직함인 상관대부는 굴원의 좌도와 같은 정도의 지위. 일에서 나타나는 남자의 질투는 여자의 그것보다도 무섭고 참혹하다. 앞서 굴원이 회왕의 명을 받아 헌법을 제정하였을 때, 근상은 굴원이 헌법은 내가 아니면 만들 수 없다고 떠들고 다니면서 왕의 권위를 깔보았다고 참언하였다. 그런 근상이 굴원을 밀어 떨어뜨리려고 이번에도 갖은 짓을 다하리란 것은 뻔한 일이었다.

굴원이 제나라에서 사절의 역할을 무사히 마치고 귀국하였을 때, 초나라의 외교 노선은 일변하여 있었다. 굴원은 좌도의 관직에서

해임되어 추방되었다.

　일설에 따르면 굴씨 가문은 본래 초나라의 문화 제도에 깊이 관여해온 집안이었다고 한다. 굴원은 추방의 쓰라림을 당하자 초나라의 북방인 한수漢水 지대로 방랑길에 올랐다. 이 지방에 전승되어온 민요를 보존하고자 채집도 겸한 방랑이었다. 한수 일대의 맑고 아름다운 풍광에 접하여 조국에 대한 사랑의 감정이 북받친 굴원은 초나라 민요의 정열적인 음조에 자극받아서, 그 음조의 전통 형식을 이용하여 「이소」한 편을 써내었다.

　'이소'라는 두 글자는 '근심에 걸려 있다'는 뜻이다. 이離는 걸릴 이羅와 통하고, 소騷는 근심이라는 뜻이다. 「이소」는 조국을 염려하여 근심에 사로잡힌 시인의 뜨거운 진정이 토로된 서정시였다. 자기를 버리고 돌아보지 않는 지난날의 연인에게 말하는 것처럼 호소하듯이, 신음하듯이, 번민하듯이, 조국에 대한 참을 수 없는 사랑과 우려를 노래하고 있다.

　그 첫 소절을 자신이 긍지 높은 초나라의 명문 출신이란 것에서 시작하여, 마음 깨끗하고 지조 높은 시인이 여러 장애를 만나 그 뜻을 지상에서 실현하지 못하고 천상계를 돌아보고 이상의 나라를 찾아다니는 모습을 아름다운 비유를 통하여 열렬하게 노래하였다.

　장의가 노린 그대로 초나라는 진나라와의 협조 노선으로 전환하고 제나라와 단교하였다. 제나라는 분노하였다. 제나라 왕은 가만히 진나라와의 제휴를 획책하여 단숨에 초나라를 칠 방침을 굳혔다. 초나라 회왕은 그런 줄도 모르고 육백 리 토지를 할양키로 한 약속을 이행하라고 진나라에 재촉하였다. 진나라 혜문왕은 그런 약속은 하지 않았다, 사방 육백 리란 것은 당치도 않다, 장의에게 사방 육 리라고 말하라 했는데, 그거 잘못된 거 아닌가라고 딴전을 폈다. 화가 난 회왕은 대규모의 정벌군을 잇달아 출동시켰다. 그런데 진나라는 전격적으로 제나라와 동맹하고는 후환을 없애려고 초나라 군대를 맞받아쳐서 크게 무너뜨렸다.

초나라는 굴욕적인 조건으로 진나라와 화의를 맺었다. 여기서 굴원의 복권이 이루어진다. "호랑이와 늑대의 나라 진나라를 주의하십시오"라고 굴원은 회왕에게 늘상 말해오지 않았던가. 뼈아픈 경험을 한 회왕은 굴원을 조정으로 맞아들이고, 즉시 제나라와 다시 동맹을 맺기 위해 굴원을 제나라로 파견하였다. 그 역할을 다할 수 있는 사람은 굴원밖에 없다고 생각했던 것이다.

천하 통일의 야망에 불타는 진나라에게는 초나라와 제나라의 결맹이야말로 치명적이라고 할 수 있다. 굴원이 제나라로 향했다고 듣자마자 다시 손을 썼다. 이번에는 강경책이다. 진나라는 앞서의 싸움에서 손에 넣었던 한중 땅을 초나라에 반환하지만, 그 대신에 초나라에서 가장 비옥한 토지인 호남성을 할양하라는 난제를 들이밀었다. 회왕은 화가 나서 "토지의 교환 문제는 나중으로 돌리고, 우선 장의를 바쳐라"라고 을러대었다.

진나라 왕은 자국의 재상인 장의를 바치는 일은 체면에 관계된다고 난색을 보였으나, 장의는 수많은 논전論戰으로 단련된 유세가였다. 그는 초나라로 향할 것을 쾌히 승낙하였다. 전번과 마찬가지로 당당하게 초나라에 들어온 장의는 회왕과 알현하기 전에 뇌물을 써서 초나라 신하들의 마음을 다 끌어모으고는, 진나라와의 친화 무드를 지난번보다 더 진하게 조성하여 회왕의 분노를 멋지게 녹여버렸다.

이렇게 해서 장의가 유유하게 초나라의 수도 영郢을 떠날 즈음,

그와 엇갈려 굴원이 귀국하였다. 그러나 때는 벌써 늦었다. 조국은 장의를 죽일 절호의 기회를 놓쳐버렸다. 회왕은 일단 굴원을 상경의 지위에 앉혔다. 하지만 회왕의 주변은 친진파 일색이어서, 굴원은 한직閑職을 감내하지 않으면 안되었다.

회왕 30년(기원전 307년), 새로 진나라 왕이 된 소양왕昭襄王은 진초 동맹을 한층 더 견고히 하고자 회왕에게 진나라 수도로 왕림할 것을 요청하였다. 이때 굴원은 회왕이 친히 진나라로 가는 것은 위험하고 또 굴욕스런 일이라고 거듭 간언하였다. 그런데 재상직에 있던 왕자 자란이 진나라의 체면에 손상을 입히면 반드시 국난에 이르리라고 굴원의 견해에 반대하였다. 회왕은 굴원의 간언을 물리치고 진나라의 요청에 응한다는 결정을 내렸다.

진나라는 회왕을 즉시 억류하였다. 회왕은 탈출을 꾀하였으나 실패하고, 마침내 진나라 땅에서 원한을 삼키면서 객사하였다.

초나라는 제나라에 인질로 가 있었던 경양왕頃襄王을 불러들여 왕위를 잇게 하였다. 제나라가 그것을 허락한 것은 장래 제·초의 관계를 굳히는 데 경양왕이 쓸모 있으리라 계산한 때문이었다. 하지만 경양왕은 자신을 불러들여 왕위에 올려준 아우 자란과 상관대부 근상의 뜻대로 움직였다.

회왕이 객사한 이래 굴원은 자란과 근상을 미워하였다. 그것을 안 자란은 참언을 하였다. 경양왕은 굴원을 영구히 추방하는 유배의 죄에 처하였다.

그로부터 십수 년, 굴원은 수도 영에서 멀리 남쪽으로 벗어난 상수湘水·원수沅水 부근을 방랑하다가, 고독과 곤궁 끝에 현재의 호남성 상음현湘陰縣에 있는 멱라汨羅에 몸을 던져 자살하였다. 기원전 278년의 일이다. 그 뒤 오십 년도 채 지나지 않은 때에 초나라는 진나라에게 멸망당하였다.

　사마천은 『사기』의 「굴원·가생열전屈原賈生列傳」에서, 굴원을 초
나라의 충신이자 현자로서 일관되게 묘사하였다. 그리고 맑디맑은
물 같은 충신·현자를 알아보지 못하고 그 충언을 받아들이지 않고
물리친 현명치 못한 주군에 대하여 분노하였다. 그 주군을 어떻게
든 반성시키고, 초나라의 서글픈 현실을 바른길로 되돌리려고 하였
던 시인의 우직하고도 결벽스러우며, 미욱하다고 오해할 만큼 뜻을
지켜 굽히지 않았던 비운의 생애를, 사마천은 상세하게 묘사하였
다.
　유배의 죄에 처해진 굴원이 양자강 기슭에서 머리를 풀어헤친 채
골똘히 생각에 잠겨 걷고 있었을 모습을 두고, 사마천은 "안색이 초
췌하고 용모가 야위고 파리했다"고 묘사하였다. 그것을 본 어부가
"삼려대부三閭大夫 굴원 님이 아니십니까. 이러한 모습이 되신 것은
어떤 이유에서입니까"라고 물었다. 그 물음에 굴원은 "온 세상이 모
두 혼탁하고 나만 홀로 맑구려. 뭇사람이 모두 취해 있거늘 나만 혼
자 깨어 있다오. 그런 까닭에 내쫓겼다오"라고 답하였다. 이 말은
사람들 입에 회자되는데, 바로 이 말 속에 굴원의 비운의 유래가 더
할 나위 없이 모두 설명되어 있다.
　굴원은 멱라에 몸을 던질 때에 바윗돌을 안고서 세상을 하직하는
노래인 「회사懷沙」라는 부賦를 지었다. 사沙는 돌이란 뜻이다. 그 노
래 속에 '난亂'이라는 종결부의 운문이 있는데, 거기서 굴원은 "뜻
이 크면 무엇을 두려워하리"라고 말하였다. 뜻이 넓고 크다면 무어
두려워할 것이 있겠느냐는 의미이다. 진실된 마음을 품은 채로, 비
록 이 세상이 알아주지 않는다고 해도 뒷날 군자의 모범이 될 것을

바랐기에 죽음도 두려워하지 않고 홀로 걸어나갔던 시인의 결연한 마음가짐을 잘 보여주는 말이다.

굴원은 벼슬 없는 선비로 원한의 눈물을 삼키고 죽어간 시인이다. 이 무관의 시인이 남긴 「이소」 「천문天問」 「초혼招魂」 「애영哀郢」 등 여러 편의 시를 읽은 사마천은 시인의 뜻을 생각하고 슬픔에 잠겼고, 그와 동시에 시인의 천성에서 발로된 자유로운 표현과 솔직한 비평 정신에 깊이 감동하지 않을 수 없었다.

계포季布도 굴원과 마찬가지로 초나라 사람이다. 진나라 말의 동란기에 항우의 휘하에서 용맹스럽고 과감한 전투로 자주 한나라 고조 유방을 궁지에 몰아넣어 원한을 샀던 장군이다.

항우가 망하였을 때 계포는 살아 있었다. 유방은 금화 일천 냥의 현상금을 걸어 그를 찾게 하였다. 그뿐만 아니었다. 계포를 숨겨주는 자는 일족을 모두 죽이겠다는 포고를 내렸다. 어지간히 원망하고 있었던 듯하다.

그때 계포는 현재의 하남성 복양현濮陽縣의 주씨周氏 집에 숨어 있었다. 주씨는 계포에게 알렸다. "한나라는 상금을 걸고 엄중히 수색하기 시작하였습니다. 추적의 손길이 여기까지 뻗을 테지요. 장군께서 내 하는 말을 오해하지 않으신다면, 한 가지 계략을 세워보고자 합니다. 그렇지 않으면 자결하시라고 청할 수밖에 없습니다."

계포는 사는 길을 택하였다. 그러자 주씨는 계포의 두발을 깎고 목에 쇠테를 채운 죄수·노예의 모습으로 만들고 삼베 옷을 걸치게 하고는, 덮개 있는 짐수레에 집어넣어 다른 노예들과 함께 노나라의 유명한 협객인 주가朱家에게 팔았다.

주가는 계포를 알아보고 그를 사서 밭 가운데 작은 집에 살게 하고 자기 자식과 함께 식사를 하게 하였다.

주가는 진작부터 아는 사이인 등공滕公 하후영夏侯嬰을 만나려고 낙양으로 향하였다. 하후영은 한나라에서 출세하여 여음후汝陰侯가 되어 있었다. 일찍이 유방이 항우에게 패하여 파·촉 땅으로 도망가다가 급박한 추격을 견디다 못해 자기 자식들을 내던져서 마차의 속도를 빠르게 하려 했을 때, 유방을 힐책하고 아이들을 구했던 사람이 등공이다.

등공은 주가를 머물게 하고 서너 밤을 새우며 함께 술을 마셨다. 적당한 기회에 주가는 등공에게 말하였다. "계포는 어떤 사람이라고 생각하십니까." 등공은 "훌륭한 사내라고 생각하지요"라고 답하였다. 주가는 그 말끝을 이어받아 계포의 건을 화두에 올렸다. "신하는 모두 주군을 위해 일하는 법입니다. 계포도 그러했습니다. 자기 할일을 열심히 했을 뿐입니다. 지금 고조는 천하를 막 취하신 참이거늘, 그저 사적인 원한에 집착하여 계포 한 사람을 추격하고 계십니다. 넓은 천하가 좁아진 느낌입니다. 게다가 저 훌륭한 계포에 대하여 이 이상 엄중하게 죄과를 따지신다면, 그는 흉노나 남월로 도망하여 이민족을 돕게 될 것입니다. 당신은 어째서 고조를 위해 계포의 사면을 권유하지 않으십니까."

이 말을 듣고 등공은 주가가 도량이 큰 협객이므로 계포를 집에 은닉하고 있으리라고 헤아렸다.

등공은 고조가 한가한 틈을 살펴 주가가 넌지시 한 말 그대로 진언하였다. 마침내 고조는 계포를 사면하였다. 계포는 불려나가 고조를 배알할 때 사죄의 말을 하였다. 고조는 그를 시종관인 낭중郎中에 임명하였다.

그 사실을 안 당시의 고관들은 모두 계포가 강직한 천성을 누르고 유연한 태도로 잘 참았다고 칭찬하였다. 이로써 주가의 명성도 단번에 올라갔다. 하지만 주가는 그 뒤 중신이 된 계포를 만나려고 하지 않았다. 은의를 파는 일을 창피하게 여겼기 때문이다.

계포는 혜제 때 시종무관의 우두머리인 중랑장中郎將으로 임명되었고, 문제 때에는 하동군河東郡의 장관인 수守에 임명되었다. 그 사이 여후呂后가 흉노의 불손한 태도에 격노하여 장군들을 소집해서 대책을 협의시킨 일이 있다. '홍문의 연'에서 크게 활약한 상장군 번쾌는 "제게 십만의 군대를 주신다면 흉노의 나라 안을 전부 유린하겠습니다"라고 떵떵거렸다. 여러 장군들은 여후에게 아부하느라 번쾌의 설에 찬동하였다. 계포만이 번쾌를 꾸짖었다. "번쾌는 참형에 처해야 합니다. 고조께서는 사십만의 병력을 가지고도 흉노에게 고배를 마신 일이 있습니다. 그렇거늘 번쾌 정도가 십만의 병력으로 흉노를 유린한다는 것은 도저히 불가능합니다. 일찍이 진나라는 흉노를 상대하여 일을 꾸민 까닭에 대란을 초래하였습니다. 그 상처는 아직도 치유되지 않았습니다. 번쾌의 알랑거림은 천하에 다시 소동을 일으키게 될 것입니다." 계포는 번쾌에게 한걸음도 양보하지 않았다. 흉노를 상대하여 소란을 일으켜서는 안된다는 주장을 꺾지 않은 것이다. 여후는 거기서 회의를 중단하고 그뒤로는 흉노 토벌의 의제를 끄집어내는 일이 없었다고 한다. 계포는 한나라의 중신이 되어서도 강직한 천성을 꺾는 일 없이 그 생애를 마감하였다. 장한 남자라고 말할 수 있다.

사마천은 계포를 위해 『사기』에서 「계포・난포열전季布欒布列傳」을 썼다. 난포欒布는 벗 팽월彭越이 한나라 고조에게 모반한 죄로 문초를 받고 효수梟首되자 팽월을 위해 통곡하였다. 그리고 금지령을 어

기면서까지 그 목에 제물을 바치고 그를 후하게 장례 치러주었다는
열사이다.

그 열전의 마지막 '태사공은 말한다'에서, 사마천은 계포를 칭송
하여 다음과 같이 논평하였다.

항우는 어떤 기세 앞에서도 그것에 혼란되는 일이 없었고, 계포
는 용맹함으로 두각을 나타내었다. 몸소 군대를 이끌고 적의 군기
를 탈취하길 두세 번에 그치지 않았다. 대장부라고 할 만하다. 그
럼에도 불구하고 도륙을 당하는 죄를 입고 남의 노예가 되기까지
하면서도 자결하지 않았다. 얼마나 괴로웠으랴. 계포는 틀림없이
스스로의 재능을 믿는 바가 있었으므로, 능욕을 당하더라도 그것
을 수치로 여기지 않았던 것이리라. 그 재능을 유용하게 써보려고
하였으나 아직 충분히 발현하지 못하였기 때문이리라. 그렇기에
계포는 결국 한나라의 명장이 되었다. 어진 사람이라면 정말로 죽
음을 중히 여기는 법이다. 저 비첩과 천민들이 비관 끝에 자살하는
것은 자기가 해온 계획이 실패하여 다시는 고쳐 시작할 수가 없기
때문이다.

노예로서의 능욕을 받으면서도 그것을 수치로 여기지 않고 자기
의 재능을 발휘할 것을 비장하게 각오하고 살아남는 길을 택해서
마침내는 한나라의 명장이 된 계포의 삶. 그 삶에서 깊은 감명을 받
은 사마천은 "옛날의 열사라 하여도 계포와 난포 위에 나설 사람이
없다"라고 그 찬사를 맺었다.

이때 사마천도 이릉 사건에서 받은 굴욕을 견디며 살아남아, 자
기의 재능을 살려 『사기』를 완성하여 후세에 이름을 드러내는 일에

모든 것을 걸고 있었다. 계포는 역사상의 인물로서 청사青史에 그이름을 새길 만한 강직한 대장부인 동시에, 사마천의 내면에 살아있는 인물이었다. 계포는 사마천의 마음속에 살아서 그를 한없이고무시켜준 존재였다. 사마천은 그 계포가 자기의 내면 속에 살아있는 한, 아무리 살아서 수치를 드러낸다고 하여도 스스로 목숨을마감할 수는 없었던 것이다.

계포는 죽지 않고 한나라의 명장이 되었다. 굴원은 멱라에 몸을던져 목숨을 마쳤으나 「이소」를 남겼다. 사마천은 『사기』의 완성을서두르지 않을 수 없었다. 사마천은 「이소」에 담긴 시인의 마음을풀이하여 이렇게 말하였다.

무릇 하늘은 사람의 처음이며, 부모는 사람의 뿌리이다. 사람은궁하면 뿌리로 돌아간다. 괴로워 지치면 하늘을 부르지 않는 이가없고, 참담한 고통에 번민하면 부모를 부르지 않는 이가 없다. 굴원은 올바른 길을 밟아나갔고 정성을 다하였으며 지혜를 짜내어군주를 섬겼으나, 참언하는 자가 있어서 군주와의 사이를 벌어지게 하고 말았다. 궁하였다고 말할 수 있다. 정직이 의심받고 성의가 중상中傷을 입었던 것이다. 원통한 마음이었으리라. 굴원이 지은 「이소」는 생각건대 그 원통한 마음으로부터 노래불려진 것이 아닐까 한다.

이렇게 「이소」의 마음을 읽고 굴원의 원통한 감정을 설명하는 사마천 자신이 바로 원한에 사무쳐 몸을 떨고 있기라도 한 듯하다. 사마천은 성의를 다하여 한 무제를 섬기고 솔직하게 정론正論을 토로하였으므로 의심을 받았다. 궁지에 몰린 사마천도 하늘을 부르고 부모를 불렀음에 틀림없다. 정녕 원통한 마음이 있었기에, 죽어도 눈감을 수 없다는 생각으로 사마천은 『사기』를 적어나갔으리라.

　노예로서 능욕을 받으면서도 자결하지 않고 살아남아서 스스로의 재능에 미래를 걸었던 계포. 원통한 마음을 품고서 주옥같이 아름다운 시편들을 남기고, "뜻이 크면 무엇을 두려워하리"라고 노래하여, 고독한 죽음조차도 두려워하지 않았던 굴원. 이 두 사람이 내면 속에 살아 있는 한, 어떤 일이 있어도 사마천은 『사기』를 완성하지 않으면 안되었다. 굴원처럼, 계포처럼 살고 싶다고 사마천은 열망하였다.

　사마천이 죽고 나서 이천 년 뒤, 공교롭게도 『사기』를 가리켜 "정말로 사가史家의 절창이며, 무운無韻의 이소離騷로서 손색이 없다"고 평한 것은 루쉰魯迅이었다. 『한문학사강漢文學史綱』에 나오는 말이다.

사기의 구성 체계

　『사기』는 130편, 526,500글자라고 한다. 이것을 사마천은 '태사공서'라고 이름하였다.

　이 장대한 역사서는 종이가 아니라, 죽간竹簡 혹은 목간木簡에 기록되었다. 죽간이나 목간은 너비 2~3cm, 길이 30~50cm 정도 크기의 대나무쪽이나 나무쪽이어서, 보통 스무 자나 서른 자를 적을 수 있다.

　서책이라는 말의 책冊은 그러한 조각을 연결한 모습을 상형한 글자였다. 『논어』에 '위편삼절韋編三絶'이라는 말이 나오는데, 위편은 글씨를 적는 대나무쪽이나 나무쪽 등 찰간札簡을 묶기 위한 가죽끈을 가리킨다. 그러므로 '위편삼절'이란 말은 그것이 몇 번이나 끊어질 정도로 서적을 숙독하였다는 의미이다.

　사마천이 『사기』를 저술할 때에 그의 눈을 거친 자료도 목간이나 죽간에 기록되어 있었다. 방대한 자료가 산처럼 쌓여 있어 문자 그대로 '한우충동汗牛充棟'의 형국이었음에 분명하다. 필요한 자료를 찾아내는 작업만도 대단한 노력이 필요했다. 그것만이 아니다. 사마천의 책상 주변에는 『사기』를 기록해가는 찰간이 준비되어 있어서, 그것 또한 산처럼 쌓여 있었다고 상상된다. 고쳐 쓴다든가 보필한다든가 할 때에는 먹으로 쓴 그 부분의 글자를 깎아내야 했으므로, 찰간에 쓴다는 일 자체가 현대인의 상상을 초월한 고행이었다.

　『사기』를 제작하는 과정에서 사마천은 찰간에 적은 한 편이 매듭지어질 때마다, 그것을 위편으로 한데 묶어 한 책씩 한 책씩 쌓아갔을 것이다. 오늘날 우리들이 원고지 네모칸을 하나하나 채워가는 일과는 전혀 다른 노력이 요구되었다.

　이 점을 생각해본다면 『사기』처럼 장대한 역사서를 완성하기 위해 사마천은 문장을 상당히 면밀하게 단련하여, 한 편 한 편 어휘를 선택해 신중하게 써내려가지 않으면 안되었으리라 짐작된다. 그보다 앞서 사마천은 수집한 자료를 읽고서 『사기』의 체계를 구성하는 데 상당한 시간을 쏟았을 것이다. 방대한 정보 자료의 처리와 소화는 그 구상에서 결정되고 좌우되기 때문이다. 구상의 결과 사마천은 기전체紀傳體라는 완전히 독창적인 역사서 양식을 엮어내었다.

　『사기』를 쓰면서 사마천이 모범으로 삼은 것은 공자의 『춘추』였다. 그것은 공자의 고국인 노나라 군주의 연대기로, 군주의 시대순으로 노나라 안팎에서 발생한 사건을 기록으로 남긴 것이었다. 우선은 『춘추』의 연대기 형식을 도입하기로 하여, 사마천은 가장 오랜 시대부터 한 무제에까지 이르는 연대기를 적었다. 『사기』의 책장을 펼치면 최초로 등장하는 '본기本紀'라고 이름붙은 것이 그것이다. 이 '본기'는 전설의 시대로부터 은주기, 춘추 전국기를 거쳐, 진·한 왕조에 이르기까지 모든 천자의 사적을 기록하여, 시대 추이의 대강을 파악하게 하였다.

하지만 그것만으로는 역사를 움직인 인간의 에네르기를 길어올릴 수가 없다. 그래서 구상한 것이 '열전列傳'이라 불리는 형식으로 개성사個性史를 기록하는 방법이었다. 이것은 종래의 역사서에서 볼 수 없었던 사마천만의 독창적인 방법이다. 이렇게 본기와 열전의 두 부분이 『사기』의 기본 구조를 이룬다. 『사기』가 뒷날 기전체라고 불리는 이유가 여기에 있다. 후세의 역사가들이 정사正史를 기록할 때에 채용한 양식도 모두 이 기전체였다.

정확히 말하면 『사기』는 본기 열두 편, 표表 열 편, 서書 여덟 편, 세가世家 서른 편, 열전 일흔 편의 순으로 조직되어 있다.

본기는 「오제본기五帝本紀」「하본기夏本紀」「은본기殷本紀」「주본기周本紀」「진본기秦本紀」「진시황본기秦始皇本紀」「항우본기項羽本紀」「고조본기高祖本紀」「여태후본기呂太后本紀」, 그 뒤로 한나라의 문제·경제·무제의 본기인 「효문본기孝文本紀」「효경본기孝景本紀」「효무본기孝武本紀」로 이루어져 있다.

이 가운데 「오제본기」와 「하본기」는 이른바 신화 전설 시대의 제왕기이다. 실은 「은본기」의 시대도 19세기 말까지는 그 실재성이 의문시되어왔다. 그런데 은나라의 수도 은허殷墟가 발굴되면서, 거북 껍질과 짐승 뼈에 새겨진 갑골 문자가 다량으로 나타나, 이것으로 사마천이 기록한 「은본기」의 연대기에 상당하는 역사가 실재하였고 「은본기」의 서술 순서대로 역사가 전개되었다는 사실을 알 수 있게 되어, 『사기』 기록의 정확성이 새삼스럽게 재평가되었다.

본기는 황제의 연대기이므로, 전국 시대를 통일로 이끈 진 시황제의 연대기인 「진시황본기」 다음에는 마땅히 한 고조의 연대기가 이어져야 하겠으나, 그렇게 되어 있지 않다. 「항우본기」가 뒤를 잇고 나서 그 뒤에 「고조본기」가 온다.

항우는 한 고조 유방과 천하의 패권을 두고 사투를 반복한 인물인데, 한 번도 황제가 된 적이 없다. 원래대로 한다면 본기에 들어갈 인물이 아니지만 사마천은 「항우본기」를 썼고, 그것도 「고조본기」 앞에 두었다. 이것은 진말 동란기에 포학한 진나라를 멸망으로 이끈 항우의 공적이 한 고조의 그것보다 크다고 보았기 때문이다. 한 왕조의 원수라고도 할 수 있는 항우를 본기에 배열하고 그것도 「고조본기」 앞에 두었던 것은, 사마천의 역사 평가가 대담하였다는 사실을 잘 보여준다. 후세의 어용 학자라면 도저히 구상할 수 없는 체계였다.

본기에서 「항우본기」와 함께 특이한 위치를 차지하는 것이 「여태후본기」다. 「고조본기」의 뒤에는 고조의 후계자인 혜제惠帝의 연대기가 와야 함에도 불구하고, 『사기』에는 「효혜본기孝惠本紀」라는 것이 없다. 혜제의 연대기 대신에 씌어진 것이 「여태후본기」다. 여태후呂太后는 한 고조의 황후였으나, 혜제가 병약하고 무능하였으므로 그를 대신하여 천하의 정치를 관장하였던 사실상의 주권자였다. 여기에도 사마천의 현실적 역사관이 표출되어 있음을 볼 수 있다.

고조에게는 여태후 이외에도 여러 사람의 여성이 있었으나, 만년에 가장 총애한 사람은 척부인戚夫人이었다. 그것만으로도 척부인에 대한 여태후의 질투는 격렬하였다. 거기에다 황위 계승 문제가 얽혀 있었다. 고조가 척부인과의 사이에서 낳은 조왕趙王을 천자로 삼으려고 한때 진지하게 생각한 일이 있었기 때문이다. 이것은 실현되지는 않았으나, 여태후는 자기가 낳은 자식인 혜제가 무시되었다는 이유로 척부인에 대해 극도의 증오심을 품었다. 고조가 죽자마자 즉시 척부인의 손과 발을 자르고 눈을 파내고는 귀에 약을 흘려

넣어 청각을 마비시켜서 변소에 던져넣어 인돈人豚이라고 이름하였다. 이것을 보게 된 혜제는 너무나도 잔혹함에 통곡하였고, 그 뒤 병으로 쓰러졌다고 한다.

혜제가 죽은 뒤에 여태후는 태후로서 권력을 장악하고 여씨 일족을 제후 자리에 배치하여 횡포를 부렸다. 그것을 보다 못한 고굉股肱의 신하들이 여씨 일족을 주살하고 문제文帝를 즉위시켰다.

사마천이 섬겼던 무제는 문제의 손자이다. 무제의 입장에서 보면 여태후는 한나라의 황족을 바꾸려 하였던 가증스런 존재다. 그럼에도 불구하고 사마천은 국가 권력을 두려워하지 않고 연대기를 기록한다는 현실주의적 입장을 견지하여 여후의 사적을 본기에 설정하였던 것이다.

본기 열두 편에 이어지는 것이 '표' 열 편이다. 황제의 연대기인 본기에 뒤이어서, 역사의 추이를 일목요연하게 제시하려고 열 편의 연표年表를 정리한 것이다.

이를테면 오늘날 춘추 시대로 불리는 시기에 거의 상당하는 이백오십 년 간은 「십이제후연표十二諸侯年表」에 각 제후별 연표로 종합하였다. 그리고 이른바 전국 시대의 이백오십여 년 간은 「육국연표六國年表」에 진·한·위·조·초·연·제 칠대국의 연표 형태로 종합하였다. '칠국연표'라 하지 않고 '육국연표'라 한 것은, 칠국 가운데 진나라 2세 황제의 원년부터 한 고조가 천하를 통일하기까지의 팔 년 간은 별도로 「진초지제월표秦楚之際月表」에 월표月表로 자세히 체계화해두었기 때문이다.

오늘날에는 역사서나 사전에 연표를 붙이는 것이 지극히 당연한 일이나, 이천 년 전에 처음으로 연표라는 것을 착상하기에 이르렀던 사마천은 현실을 있는 그대로 자유롭게 파악하는 현실주의적인 역사가로서의 창조성을 유감없이 발휘하였다.

표 열 편 뒤에 사마천은 '서' 여덟 편을 구상하였다. 서는 「예서禮書」「악서樂書」「율서律書」「역서曆書」「천관서天官書」「봉선서封禪書」「하거서河渠書」「평준서平準書」로 이루어져 있다. 의례, 음악, 병법, 천문, 점성, 제사, 치수, 화폐에 관한 사항을 각 부문 별로 역사적 시간 속에서 새롭게 파악한 것이다.

이 여덟 개의 사항에 관해서 언제 어느 때 어떤 일이 발생하였고 그 결과가 어떻게 되었는가 하는 역사적 지식을 얻고자 하는 사람이라면 서 여덟 편을 펼쳐보면 된다. 여기서 사마천은 역사의 문화 현상과 사회 현상을 포착하여 날카롭고 깊은 고찰을 전개하였다.

특히 「봉선서」에서는 천지의 신을 제사지내는 국가 의식을 기술하였는데, 불로장수를 원했던 무제의 주변에 수상쩍은 방술사들이 모여들어 무제를 기만하고 정치를 왜곡시킨 실태를 상세히 묘사해 두었다. 사마천의 무제 비판이 가장 예리하게 나타나 있는 곳이다.

다음에 오는 '세가' 서른 편은 제후의 연대기다. 제후는 황제로부터 분봉分封 받은 나라의 실제 지배자로, 그 지위는 세습되었다. 세습 가문이라는 뜻에서 세가라 이름붙이고 서른 편을 구상하였다. 이 세가의 연대기가 중요한 의미를 지니는 것은, 그 시대가 제후의 나라들이 각각 주권을 확립하여 독립 군주국으로서 서로 쟁패하였던 춘추 전국기였다는 점에서다.

세가 서른 편은 「오태백세가吳太伯世家」부터 한나라의 「삼왕세가三王世家」에 이르고 있는데, 그 속에 제후가 아닌 「공자세가孔子世家」와

「진섭세가陳涉世家」가 섞여 있는 것이 특이하다.

　공자는 사마천이 가장 존경한 성인이다. 그의 학통은 노나라의 곡부曲阜에 면면이 이어지고 있는 공가孔家에 전해졌으며, 유교를 종가로 삼고 공자의 제기를 이어받은 공가는 대대로 사람들로부터 존경을 받았다. 그런 의미에서 가학家學으로 이어지지 않았던 제자백가와는 달랐다. 공자의 위대한 학문과 그 영향의 원대함, 나아가 세습되어온 가학이라는 점에서, 공자의 일대기를 세가의 반열에 넣을 만하다고 사마천은 보았던 것이다.

　진섭은 진나라 말의 동란기에 처음으로 반진反秦 쿠데타의 횃불을 든 인물이다. 진섭은 "부서진 항아리 입을 창문으로 삼고 새끼줄로 사립짝을 대신할 정도의 가난한 집 아들로 태어나, 어리석고 천한 노예였으며, 떠돌이의 무리였다." 그런 그가 농민 폭동을 지도하여 진나라 타도의 깃발을 들고 앞장선 공적은 대단히 크다. 항우와 유방이 잇달아 반란군을 일으킨 것은 진섭에게서 자극을 받아서였다. 진섭이 왕으로 즉위하고 그 나라를 장초張楚라 칭하였던 기간은 반 년쯤에 지나지 않았다. 사마천은 「진섭세가」에서, 유방이 고조가 되어 진섭을 위하여 무덤지기 서른 가구를 묘지 곁에 두고 희생물을 바치고 제사지내게 하였는데, 그것이 오늘까지 이어지고 있다고 말하였다. 그가 세가의 반열에 진섭을 넣었던 것은, 진나라 왕조 타도를 선도한 공적으로 대대로 한나라 왕조의 제사를 받고 있는 것이 제후의 존위에 값할 만하다고 생각했기 때문이리라.

　『사기』의 구성에서 맨 마지막에 오는 것이 '열전' 일흔 편이다. 본래 중국에서 전傳이라고 하는 말은 『춘추』에 대해 공양전公羊傳·좌씨전左氏傳·곡량전穀梁傳이라는 해석학이 있듯이, 고전에 주석한다는 의미였다. 주석한다는 일은 고전을 전하려는 의지가 없이는 성립하지 않는다. 사마천은 그 의미를 확대하여 역사 무대에서 활약한 저명한 인물의 초상을 전기적으로 묘사한 글을 하나하나 배열하여 전하고자 한 것이다.

사마천이 『사기』에서 연대기인 본기·세가와 달리, 전기적인 기술인 열전 일흔 편을 구상한 방식은 역사를 입체적으로 포착하여 역사의 갈등을 극적으로 묘사하는 데에 아주 유효하였다. 그 내용에 대해서는 이제까지 이미 여러 번 언급하였다. 열전 일흔 편 속에는 「남월열전南越列傳」「동월열전東越列傳」「조선열전朝鮮列傳」「흉노열전匈奴列傳」「서남이열전西南夷列傳」「대원열전大宛列傳」 등, 개인사와는 취향을 달리하는 여러 외국의 지리·풍속·역사·산물과 그 생활 풍습을 아주 자세하게 기술한 것이 포함되어 있다. 이 글들은 한 무제 시대와 관련 깊은 주변 외국들의 정세를 알고자 할 때에 정말로 귀중한 자료를 제공한다.

이것이 『사기』 구성 체계의 개요이다. 사마천이 역사를 입체적으로 파악하는 데 얼마나 대담하면서도 용의주도한 역사관을 지녔고, 얼마나 모순을 두려워하지 않는 겹눈의 역사가였는지를 잘 알 수 있으리라.

특히 『사기』 구상의 최대 매력은 뭐라 해도 열전 일흔 편이다. 인간의 여러 활동을 역사의 흐름 속에서 파악하여, 역사를 움직인 인간 존재를 형상적으로 묘사해내는 열전체列傳體는 정말로 사마천이 독창적으로 만들어낸 역사 서술 방법이었다. 『춘추』나 『전국책戰國策』 등 선행하는 역사서에 전례가 없었던 서술법이다. 개별 인물의 전기를 중심에 두고 역사의 살아 움직이는 실상에 육박하는 역사서

254

를 구상한 것은, 인간을 중심에 두고 역사를 생각하는 인간주의의 역사관이 사마천의 내부에 있었기에 비로소 잉태된 것이다.

또 한 가지 열전편을 구상할 수 있었던 사회적 배경에 대하여 말한다면, 춘추 전국 시대와 그 시대에 뒤이은 난세 속에서 권위 그 자체의 존재가 의심받고 실력 있는 개인의 존재가 존중되었다는 사실을 거론할 수 있다. 개인의 능력과 업적이 독자적인 가치를 지닐 때에만 그 개인을 인정하고 활용하는 그런 사회적 상황이 출현했기 때문이다.

주 왕조의 보물인 세발솥의 무게를 물었던 저 초나라 장왕의 고사는 그런 의미에서 새로운 시대가 왔음을 알리는 것이었다. 그것은 이미 무력화하여 뼈다귀뿐인 권위가 아직도 존속하고 있다는 사실에 대한 도전이며 비웃음이었다. 그 이후 혀끝 세 치로 천하를 움직인 소진과 장의, 자신의 철학을 강론하고 그 실현을 목표로 삼았던 제자백가가 등장했던 사실을 생각하는 것만으로도, 개인의 특수한 재능과 활동력을 기대하는 사회적 요구가 점차 증대했음을 알 수 있을 것이다.

그런 사회적 배경을 염두에 두고 『사기』 열전 일흔 편의 구상을 재파악하는 일도 의미가 없지 않다. 그렇다면 사마천 이후의 역사가가 여러 역사서에서 모두 열전의 구상과 기술법을 답습하였음에도 불구하고, 『사기』에서와는 달리 살아 있는 역사를 묘사해낼 활력을 잃어버리게 된 사실을 어떻게 설명할 수 있을까.

그 이유는 모두 관에서 제정한 지침에 따라 왕조사의 편찬에 종사하였던 역사가의 정통 의식에 있었다. 즉 스스로의 내면적 욕구에 따라 자유자재로 역사를 구상하였던 사마천의 역사 의식과는 결정적으로 달랐던 것이다. 국가 권력과 유착된 상태에서 역사서를 편찬하지 않으면 안되었던 후세의 역사가들은 사마천이 열전편을 구상하였던 것과 같은 필연성을 이미 상실하고 있었다. 불행하게도 우리들은 그 현저한 징후를 『사기』의 바로 뒤를 이어서 나온 후한 시대 반고의 『한서』에서 발견할 수 있다.

『한서』는 반고가 편술한 것으로 되어 있으나, 정확히 말하면 그 부친 반표班彪와 합작한 것으로, 전한 시대를 대상으로 삼은 단대사斷代史이다. 『한서』는 『사기』와 병칭되어 역사서의 모범으로 추앙되었고, 특히 육조 시대에는 『사기』보다도 높은 평가를 받았다. 그 이유는 오로지 세련된 미문美文 때문이었다. 『한서』는 『사기』의 기전체를 답습하였음에도 불구하고, 역사관에서는 『사기』의 그것을 부정하는 입장을 취하였다. 『사기』가 그 구성 체계에서 명분주의를 배격하고 모순을 두려워하지 않는 현실주의의 역사관을 전개한 한 예인 「항우본기」와 「진섭세가」는, 『한서』에서는 본기나 세가편에서 모습을 감추고 열전편으로 강등되어 있다. 더구나 『사기』가 객관적 역사 사실을 존중하는 입장에서 구상한 「여태후본기」를 『한서』는 본기에서 제외하였고, 혜제가 명목상 황제였다는 이유만으로 그의 무의미한 연대기를 본기에 끼워넣었다.

그리하여 역사 속에서 현실을 움직인 실재를 중시하고 역사의 발전적 흐름을 파악하여 정확하고도 참신한 역사를 기록하기 위해서 체재상의 모순조차 꺼리지 않았던 사마천의 역사 구상은 반고에 의하여 완전히 부정되고 말았다. 「항우본기」 「여후본기」 「진섭세가」의 체계를 바꿔버린 것이야말로, 관제官制의 역사서를 지탱하는 정통 의식에 따른 결과다. 그것은 역사가가 국가 권력과 유착하고 세속의 인심과 결탁한 것을 의미하였다.

사마천의 마음

『한서』에서 사마천의 전기를 쓴 반고는 『사기』를 비판하여 이렇
게 논하였다.

『사기』의 역사 판단은 성인의 그것과 아주 위배되었다. 도道를
논함에서는 노자의 사상을 우선시하고 유가의 육경을 뒤로 돌렸
다. 유협의 열전을 쓴 반면에, 은사를 배격하고 간웅을 칭송하였
다. 화식의 열전을 기술함에서는 이익을 존중하고 가난을 치욕으
로 여겼다. 이것이 『사기』의 폐해이다.

이 비판적 견해는 아무래도 반고가 부친 반표班彪의 의견에 근거
했던 것이라 여겨진다. 『후한서』의 「반표전」에, 사마천의 역사가로
서의 태도를 규탄한 반표의 의견이 기록되어 있다. "기예와 학문을
논함에서는 황로黃老를 존중하고 오경을 박대하였다. 화식을 서술

함에서는 인의를 가벼이 여기고 가난을 부끄럽게 여겼다. 유협을 말함에서는 수절守節을 천하게 여기고 속된 공적을 귀하게 여겼다. 이것은 큰 폐단으로, 도리를 어지럽힌 것이다. 극형의 허물을 당한 이유가 여기에 있다." 반고의 비난보다 더 신랄하다.

사마천이 공자를 존경하여 「공자세가」를 쓴 사실과 『춘추』의 역사관에 근거하여 『사기』를 편술한 사실을 무시하고, 황로의 사상을 유교의 그것보다 앞세웠다고 보는 것은 편견이라고 할 수밖에 없으리라. 그리고 반고 부자가 가장 많은 혐의를 두었던 『사기』의 「유협열전」과 「화식열전」이야말로 실은 사마천이 역사가로서의 진면목을 유감없이 발휘한 부분이다.

『사기』에 「유협열전」을 둔 이유에 대하여, 사마천은 「태사공자서」에서 "곤란을 겪고 있는 사람을 구원하고 먹지 못하는 사람을 도와주는 일은 어진 사람의 행위이다. 신뢰를 저버리지 않고 약속을 어기지 않는 일은 의로운 사람의 도리이다. 그래서 「유협열전」을 만들었다"라고 말하였다. 즉 사마천은 유협의 무리를 휴머니스트·모랄리스트로 간주하고, 그들의 정신과 행위가 유교 이념을 체득하였다고 보았던 것이다. 이 하나를 두고 보더라도, 사마천이 유교를 경시하였다고 비판한 반고 부자의 설이 얼마나 편견으로 가득 차 있는지를 알 수 있으리라.

그렇다면 유교의 무리인 유학자와 유협의 무리인 협객은 어떻게 다른가.

한비자韓非子는 "유학자는 학문을 가지고 법을 어지럽히고 협객은 무력을 가지고 법을 어긴다"라고 말하여, 유학자와 협객 둘 다를 비판한 바 있다. 사마천에게 말하게 한다면 그 둘은 분명히 같은 것이 아니다. 유학자 가운데는 전문적인 지식으로 대신이나 재상이 되어 군주를 보좌하고 공적과 명예를 거머쥐고 역사서에 그 이름을 남기는 자가 있다. 하지만 공자의 제자들 가운데 서민 출신에 지나지 않았던 원헌原憲은 유교의 학문을 닦아서 이상적인 인간이 되는 일만을 생각하여, 가구 하나 없는 초라한 집에 살면서 거친 옷과 밥도 뜻대로 얻지 못하는 생활을 하여 세간의 웃음거리가 되었다가, 죽은 지 사백 년이 지난 사마천의 시대에 현자로서 흠모되기에 이르렀다.

한편 협객의 경우에는 그 행실이 당시의 정의에 부합하지 않는 점이 있으나, 그의 말은 반드시 신뢰할 수 있고 그의 행위는 반드시 과감하여서, 책임을 떠맡으면 성실하게 이행하여 자신의 생명을 걸고 남의 위기를 구하며, 그 선행을 자랑하지 않고 능력을 자만하는 일도 없다.

이러한 유협의 무리는 유교의 무리가 현자라고 흠모하는 가난뱅이 학자인 원헌 등과는 비교할 수 없을 만큼 행위의 결과가 확실하고 말이 성실하여, 진정한 현자라고 할 수 있다. 협객의 도리를 중시하지 않을 수 없는 이유가 여기에 있다. 가난한 사람을 멋대로 부리고 약자를 협박하여 자신들의 욕망을 채울 뿐인 폭력단과 다른 이유도 또 여기에 있다. 그렇거늘 유가나 묵가의 무리들은 모두 이 유협의 무리를 폭력단과 같은 부류로 간주하여 기록에 남기지 않았다. 진나라 이전에 맨손으로 세상을 살다간 협객의 사적이 은멸되어 알 수 없게 된 것은 그 때문이다.

이렇게 사마천은 말하였다. 그가 얼마만큼 뜨거운 마음으로 「유협열전」을 썼을지는 새삼스레 말할 것도 없다. 당시에 활약한 유협 무리의 언행 속에야말로 진정한 유교가 살아 있다고 말하는 사마천의 역설이 진실이라고 한다면, 인의를 공염불처럼 뇌까리며 영예를 차지하고 있는 유학자들에게는 유교의 이념이 더 이상 실재하지 않는다는 절망적인 인식이 사마천에게 있었던 것이다.

한비자는 "유학자는 학문을 가지고 법을 어지럽힌다"고 말하였는데, 그것은 한비자가 살았던 전국 시대의 일이었다. 사마천의 시대에는 유교가 국가 체제 내의 이데올로기로 활용되고 옹호되었다. 유학자로서 그 학문을 입에 올리는 것이 그만큼 환영받던 시대였다. 이미 국가 권력과 유착해 있던 유학자들로서는 유교의 학문을 닦는 일이 출세의 계단을 오르는 수단이기도 하였다. 따라서 "학문을 가지고 법을 어지럽힌다"는 비판 정신의 송곳니는 처음부터 뽑혀 없어진 것과 진배없다. 출세를 위해서 유교의 학문에 힘쓰고 국가 권력의 합리화를 위해 학문을 활용하는 유학자에게 "곤란을 겪고 있는 사람을 구원하고 먹지 못하는 사람을 도와주는" 휴머니스트의 행위가 있을 턱이 없었다. 인간 사이의 신뢰 관계에 한 몸을 걸어 약속을 지키는 모랄리스트의 도리가 있을 리가 없었다.

사마천은 유학자가 본래 존중하였던 인仁과 의義의 발현에 힘쓰고 인간성을 고집하였다. 그렇기에 유학자들이 반인간적인 국법에 대항하는 용기를 지니지 못한 것을 수치로 여겼다. 이제 유학자는 국가 체제 속에 편입되어 스스로의 보신에 급급한 '도필의 관리'에 지나지 않았다. 유학자 스스로의 손으로 유교의 이념은 더럽혀졌다. 그렇게 말할 수 있는 것이 한 무제 시대의 실상이었다.

이에 비하여 유협의 무리는 유교의 학문을 닦는 일 자체가 어려운 보통의 서민이면서도, 신의를 위해서라면 죽음도 돌아보지 않고 천 리를 멀다 하지 않았으며, 한비자 식으로 말하면 반인간적인 국법을 짓밟아버리는 현자이면서 또한 호걸이었다.

『사기』의 「유협열전」에서 사마천은 이렇게 말하였다. "내가 듣기로는 한나라가 일어난 뒤 주가朱家, 전중田仲, 왕공王公, 극맹劇孟, 곽해郭解 등 유협의 무리가 나타났다. 그들은 때로는 시대의 법망을 범하는 일도 있었으나, 개인적인 의리에서는 청렴결백하였고 교만 방자하게 구는 일도 없어 칭찬할 만한 가치가 없지 않다. 터무니없이 명성이 높았던 것이 아니며, 많은 사람들이 그들과 사귄 것은 그만큼의 이유가 있어서이다." 뭔가 속뜻을 품고 있는 듯한 화법인 만큼, 한결 리얼리티가 넘쳐난다.

유교의 이상이 본래 구비하고 있었던 민본주의는 가난한 이를 구하고 약한 자를 도와주는 인애의 실천을 그 기본에 정립하여 두었을 터이다. 그러나 체제 내의 사상으로서 국가 권력 및 세속의 인심과 결탁하는 한, 유교의 민본주의는 유학자 스스로의 손에 의해 말살되지 않을 수 없다. 사마천은 법망을 침해하는 유협의 행위 속에서 유교 이념의 현존을 가까스로 인정할 수밖에 없었던 시대에 살았다. 인애·신의의 사회적 모랄이 그나마 실천되고 있는 것은 유협의 세계에서라고 역설적으로 말하지 않을 수 없었던 역사가 사마천의 사상도 또한 반권력적·반국법적이었다고 할 수 있으리라.

『사기』「유협열전」 속에 최초로 등장하는 인물은 한나라 초기의 협객, 노魯 땅 출신의 주가朱家다.

노 땅의 주가는 고조와 동시대의 사람이다. 노 땅 사람들은 모두 유교를 신봉하였으나 주가는 유협의 무리로서 유명하였다. 주가가 몰래 생명을 구해준 호걸들은 백을 헤아렸으며, 그밖에 그가 구해준 보통 사람들의 경우는 셀 수 없을 정도였다. 그런데 결코 자신의 능력을 자만한다든가 은혜 베푼 일을 자기 공으로 여긴다든가

하지 않았다. 은혜를 베푼 사람들과는 두번 다시 만나려 하지 않았고, 곤궁에 처한 사람들을 구원하는 경우에는 가난하고 천한 사람들을 우선시하였다. 주가의 집안에는 여분의 재산이 없고, 의복에는 장식물이 붙어 있지 않으며, 먹는 것은 맛있는 것이 아니고, 탈 것은 작은 소가 끄는 수레에 지나지 않았다. 남의 위급한 처지에 달려가 구원하는 일을 자기의 일보다 중요하게 여겼다. 일찍이 몰래 계포季布 장군의 위기를 구해주었으나, 계포가 존귀한 신분이 되자 일생 그와 만나려고 하지 않았다. 함곡관 동쪽 지방의 사람들은 모두 목을 길게 뽑아 그와 교제하기를 원하였다.

여기서 사마천이 "노 땅 사람들은 모두 유교를 신봉하였으나 주가는 유협의 무리로서 유명하였다"고 말한 것은, 유교의 무리에 대한 신랄한 풍자다. 계포 장군을 비롯하여 무명의 사람들에 이르기까지 셀 수 없을 만큼 많은 사람들을 구조하는 일을 자신의 일보다 더 중요하게 여겨서 분주하였던 주가에게서, 곤궁에 처한 사람을 구할 때에 가난하고 천한 사람부터 우선하였던 주가에게서, 자기가 은혜를 베푼 사람들에게 결코 은의를 팔려고 하지 않았던 주가에게서 인과 의라는 유교의 마음이, 겸양이라는 유교의 미덕이 체현되고 있다는 점을 「유협열전」을 읽는 사람들은 눈치채리라. 게다가 사마천은 주가의 협골俠骨 지향이 백성과의 연대 속에서 향기 높은 열매를 맺고 있었다는 사실을 주의 깊게 포착해두었다.

주가를 비롯하여 사마천과 동시대의 곽해에 이르기까지 「유협열전」에 묘사된 협객들은 누구나 다 국가 권력과는 관계없는 곳에서 살고, 때로는 국가 권력에 저항하여 백성의 소망을 실현하고, 백성으로부터 더할 나위 없이 사랑받은 유일한 존재였다. 사마천은 그들이야말로 참된 의미의 어진 이요 호걸이었다고 보고, 아낌없는 찬사를 보낸 것이다.

『사기』에는 「유협열전」과는 별도로 「자객열전」이 구상되어 있다. 그 속에서 사마천은 “조말曹沫부터 형가荊軻까지 다섯 자객은 의로움을 성취한 자도 있고 의로움을 성취하지 못한 자도 있으나, 한결같이 의로움을 지향하려는 의식이 분명하고 그 의지를 기만한 일이 없으므로, 후세에 이름을 드리운 것은 이유가 없지 않다”라고 논평하였다. 춘추 전국 시대의 자객들도 또한 당위의 의지에 신명을 걸었던 사내들이다. 그 사내들이 의로움의 정념을 따라 살았던 삶의 궤적과 장렬한 죽음을 사마천은 멋지게 묘사해내었다.

당시의 철학은 유교식으로 말하면 의義의 사상이다. 당위의 철학으로 살았던 인물 군상들을 사마천은 한결같이 찬미하였는데, 그런 인물들이 반드시 「자객열전」이나 「유협열전」에만 등장하는 것은 아니다. 이를테면 『사기』 「조세가趙世家」에 나오는 조씨趙氏의 유복자 조무趙武를 둘러싼 고사에서도 그 전형적인 인물상을 발견할 수가 있다.

이 고사는 분명히 전국 시대부터 민간에 널리 전승되어왔던 설화로, 꼭 춘추 시대의 일은 아닐지도 모른다. 하지만 그 전승 설화를 「조세가」 속에 실제 일이라고 적어두었다는 점에 사마천의 각별한 생각이 응축되어 있다고 보아도 좋다.

조씨는 본래 진晉나라의 경卿이었으나 사실상 진나라의 권력자이며, 그 영읍領邑도 제후와 동등하였다. 진나라 경공景公 3년(기원전 597년)에 벌어진 일이다.

당시 진나라의 대부였던 도안가屠岸賈가 조씨 일족을 전부 죽이려고 꾀하였다. 경공景公의 허락을 받지 않고 함부로 진나라의 여러 장군을 이끌고 조씨의 집을 습격하여, 집주인 조삭趙朔을 비롯하여 그 일족을 모두 죽였다. 명목은 반역죄였다.

이때 조삭의 처는 임신하고 있었는데 가까스로 목숨을 건져 피신하였다. 얼마 있다가 조삭의 처는 사내아이를 낳았다. 도안가는 이 사실을 알고 궁중을 샅샅이 수색하였다. 조삭의 처는 자기 아이를 바지 속에 숨기고, 하늘에 호소하여 이렇게 말하였다. "만일 조씨의 종족이 멸망할 운명이라면 아들아 너는 울 것이다. 멸망하지 않을 것이라면 너는 소리를 내지 않으리라." 이때는 일단 난을 피하였으나 수색의 손길은 점점 엄해져만 갔다.

조삭의 식객 중에 공손저구公孫杵臼라는 사람이 있었다. 저구는 조삭의 친구 정영程嬰과 꾀하여, 다른 갓난애를 손에 넣어 그 아기에게 화려한 강보를 씌우고는 두 사람 모두 산 속에 숨었다. 얼마 뒤 정영이 혼자 산에서 나와 도안가 휘하의 장군들에게 "내게 천금을 준다면 조씨의 아들이 숨은 곳을 알려주겠다"고 하였다. 도안가의 여러 장군들은 정영에게 길 안내를 시켜 군대를 급히 보냈다.

그것을 본 공손저구는 거짓으로 외쳐대었다. "정영 놈이 배신하였단 말인가. 하늘이여, 조씨의 아이에게 무슨 죄가 있단 말입니까. 부디 아이는 살려주시고 나를 죽여주십시오." 이 외침을 들은 여러 장군들은 그가 숨은 곳에 물밀듯이 쳐들어가, 아이를 공손저구와 함께 죽이고 말았다.

이것으로 조씨의 종족은 모두 죽어버렸다고 도안가는 믿고 기뻐하였다. 하지만 실은 살해된 갓난애는 다른 아이였고 조씨의 아들은 살아 있었다. 정영은 몰래 이 아이를 길렀다. 그로부터 십오 년의 세월이 흘렀다. 정영은 조씨의 아들을 세상에 내보내어, 도안가를 토벌하고 조씨를 부흥시켰다. 그 아이가 조무였다.

조무가 성인식인 관례冠禮를 마치자 그 예식을 지켜보던 정영은 조무에게 이별을 고하였다. "지난날 조씨 일족이 도안가의 난을 당하였을 때 다른 사람들은 모두 태연자약하게 죽음에 나아갔습니다. 그때 나도 죽을 수가 있었습니다만 조씨의 후사를 옹립하겠다고 생각하여 이제까지 살아온 것입니다. 이제 당신이 훌륭하게 조씨의 본래 지위를 회복하셨으므로, 저는 당신의 부친 조삭과 동지 공손저구가 있는 곳으로 가서 그간의 경위를 보고하고자 합니다." 조무는 은인을 죽게 할 수 없다고 만류하였으나 이를 뿌리치고 정영은 자살하였다.

이 고사는 정영이 공손저구와 함께 죽음을 각오하고 친구의 아들을 보호하여 복수를 다한 이야기이다. 정영이 조무를 세상에 내보내어 조씨의 가문을 부흥시켰을 때, 목숨의 은인인 그의 나머지 생애는 사실 안락한 생활이 보장되어 있었던 셈이다. 조무는 마음과 힘을 다하여 정영의 은의에 보답하려고 하였기 때문이다. 그러나 정영은 자살하였다.

정영은 조씨의 아들이 수배되었을 때 공손저구와 역할을 분담하여 무사히 난국을 벗어났는데, 그때 공손저구는 조씨의 아들을 무사히 길러내는 쪽이 더 어려운 일이라고 여겨 정영에게 후사를 부탁하고 스스로는 다른 갓난애와 함께 죽는 길을 택하였다. 이제 정영이 공손저구의 의리를 따라 죽겠다는 바람도 관철되었다.

사마천은 정영과 공손저구의 행동 속에서, 몸을 바쳐서라도 하나의 목적을 달성하는 당위의 정신을 읽어내고, 사나이의 뜨겁게 타오르는 정념의 아름다움에 한없이 매료되었다. 그렇기에 비록 전승 설화라 하더라도 그 고사를 역사 속에 녹여두지 않을 수 없었다.

『사기』에서 「자객열전」은 한 제국 성립 이전의 인물 군상을 한데 묶어두었고, 그 이후의 자객들의 전기는 기술 대상으로 삼지 않았다. 한나라가 천하를 통일한 뒤 이 「자객열전」의 자객들을 대신할 만한 인물들로서 등장한 이들이 「유협열전」의 협객들이다. 자객은 아직 분명히 존재하였지만 이미 그들은 국가 권력의 주구로 전락해 있었고, 춘추 전국 시대에 자객이 담당하였던 당위의 정신은 한 제국 성립 이후에는 체제로부터 벗어난 아웃사이더였던 유협 무리의 협객도俠客道로 계승되었다고 사마천은 생각하였다. 『사기』「유협열전」의 최후에 등장하는 인물은 사마천과 동시대의 협객으로 사마천이 만난 적이 있는 곽해郭解다.

곽해는 지軹 땅 출신으로 호를 옹백翁伯이라고 하였다. 작은 키에 날쌔고 사나운 인물이었다.

어느 때인가 곽해 누나의 아들이 숙부의 세력을 믿고 술 못하는 상대에게 무리하게 술을 강요하다가 거꾸로 상대방에게 찔려 죽는 사건이 발생하였다. 누나는 분노하여 자기 아들의 시체를 길 옆에 놓아두었다. 그렇게 해둔 것은 그럼으로써 동생인 곽해에게 창피를 주어 자기 아들을 찔러 죽인 사내를 찾아내도록 부추기려 한 때문이었다. 어쩔 수 없이 곽해는 사람을 시켜 사내가 숨어 있는 집을 탐지토록 하였다. 궁지에 몰린 사내는 곽해 앞에 나타나 조카를 죽인 자초지종을 이야기하였다. 곽해는 그 말을 듣고 조카가 찔려 죽은 것은 당연하다고 여겨 사내를 그대로 돌려보낸 뒤, 조카에게 죄를 씌우고 유해를 거두어 장사지내게 하였다.

또 어느 때인가 곽해가 길을 가는데 길가에 책상다리를 하고 그를 응시하는 자가 있었다. 곽해라고 듣기만 해도 사람들이 모두 조심해서 길을 피하거늘 그 사내는 그렇지 않았다. 곽해의 부하가 그를 죽이려고 하였으나 곽해는 만류하면서 "내가 마을에서 존경받지 못하게 된 것은 내 수양이 덜 되어 그런 것이다. 저 사내에게는 죄가 없다"고 말하였다. 곽해는 사내를 꾸짖지 않았을 뿐 아니라, 마을의 병사 담당원으로 임명하여 부역을 면할 수 있게 주선하였다. 그것을 안 사내는 윗옷 한쪽을 벗는 예의를 취하여 이전의 무례를 곽해에게 빌었다. 이 일이 있고 나서 마을의 젊은이들은 더욱 곽해를 흠모하게 되었다고 한다.

뒷날 한 무제가 국내의 유력자를 장안 근교의 신흥 도시 무릉에 강제 이주시킬 때 곽해도 유력자의 한 사람으로 지목되어 이주되게끔 되었다. 이 강제 이주와 관련하여 곽해의 친족이 관리를 죽이는 사건을 일으켜 곽해는 체포되어 엄중한 심문을 받았지만 법적 처벌의 대상에서 일단 벗어났다. 그런데 최종 심문이 있는 자리에서 곽해와 동향의 유학자가 "곽해는 국법을 어기는 짓만 하거늘 무엇이 훌륭하단 말인가"라고 곽해를 옹호하는 숭배자에게 반론을 제기하였다. 그 숭배자는 화가 나서 유학자를 죽이고 그의 혀를 베어버리고 말았다.

이 사건으로 곽해는 다시 심문을 받게 되었으나, 숭배자와는 일면식조차 없다고 밝혀졌으므로, 관리는 곽해의 무죄를 보고하였다. 그런데 그때 부승상으로서 법무 장관을 겸임하고 있었던 공손홍은 "곽해는 평민인 주제에 협객 기질이 있어서 위세를 부리는 무리이다. 설령 곽해가 관여하지 않았다 해도 그 죄는 스스로 손을 써서 살인을 저지른 것보다 더 심하다. 대역무도의 죄에 해당한다"고 단죄하였다. 그 때문에 곽해는 대역죄로 처분되어 일족 모두가 사형을 당하고 말았다. 정말로 심한 재판이었다. 여기서 주의하여야 할 점은, 곽해를 "국법을 어기는 짓만 하고 있다"고 비난한 자가 향촌의 유학자였다는 사실과 곽해에게 대역죄를 적용하여 그를 죽인 공손홍이 유학으로 한 무제에게 중용되었던 유학자였다는 사실이다. 이것은 무엇을 의미하는가.

본래 어진 이의 행위와 의로운 자의 도리는 유학자 쪽의 것이며 유교의 마음일 터이거늘, 유학자는 그것을 국가 권력에 팔아 넘김으로써 스스로의 내부에서 그것을 말살하였다는 사실을 의미한다.

사마천은 그 점을 간파하고 있었다. 그렇기에 그는 「유협열전」을 써서, 따뜻한 인간성과 높은 도덕성이 이제는 학문을 자랑하는 유학자의 것이 아니며, 서민 출신으로 상식적인 사회에서 벗어나 있는 협객 속에 존재하고 있다는 사실을 전하려 하였다.

사마천은 당시의 유학자들에게 유교 이념이 존재하지 않는다는 점을 밝히고, 당시의 협객 속에 그것이 실재함을 확인하였다. 그런 사마천도 역시 유교 사상을 중요하게 여기고, 인의에 사는 인간 존재의 의의를 중시하였다고 말할 수 있으리라. 그런 사마천에 대하여 성인의 가르침에 위배되고 유교 경전을 소홀히 하였다고 비난한 반고 부자야말로 얼마나 빗나간 편견을 지니고 있었는지, 얼마나 사상적으로 경직되어 있었는지 잘 알 수 있으리라.

사마천은 유교 학문의 축적이라든가 마땅히 그래야 할 예의의 형식이라든가에 구속되어 유교의 정신을 표출하는 일을 잊어버리는 그런 형식주의자는 아니었다. 유교의 정신으로 살고 그것을 실천하였던 사람들의 아름다운 행위에 솔직하게 감동하는 자유자재한 마음을 상실하지 않았을 따름이다. 아마도 사물의 외형에 구애되지 않고 사물의 본질적인 아름다움에 자유자재로 반응하여 솔직하게 감동하는 마음의 활동은 사마천이 타고난 것이었음에 틀림없다. 그와 동시에 부친 사마담이 체득하고 있었던 도가의 사상으로부터 감화받은 것도 적지 않은 힘으로서 작용하였으리라.

　이렇게 본다면 사마천의 사상은 유교 사상을 근저에 두고 있었다든가 도가 사상에 입각하여 있었다든가, 그렇게 단순히 선을 그어 생각할 것이 아니다. 억지로 말하자면 두 가지 사상이 혼재하여 있었다고 말하는 편이 더 실상에 가까우리라. 무엇보다도 확실한 것은『사기』속에 엄정한 역사관과 인간관이 존재하고 있을 뿐 아니라, 인간미 넘치는 역사관과 인간관이 형체를 드러내고 있었다는 사실이다. 그것은 사마천이 지녔을 사상과 이념의 움직임에 의한 것은 아니다. 참된 것과 거짓된 것, 진실된 것과 허위적인 것을 분별하고 아름다운 것과 추한 것을 본질에서 판별하는 감각, 무언가에 구속되기를 혐오하는 자유자재한 마음의 활동에 사마천이 충실하였기 때문일 뿐이다. 그것조차도 사상이라고 말한다면 겹눈의 사상, 진솔眞率의 사상이라고 부를 수밖에 다른 방도가 없으리라.

　사마천은 국법을 어기는 자라고 유학자가 혐오하였던 협객의 전기가 본질적인 점에서 유교의 정신과 합치한다고 보아 그들의 삶을 묘사하고 기탄없이 칭송하였다. 외형에 집착하는 일 없이 진솔하면서도 겹눈을 갖추었던 그 인간관을『사기』에서 뚜렷한 형태로 읽어 낼 수 있는 것으로는 또 하나「화식열전」이 있다. 이것도 반고 부자가「유협열전」과 함께『사기』를 비난하는 표적으로 삼았던 것이었다. 이유는 "이익을 존중하고 가난을 치욕으로 여긴" 기록물이라고 보았기 때문이다.

　「화식열전」은『사기』열전편의 마지막에 위치하는데, 그들은 "포의 필부布衣匹夫의 사람으로서 정치를 어지럽히지도 않고 백성의 생활을 방해하지도 않으면서 상품의 매매에서 기회를 포착하여 재산을 증식하였다. 지혜로운 자라도 여기서 취할 점이 있다"(「태사공자서」)라고 사마천은 「화식열전」을 엮은 의도를 말하였다. 즉 일개 평민이 정치를 혼란시키지도 않고 백성의 생활을 방해하지도 않고서 상업에서 기회를 포착하여 재산을 축적한 일에서는 지혜로운 사람이라도 배울 점이 있을 터라고 말한 것이다.

반고가 비판의 대상으로 삼았던 '이익을 숭상한다' 는 점을 사마천으로 하여금 변호하게 한다면, 그것은 인간의 자연스런 욕구라는 것이다. 「화식열전」의 첫머리에서 사마천은 "이상적인 정치란 이웃 나라가 서로 바라볼 수 있는 곳에 있어 닭이나 개의 울음 소리가 서로 들리되, 백성들이 각각 자기 나라에서 취할 수 있는 먹거리를 맛있다 여기고, 자기 나라에서 만들어진 옷가지를 아름답다 여기며, 자기 나라의 풍속에 만족하여 자기의 일을 즐거이 여겨 힘쓰고, 죽을 때까지 이웃 나라와는 서로 왕래하지 않는다"고 한 노자老子의 말을 인용하였다. 그리고 나서 그는 인간에게 입이나 이목을 즐겁게 하려는 욕망이 있는 한 이 노자 유流의 방식은 통용되지 않으며, 경제 교류가 빈번해진 지금 세상에서는 사람들의 귀나 눈을 덮어두지 않고서는 실행될 수 없는 일이라고 비판하였다.

요컨대 백성의 눈과 귀에 덮개 따위를 하지 말고 백성이 바라는 경향에 따르는 것이 가장 좋으므로, 국가가 백성과 경제적으로 대결하여 자유 경쟁의 경제 활동을 방해하는 것은 가장 저급한 정책이라고 사마천은 생각했던 것이다.

사마천이 당시의 경제 유통과 발전을 전망하여 그러한 선구적인 견해를 지닐 수 있었던 것은, 그가 중국 국토의 지리적 환경과 백성의 생활 실태를 상세하게 견문하여 파악하고 있었기 때문이리라.

스무 살 때의 대여행, 거듭되는 한 무제의 순행에 시종하여 돌아본 공무상의 여행은 거의 중국 전 국토에 걸쳐 이루어져, 각 지역마다 각기 다른 생활 방식이 있다는 사실을 역사가 사마천에게 알려주는 충분한 자료를 제공해주었다. 상이한 생활 방식에 따라서 각각 부족한 것을 보충하고 넘쳐나는 것을 수출하여 물자의 유통을 촉진하고 있는 실정을, 그렇게 해서 성립하는 경제의 체계를 사마천은 똑똑히 자기 눈으로 확인하였던 것이다.

『사기』 속에서도 「화식열전」이 특별히 재미있는 점은, 이러한 경제 유통을 담당하고 막대한 재산을 쌓은 역대의 대상인들의 활약을 열전풍으로 기록한 기사에만 있는 것이 아니다. 그것은 중국 각지의 지리적 환경의 특질을 실로 적확하게, 실로 요령 있게 파악하여 생동감 있게 묘사해낸 점에도 있다. 그 묘사를 위해 사마천은 「화식열전」에 상당히 많은 쪽을 배당했다. 여기서 그 전체를 보여주고 싶을 정도로 다 흥미있지만, 일부를 예로 드는 데 그치겠다. 현재의 산동성은 한나라 시대에는 제齊·노魯라 불렸는데, 그 지리적 환경을 포착하여 사마천은 이렇게 기술하였다.

태산의 남쪽은 노 땅이고, 북쪽은 제 땅이다. 제 땅은 산과 바다로 에워싸여 그 사이에 비옥한 토지가 일천 리나 펼쳐져 있고, 뽕이나 삼의 산출에 적합하며 인구가 많다. 그래서 알록달록한 색깔의 모양새 있는 비단이나 마로 만든 직물, 게다가 물고기와 소금이 나온다. 임치臨淄도 발해와 태산 사이에 있는 대도시다. 그 풍속은 유유하고 활달하며, 사려심 깊고 의논을 좋아하며, 땅에 발이 붙어 있어서 경거망동하지 않는다. 집단의 싸움에는 약하지만 단독으로 찌르고 치고 할 때에는 강하다. 그래서 사람을 협박하는 자가 많다. 전체적으로 볼 때 대국의 풍모가 있으며, 사士·농農·행상行

商·공工·좌상坐商 등 다섯 종류의 사람들이 모두 존재한다.

추鄒와 노 지방은 수수洙水와 사수泗水 유역에 있으며, 지금도 여전히 주공周公의 유풍이 있다. 그래서 그 풍속은 유교를 즐기고 예의가 바른 만큼, 백성들은 곰상스럽다. 뽕과 삼의 산업은 상당하지만 수풀과 못의 산물은 적다. 토지가 비좁고 인구가 많으므로 검약하고 인색하다. 죄벌을 두려워하고 나쁜 짓을 멀리하는 분위기가 강하였으나, 노나라가 쇠미한 뒤로는 상업을 좋아하고 이익을 추구하게 되어 주周 즉 낙양의 사람들보다도 심하게 되었다.

지금의 북경을 중심으로 옛날 연燕이라고 불리던 지방에 대해서는 다음과 같이 묘사하였다.

한편 연은 뭐니뭐니 해도 발해와 갈석碣石 사이에 있는 대도시다. 남쪽은 제齊 및 조趙와 통하고, 동북쪽은 호족胡族과 접하고 있다. 상곡上谷으로부터 요동에 이르기까지는 궁벽한 지역으로, 주민이 적고 자주 외적의 침략을 받는다. 조나 대代나라의 풍속과 아주 비슷하여, 백성은 매처럼 용맹하고 사려가 부족하다. 여기는 물고기·소금·대추·밤이 풍부하다. 북쪽은 오환烏桓이나 부여夫餘와 인접하고, 동쪽은 예맥·조선·진번의 이익을 모으고 있다.

현재의 사천성 부근은 옛날부터 파·촉이라고 하였는데, 그 지방에 대하여 「화식열전」은 이렇게 서술하였다.

파·촉도 비옥한 지방이다. 물산에 안료·생강·단사丹砂·동·철 및 죽기나 목기가 풍부하다. 파·촉은 남방의 전滇(운남성)과

복樊(사천성) 남부을 통괄하고 있다. 복에서는 노예가 나온다. 서쪽은 공邛·착筰(사천성 서부)과 가까운데, 착 땅에서는 말과 야크가 나온다. 여기는 사방이 모두 산으로 가로막혀 있는데, 산에 걸쳐둔 잔도棧道가 멀리 천 리까지 뻗어 어디에라도 통한다. 다만 섬서성으로 통하는 포야도褒斜道는 여러 산길을 한데 묶어서, 이곳으로 물자의 교역이 이루어지고 있다.

지금의 장사長沙를 중심으로 하는 초楚 남부의 지리적 환경을 서술하는 조항에서 사마천의 기술은 이러하다.

형산衡山·구강九江·예장豫章·장사長沙에 이르는 지역이 남초南楚다. 그 풍속은 서초西楚와 대체로 비슷하다. 초의 수도는 영郢이 멸망한 뒤 수춘壽春으로 옮겼다. 여기도 중요한 도시다. 또 합비合肥는 남북으로 통하는 수로를 끼고 있어 피혁·건어물·목재가 집하된다. 남초의 풍속은 민족閩族이나 월족越族의 그것과 혼재되어 있으므로, 사람들은 입만 살아 있고 신뢰감이 없다. 장강의 남쪽은 저습지로, 사람들이 젊어서 죽는다. 대나무와 목재가 많다. 예장은 황금을 산출하고 장사는 주석을 산출한다. 하지만 분량이 얼마 안 되어 채취하더라도 수지가 맞지 않는다.

이렇듯이 중국 각지의 지리적 환경을 사마천은 날카롭게 파악하였다. 그 특질을 탁월하게 분별하여 묘사한 것이다. 일찍이 한 제국이 성립하여 천하가 통일되자, 관소關所나 나루터의 제한을 풀고 산림·소택지의 채취 금지령을 완화하였기 때문에, 상인들이 자유로이 왕래하여 가는 곳마다 물품을 교환해서 사람들이 각지의 물자를 쉽게 손에 넣을 수 있었다. 하지만 한 무제의 시대로 들어오자, 정부는 호족에 필적할 만한 지방의 부유한 유력자들을 수도 장안의 주변에 모아서 부의 통제와 지배에 착수하였고, 상인에게 무거운 세금을 부과하는 등 흉노 정벌에서 허비했던 경비를 메우기 위해 경제 통제를 강화해갔다. 자유 경쟁에 의한 경제 유통을 장려해야 할 판에 그것을 국가 통제 아래에 둔다는 사실에 강하게 반대하였던 사마천은 불안을 느꼈다.

『사기』의 「화식열전」에서 사마천은 "물자는 부르지 않아도 저절로 유통되고, 백성은 강제하는 일이 없어도 저절로 물자를 만들어 낸다. 이것이 도리에 합당한 경제의 흐름이 아닐까"라고 말하였다. 물자의 생산과 유통은 백성의 자발적인 욕구이기에 그것에 정부가 관여해서는 안된다고 사마천은 생각하였다. 경제를 정치의 바깥에 두고 생각할 것이 아니라, 경제가 정치의 근간인 만큼 정부는 백성이 바라는 경제 유통에 순응하여 생산성을 높이고 백성의 생활을 풍요롭게 하여 국가를 안정시키는 일이 중요하며, 국가 재정을 풍족하게 한다는 관점에 집착하여 백성의 생산 의욕과 교역 의욕을 감쇄시키는 정책을 취하여서는 안된다. 이것이 사마천의 경제 사상이었다. 즉 백성의 욕구에 따른 자유 경쟁의 원리에서 물자를 생산하고 유통할 것을 기대하는 경제 사상이었다. 이 사상은 국가의 상업 억압 정책에 대한 비판도 내포하고 있었으니, 당시로서는 주목할 만한 진보적·선구적 사상이었다.

『관자管子』「목민편牧民篇」에 "창고가 가득하고서 예절을 알고 의식이 풍족하고서 명예를 안다"는 유명한 말이 있다. 「화식열전」에서 이것을 인용한 사마천은 궁극적으로는 풍요로운 생활이 인간을 선행과 예절 바른 행동으로 인도하여, 자긍심과 수치를 아는 사회

윤리를 확립하게 하리라고 생각하였다.

『사기』「맹자·순경열전孟子荀卿列傳」의 첫머리에서 사마천은 "맹자의 저서를 읽다가 양혜왕이 '우리 나라에 어떤 이익을 주시겠는가'라고 맹자에게 물어 다그치는 데에 이르자, 나는 책을 덮고 탄식하지 않을 수 없는 기분이 되었다. 이익이야말로 혼란을 낳는 근본 원인이기 때문이다. 공자가 이익에 대해서 결코 말하지 않고 이익으로 행동하면 원한을 초래하는 일이 많다고 경계한 것은 정말로 옳다"라고 말하고 있다.

『사기』의 「화식열전」을 비난한 반고 부자라 하더라도, 이 「맹자·순경열전」에 나타나는 사마천의 견해에 대해서는 이의를 달지 않으리라. 그렇다면 이익을 좋아하는 것이 세상의 혼란을 초래한다고 보는 견해를 인정하는 사마천이 「화식열전」을 써서 "천하 사람들은 즐거워하면서 모두 이익을 위하여 온다. 천하 사람들은 야단스레 모두 이익을 위하여 간다. 저 천 승乘의 왕, 만 가家의 제후, 백 실室의 군주조차도 가난을 근심한다. 하물며 필부와 편호編戶의 백성들이야 더 말해 무엇하랴"라고 말하는 것은 모순일까.

군왕과 제후로부터 서민에 이르기까지 이익을 구하고 가난을 염려하는 것은 당연하다고 말하였으므로 분명히 모순이다. 확실히 말의 의미에서는 모순이지만 둘 다 진실이라고 사마천은 보았다. 그렇기에 그는 말의 의미에서 나타나는 모순을 조금도 두려워하지 않았다. 그것을 두려워할 만큼 사마천의 사상은 빈약하지가 않았다. 생활인의 강인한 지혜가 있었다. 강인한 지혜는 탄력성이 풍부하여 경직되어 있지 않다. 어느 쪽의 견해도 진실이라면 그 진실된 것을 솔직하게 인정하면 되는 것이다.

맹자의 책을 읽다가 탄식하며 책을 덮은 사마천. 가난을 싫어하고 이익을 구하는 것은 인간의 지극히 당연한 모습이라고 보는 사마천. 이것을 모순이라고 단정해버리기는 쉽지만, 만일 그렇게 단정한다면 역사가 사마천의 사상을 올바로 파악하는 일에서는 그만큼 멀어지리라. 사마천은 「화식열전」에서 이렇게 말하기도 하였다. 경청할 만한 의견이다.

만일 가난한 생활 속에서 부모가 늙고 처자가 허약하며 정해진 시기에 조상을 제사지낼 수 없고 음식과 의복도 공출供出에 의지할 뿐 스스로 조달할 수 없으면서도 수치로 여기지 않는다면 더 이상 보통 사람으로는 취급할 수 없다. 재력이 없으면 근력을 제공하고, 돈이 조금 모인다면 지혜를 움직이고, 자본이 풍부하게 되면 기회를 보아 투기한다. 이것이 돈벌이의 대원칙이다. 지금 생계를 영위할 때 몸을 위험에 드러내지 않고서도 자금을 거둬들이는 방법이 있다면 현명한 사람들은 모두 그 방법으로 노력할 것이다. 그러므로 농업으로 부자가 되는 것이 상책, 상업으로 부자가 되는 것은 그 다음, 나쁜 일로 부자가 되는 것은 아랫길 가운데 최하다. 그런데 산 속 깊은 곳에서 은자로서 살아가는 것도 아니거늘 언제까지고 가난한 생활을 계속하면서 인의를 즐겨 말하는 것은 그다지 흔히 볼 수 있는 양상은 아닌 것이다.

사마천의 이 금전 철학은 생활인의 현명한 상식 위에 서 있다. 그런 까닭에 그 자체가 반고의 「화식열전」에 대한 도덕적 비판을 다시 비판하는 반비판이다. 『사기』「화식열전」에 전개된 사마천의 경제 사상은 이와 같은 것이었다. 사마천이 그 열전을 엮은 것은 자신의 경제 사상을 강론하려는 데 목적이 있었기 때문만이 아니다. 고금

에 활약한 경제인의 초상을 묘사하는 일이 열전의 의의에 합당하다
고 보았기 때문이기도 하다. 거기에 묘사된 경제계에 이름을 남긴
여러 부호의 초상은 단편적이기는 하지만 어느 경우나 모두 풍부한
지혜를 담고 있어 흥미롭다. 그 가운데 한 사람으로 주周 땅 사람인
백규白圭라고 하는 사업가가 있다.

백규는 위나라 문후文侯(기원전 445년~396년) 때 사람으로 시세
에 따른 가격 변동을 관찰하는 것이 장기였다. "남이 내놓을 때는
내가 취한다. 남이 취할 때에는 내가 내놓는다"는 주의였다. 그러므
로 풍작 때는 곡물을 사들이고 그 대신에 명주실이나 옻을 팔았고,
고치가 한창 나오면 명주실이나 풀솜을 사들이고 그 대신에 곡물을
팔았다. 금전으로 재산을 증식하고자 할 때는 값싼 곡물을 사들이
고, 수확을 늘리고자 할 때에는 상등품의 씨앗을 사들였다. 백규는
거친 음식물을 먹고 욕구를 억제하며 의복을 절약하였고, 육체 노
동을 하는 노비나 종복들과 고락을 함께하였다. 그가 이익이 될 기
회를 포착하여 행동하는 모습은 맹수나 맹금이 사냥감을 노려서 틈
새를 주지 않고 덮쳐들 듯이 빨랐다. 백규는 자기의 금전 철학을 가
지고 있었다. "내가 사업을 경영하는 것은 마치 이윤伊尹이나 여상呂
尙이 정책을 입안하고 손자孫子나 오기吳起가 병법을 사용하며 상앙
商鞅이 법술을 행하는 것과 같습니다. 임기응변에 대처할 지혜가 결
여되어 있고 결단을 내릴 용기가 없으며 상업을 하는 데 헤아림이
부족하고 이익을 지킬 강한 의지를 지니고 있지 않은 자에게는, 그
런 사람이 내 기술을 배우겠다고 생각해도 나는 절대로 가르쳐주지
않습니다"라고 하는 것이 그 철학이었다.

「화식열전」에 등장하는 부상富商들은 모두 작위라든가 봉읍이라
든가 위에서부터 받는 녹봉 따위의 것은 일절 없고, 그렇다고 해서

법률을 악용하고 죄를 범하여 재산을 형성한 것도 결코 아니었다. 사물의 도리를 헤아려서 행동하고 시세의 움직임에 응하여 자세를 바꾸어, 커다란 이윤을 내 것으로 삼는 재능과 지각을 지니고 있었다. 격동하는 시기를 타서 단숨에 승부를 걸고, 온당한 지혜로 부를 유지하였던 것이다. 그렇게 하여 천금을 소유하게 된 부상들은 도시에 군림하는 제후와 어깨를 나란히하고 즐거움을 누렸는데, 그들이야말로 무관無冠의 제후 이른바 '소봉가素封家'라고 하기에 적합한 존재였다.

이렇게 사마천은 부상의 전기를 영웅·호걸, 시인·학자, 자객·유협의 무리와 차별하지 않고, 역사를 움직인 사람들로서 『사기』 열전편에 당당히 취급하였던 것이다.

반고 부자가 사마천을 비난한 자료로 삼았던 『사기』의 「유협열전」과 「화식열전」이야말로 사마천 사상의 본령이 유감없이 발휘된 부분이었다. 국법에 저촉되는 것도 두려워하지 않고 타인에 대한 사랑과 신의에 살았던 휴머니스트 유협의 무리를 칭송하고, 위로부터의 녹봉이나 작위를 받는 일 없이 스스로의 기지와 결단으로 커다란 이윤을 추구해서 '소봉가' 가 되었던 부상을 찬양하는 데서 사마천 사상의 원형이 드러나 있다고 보고 싶다.

권력의 비호를 받지 않고 국가의 통제를 거부하여 스스로의 신념과 활력에 따라 역사에 참가한 아웃사이더의 자유 의지의 철학이야말로 사마천의 사상 그 자체였다. 이것은 『사기』가 관제의 역사서가 아니라 재야 역사가의 자유 의지에 의하여 서술된, 체재도 내용도 상투적인 틀을 부순 역사서였다는 사실과 깊은 관련이 있다. 몸은 조정의 중서령이라고는 해도, 가혹한 형벌을 받고 살아남은 자로서 환관의 몸을 드러내놓고 살아야 했던 사마천도 또한 사실상의 아웃사이더였다.

부친 사마담의 위대한 유언을 지키고 자기 자신이 살아 있다는 사실을 증명하고자, 자기의 의지로 쓰겠다 하여, 그리고 쓰지 않으면 안된다고 생각하여 편술한 것이 『사기』였다.

한나라 선제宣帝 때에 국가 권력에 불리한 기사가 있다는 이유로 『사기』는 조정에서 금서가 된 일이 있다. 그런 탄핵을 받은 이유는 그것이 그렇게 자유 의지의 철학으로 서술된 역사서였기 때문이었다. 더구나 그 책에는 윤리와 경제를 통제하고 점차 황제 권력을 강화해서 관료를 통제하려 했던 한 무제의 시대, 즉 사마천이 그 생애를 함께한 당대사에 대한 대담한 역사 비판이 날카롭게 전개되어 있기도 했던 것이다.

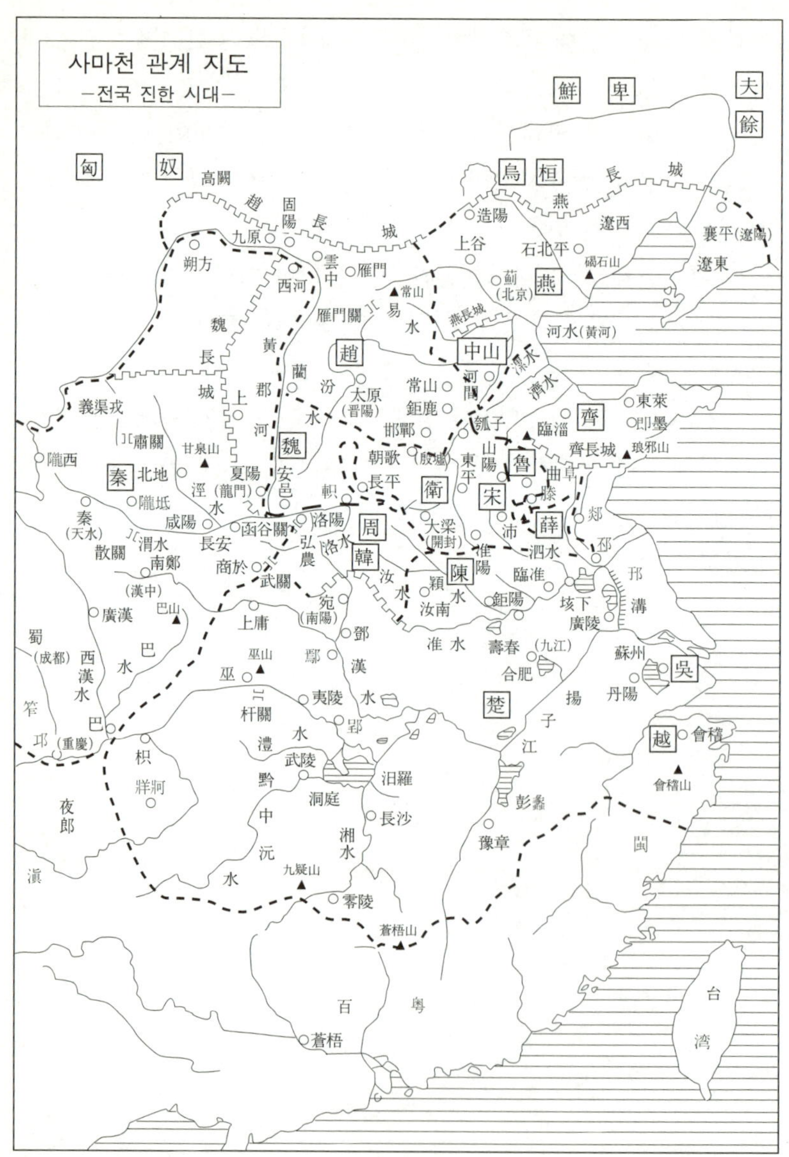

사마천 관계 지도
-전국 진한 시대-
鮮卑
夫餘
匈奴
烏桓
長城
燕
高闕
趙
固陽
長城
造陽
上谷
遼西
襄平(遼陽)
九原
朔方
雲中
雁門
石北平
薊(北京)
碣石山
燕
遼東
西河
雁門關
常山
易水
河水(黃河)
魏
黃河
汾水
太原(晋陽)
常山
中山
河間
濡水
濟水
東萊
長城
上郡
蘭
鉅鹿
邯鄲
瓠子
齊
即墨
義渠戎
甘泉山
夏陽(龍門)
安邑
朝歌
山陽
臨淄
齊長城
琅邪山
隴西
北地
涇水
軹
長平
東平
魯
曲阜
秦
隴坻
咸陽
函谷關
洛陽
衛
宋
薛
滕
秦(天水)
長安
弘農
周
膠
沛
泗水
郯
郕
散關
渭水
南鄭
商於
韓
大梁(開封)
陳
臨淮
邗溝
廣漢
(漢中)
武關
宛(南陽)
汝水
潁水
汝南
陳
鉅陽
垓下
廣陵
蜀(成都)
巴山
西漢水
上庸
鄢
鄧
淮水
壽春
合肥
(九江)
蘇州
吳
巴
巫山
漢水
揚
丹陽
笮邛(重慶)
巴
杅關
夷陵
郢
子江
越
會稽
枳
澧水
武陵
黔中
彭蠡
會稽山
夜郎
滇
牂牁
洞庭
汨羅
長沙
豫章
閩
沅水
湘水
九疑山
零陵
蒼梧山
百
粤
台湾
蒼梧

저자 후기

고베神戸 여자대학으로 옮겨서 신칸센을 이용해 매주 이틀을 강의하러 왕복하게 된 지 한 해 남짓 된다. 그 귀로에 처음으로 들러본 마을에 혼다츠노本龍野가 있다. 히메지姫路에서 기신센姫新線으로 갈아타고 삼십 분 정도 들어간 곳에 있는 작은 성읍이다. 미키 로후三木露風가 작사한 동요 「고추잠자리」의 무대이기도 한데, 석양이 아름다운 산길에 미키 기요시三木清의 문학비가 서 있었다. 그 비석에 새겨진 문구가 마음에 들었다.

오늘날 사랑에 대해서는 누구나 다 말한다. 누가 분노에 대하여 진지하게 말하려고 하는가.

분노의 의미를 잊고 그저 사랑에 대해서만 말한다는 것은 오늘날의 인간이 무성격하다는 사실을 반영한다.

절절히 의인을 생각한다.

의인이란 누구인가——분노할 줄 아는 자다.(『인생론 노트』)

사마천도 의로움의 인간이었다. 의로움이란 현대식으로 말하면 당위(sollen)의 정신이다. 인간으로서 당연히 하지 않으면 안되는 것이 있다면, 손해인가 이익인가를 계산하는 일 없이 그 일에 관여하는 마음이다. 과연 분노의 의미를 잊고 그저 사랑에 대해서만 말하는 무성격한 인간 상황은 미키 기요시가 살았던 암울했던 시대에만 그랬던 것이 아니다. 지금도 그 사정은 전혀 변하지 않았다.

의로움에 감분하여 친구 이릉을 변호하였기 때문에 황제 무고죄로 문초당했던 사마천은 썩은 냄새 나는 형벌을 받았다. 그리하여 환관이 된 사마천은 수치를 드러내면서 살지 않으면 안되었다. 『사기』 백삼십 편을 다 쓰지 않고서는 죽으려 하여도 차마 죽을 수가 없었던 것이다. 그런 의미에서 『사기』는 무고한 사람을 태연히 죄의 구렁텅이에 빠뜨리는 권력자에 대한 분노와 항의의 책이며, 자신의 기사회생을 기약하고자 씌어진 역사책이었다.

굴욕을 참으며 살아가지 않으면 안되는 인간, 이 세상에서 지옥을 본 인간이 역사와 인간을 통찰하는 눈은 깊고도 날카롭다. 『사기』가 피가 통하는 역사극인 까닭이 여기에 있다.

내가 사마천에 매료된 지도 이미 오래되었다. 청년 시절에 나카지마 아츠시中島敦의 「이릉李陵」을 읽고, 타케다 타이준武田泰淳의 『사마천: 사기의 세계』를 접한 뒤부터다. 이번에 사마천에 대해 쓰면서 『사기』의 말과 고사성어를 끄집어내고, 그것과 연루된 인간 군상을 포착해서 그것을 묘사한 사마천의 마음을 읽어내는 일에 몰두하여, 지금까지 나온 같은 부문의 책들과는 다른 맛이 나도록 꾸며보았다. 어떨지 모르겠다.

『사기』는 패사稗史였다. 관제의 역사 기록이 아니었다. 사마천 스

스로가 쓰고 싶다고 생각하고 쓰지 않으면 안된다고 생각하여 써
낸 역사서였다. 그『사기』를 새삼 되읽으면서 나도 또한 쓰지 않으
면 안된다는 생각에 휩싸여 단숨에 써나갈 수 있었다.

　이 책을 쓰면서 타키가와 기타로瀧川龜太郎의『사기회주고증史記會
注考證』을 비롯하여, 사마천과『사기』에 관한 선인들의 연구 논문·
저서·번역서 따위를 참고로 하였다. 특히 졸저의 제5장「사마천의
마음」은 오모자와重澤俊郎 씨의『주한사상연구周漢思想研究』에 수록된
「사마천연구」에서 촉발되어 나름대로의 논리를 전개한 것이다.

　졸저의 초고를 편집자에게 부친 뒤 금년 겨울은 예년과 달리 따
뜻하였다. 12월 초순에 잠깐 들러본 하리마지播磨路의 혼타츠노에
있는 게이로잔鷄籠山의 홍엽은 덕분에 아직 볼 만하였다. 그 속에서
미키 기요시의 "절절히 의인을 생각한다. 의인이란 누구인가——분
노할 줄 아는 자다"라는 말에 접할 수 있었던 것은 나로서는 너무도
기쁜 일이었다.

1983년 12월 20일
하야시다 신노스케

옮긴이의 말

　내가 『사기』에 친숙하게 된 것은 사간동 우전雨田 신호열申鎬烈 선생 댁에서 도독徒讀을 하면서였다. 본기·세가의 몇 편과 열전을 선별하여 읽었는데, 그때는 문리를 익히느라 고생하였으므로 『사기』의 묘미를 옳게 터득하지는 못하였다. 뒤에 교토京都 대학에서 『사기회주고증史記會注考證』의 강독에 참여하여, 일본인의 『사기정의史記正義』 초본抄本과 통용본 삼가주三家注를 대비하는 작업을 사 년 간 해보았다. 많은 것을 배우고 익히기는 하였으나, 역시 인간 사마천을 또렷이 그려볼 수는 없었다. 지금은 고려대학교에서 '사기강독'을 전담하고 있는데, 열전 부분을 읽으면서 한 마디 한 구절에 감탄하고, 인간 심리의 정확한 묘사에 그저 놀라고 있다. 때때로 인간 사마천의 모습을 눈앞에 그려보기도 하지만 스스로 집필할 만큼의 자신은 아직 없다. 그래서 우선 하야시다 씨의 『사마천』을 우리말로 옮겨보기로 하였다. 인간 삶과 운명과의 모순 속에서 좌절을 경험하고 그러면서도 인간 개성의 힘을 의심하지 않았던 역사가 사마천의 위대한 정신이 이 한 권에 비교적 잘 그려져 있다고 생각되었기 때문이다.

　마침 관악 시절부터 사랑하던 후배 한승오 씨가 출판사를 열고 우리 사회의 정신적 고민을 통찰한 저서들을 간행한다고 한다. 비록 번역서지만 우리 독자들이 이 책을 통해 인간 사마천의 삶을 반추하고 정신의 풍요로움을 느꼈으면 좋겠다.

1997년 7월 31일

심경호

옮긴이 심경호

문학박사. 서울대학교 국문과 및 같은 대학원을 졸업하고 일본 교토 대학교 문학연구과 박사과정(중국문학)을 수료했다. 한국정신문화연구원 어문연구실 조교수 및 기획조정 실장을 역임하고 강원대학교 국문과 조교수를 거쳐 현재 고려대학교 문과대학 한문학과 교수로 재직 중이다. 저서로『강화학파의 문학과 사상』(1~4)『다산과 춘천』『김시습 평전』『한학연구 입문』등이 있다.

인간 사마천

1판 1쇄	1997년 8월 16일
1판 3쇄	2007년 11월 9일

지은이	하야시다 신노스케
옮긴이	심경호
펴낸이	정홍수
펴낸곳	(주)도서출판 강
출판등록	2000년 8월 9일(제2000-185호)

주소	서울시 마포구 서교동 460-45(우 121-841)
전화	325-9566~7
팩시밀리	325-8486
전자우편	gangpub@hanmail.net

값 10,000원
ISBN 89-8218-025-7 03910